本书受天津市"高校中青年骨干创新人才培养计划"（2017）、天津师范大学"拔尖人才培养计划"（2017）、天津市教委社会科学重大委托项目（2018WZD23）、天津市哲学社会科学重点项目（TJLJ16–002）以及天津师范大学产业经济学课程思政建设项目资助

中国饭店企业跨国经营战略研究

吕波 著

中国财经出版传媒集团
经济科学出版社
Economic Science Press

图书在版编目（CIP）数据

中国饭店企业跨国经营战略研究/吕波著．—北京：
经济科学出版社，2019.7
　ISBN 978 - 7 - 5218 - 0733 - 2

　Ⅰ．①中…　Ⅱ．①吕…　Ⅲ．①饭店业 - 跨国经营 -
企业战略 - 研究 - 中国　Ⅳ．①F726.93

中国版本图书馆 CIP 数据核字（2019）第 158679 号

责任编辑：李　雪
责任校对：靳玉环
责任印制：邱　天

中国饭店企业跨国经营战略研究

吕　波　著

经济科学出版社出版、发行　新华书店经销
社址：北京市海淀区阜成路甲 28 号　邮编：100142
总编部电话：010 - 88191217　发行部电话：010 - 88191522
网址：www. esp. com. cn
电子邮件：esp@ esp. com. cn
天猫网店：经济科学出版社旗舰店
网址：http：//jjkxcbs. tmall. com
固安华明印业有限公司印装
710 × 1000　16 开　15.5 印张　210000 字
2019 年 7 月第 1 版　2019 年 7 月第 1 次印刷
ISBN 978 - 7 - 5218 - 0733 - 2　定价：58.00 元
（图书出现印装问题，本社负责调换。电话：010 - 88191510）
（版权所有　侵权必究　打击盗版　举报热线：010 - 88191661
QQ：2242791300　营销中心电话：010 - 88191537
电子邮箱：dbts@ esp. com. cn）

前　　言

当今世界，正处于一个大发展、大变革和大调整的时期，需要我们树立全球视野，用战略眼光把握产业发展方向。在这场大变局中，旅游业的国际化发展是其中最耀眼的一笔。伴随着全球一体化进程的加快和国际贸易的深入发展，跨国饭店领域正以前所未有的发展势头迅速兴起。目前全球跨国饭店集团十巨头圣达特、洲际、万豪、雅高、精品国际、希尔顿、最佳西方国际、喜达屋、卡尔森和凯悦均已进入中国市场，而我国（不含港澳台）饭店业在经过了 30 多年的高速发展后也逐渐成熟。目前，我国已成为世界最大的出境旅游消费国，世界第四大入境旅游接待国。与此同时，随着习近平总书记"一带一路"的伟大倡议，中国旅游市场发展战略也顺应大势，由单一的"引进来"战略向"引进来"与"走出去"相结合的战略转变。这一切都预示着中国饭店企业的跨国经营将进入大规模发展时期。

尽管旅游企业的跨国经营是一项涉及国家和产业层面的极为迫切的现实问题，但是现有的研究成果十分有限。而且从已有的文献内容来看，多以旅行社为例展开，专门以饭店作为跨国经营研究对象的比较少。出现以上情况的原因有多个方面：一方面，相比制造业的国际化经营，我国长期疏于服务领域的跨国研究；另一方面，相比旅行社跨国经营而言，饭店企业跨国经营更为复杂，不仅投资成本巨大，而且实践过程中可能遇到的困难更多。因此，以系统的视角，将服务管理、旅游管理等多个学科内容有效整合，对我国饭店企业跨国经营进行全方位思考，既是时代和产业发展的迫切要求，又是对我国饭店业跨国经营理论体系的有益补充。

本书的研究结构如下：首先利用现有的研究成果，对跨国经营的相关理论进行回顾，在一个严密的逻辑起点上开始本书的论述；然后从我国饭店企业跨国经营的战略环境谈起，总结我国饭店业开展跨国经营的主要驱动因素，并对目前我国饭店业的跨国经营现状进行概括；接下来通过系统分析国内外著名饭店集团跨国经营经验，为提出我国饭店企业跨国战略提供全方位的借鉴；本书主体立足以上研究内容，从产业竞争力理论衍生出我国饭店业的国际竞争阶段，并通过中外饭店企业战略资源和核心能力的详细比较，以国际资源群落的有效整合为原理，推演出我国饭店企业跨国经营战略涉及的重要命题，从而初步形成总体战略构想；第六章、第七章针对以上总体战略构想，从国内战略准备和国外战略实施角度，重点论述了我国饭店现代企业制度建设、国际品牌培育和饭店集团化战略，以及饭店企业国际市场选择、市场进入方式选择和东道国文化融合战略。

本书对饭店企业跨国经营的理论和实践进行了开拓性地探索研究，主要结论和创新观点体现在以下几个方面：第一，构建了中国饭店业国际竞争力演进阶段模型。通过该模型，一方面明确了目前我国饭店企业在国际竞争中的战略地位；另一方面揭示了中国饭店业所处的国际竞争力转型和过渡提升阶段，为后文提出兼顾两阶段经营特点的战略路径奠定了基础。第二，制定了适应现阶段中国国情的饭店业跨国成长战略和跨国发展战略二维度战略路径。从内部战略准备和外部战略实施两个角度，共同为饭店业跨国经营做出规划，体现出鲜明的时代特点和国情特色。第三，提出了中国饭店业跨国目标市场选择依赖模式。通过路径依赖、制度依赖、文化依赖、战略依赖四种模式，为我国饭店业的国际市场选择提供了可操作化指导。

本书的理论意义在于，系统总结了目前饭店业跨国研究的相关成果，丰富并完善了饭店企业跨国领域的理论体系；现实意义在于，通过提出指导现阶段饭店企业跨国经营的战略命题，确立了我国饭店业跨国经营的战略导向和策略，进而为我国政府制定相关产业政策提供了一定的决策依据。

吕　波

2019 年 6 月

目录

第一章

导　　论

　　21 世纪，新的世界秩序正创造出一种将对旅游、旅游业和饭店业产生重大影响的全球经济①。世界各国为了鼓励外国投资、促进旅游服务的发展，逐渐清除了旅游企业跨国经营等方面的贸易壁垒。比如减少资金流动的障碍，放松对于国外饭店企业的税收征管，放宽对旅游者入境签证、身份证和逗留期限等的过多限制，以及减少对外国饭店企业的政府审批、股权参与和土地使用权等方面的要求②。交通工具的日益进步，大大缩短了国与国之间的距离，"地球村"的形成使各国旅游者跨国流动更加灵活。宽体喷气式飞机和私人汽车的普及是促进国际旅游迅速增长的两个最重要因素。信息化和网络化技术更加大推动了旅游经济全球化的发展，包括全球预定系统、全球战略联盟以及其他在线分销渠道的营销网络，为旅游企业国际经营积累了遍布全球的忠实客户群。

　　虽然在 30 多年前，饭店企业跨国经营还是一个相对少见的现象，但在今天，世界商品和服务市场结构发生了重大转变，各产业在企业所

---

① ［美］朱卓仁（Chuck Y. Gee）著. 国际饭店管理［M］. 谷慧敏主译. 北京：中国旅游出版社，2002：1.

　　② ［美］朱卓仁（Chuck Y. Gee）著. 国际饭店管理［M］. 谷慧敏主译. 北京：中国旅游出版社，2002：77 - 85.

有制和管理等方面均朝着国际化方向迈进，这一切对旅游业尤其给饭店业带来了重大影响。通信技术和交通运输业的发展，极大地促进了全球经济增长，促使国际旅游日益繁荣。当信息得以相对自由地流动、全球经济一体化发展时，跨国经营逐渐成为企业发展的必然选择。在这种国际环境下，作为一种从本质来讲就是国际性的产业，饭店业无疑需要拥有全球化意识，在世界跨国公司发展的舞台上占据重要地位。

第一节　研究背景与研究问题

一、研究背景

面对全球环境下旅游业的国际化发展，我国旅游业也加快了融入国际旅游市场的步伐。走出国门向国际化方向运作，是现实条件下我国旅游产业寻求竞争优势，实施可持续发展战略的重要途径。在这种思想指引下，本书立足我国现阶段国情，着重探讨了我国饭店企业（不含港澳台地区饭店业）如何成长为具备跨国经营实力的饭店集团，以及如何进行跨越国界后的国际饭店发展等问题，希望可以对新形势下中国饭店企业跨国经营起到一定的指导和借鉴作用。下面从世界旅游经济、西方国际饭店集团的发展态势、我国饭店业的国内发展环境等方面，介绍中国饭店业跨国经营的研究背景。

（一）世界旅游经济飞速发展

全球一体化进程使旅游业以前所未有的速度发展。以 1950～2000 年这 50 年为例，国际旅游者的数量每隔 10 年就会增加一倍，旅游业的年平均增长率达到 6.9%。世界旅游组织发布的数据显示，2017 年全球游客总数达到 12 亿人次，预计 2030 年将达到 18 亿人次。2017 年全球旅游总人次达到 118.8 亿人次，这一数据是全球人口总数的 1.6 倍；

2017 年全球旅游总收入达到 5.3 万亿美元，这一数据是全球 GDP 总量的 6.7%。旅游经济推动世界经济增长的态势日益明显。

（二）国际饭店集团大举进入我国

中国急速成长的旅游市场，使国外投资者投资中国饭店业的兴趣越来越大。20 世纪 80 至 90 年代，数十家国际饭店集团开始进入中国市场，比如万豪（又译马里奥特）、最佳西方国际、凯宾斯基、喜达屋、豪生、瑞迪森、罗顿等[①]。到 2005 年，世界饭店管理集团排行前 10 家圣达特、洲际、万豪、雅高、精品国际（又译精选国际或选择国际）、希尔顿、最佳西方国际、喜达屋、卡尔森、凯悦，已经全部进入中国市场，丽嘉、柏悦、莱弗士等国际顶级饭店品牌相继落户北京、上海、广东等地。以凯悦、万豪、喜达屋、洲际等为代表的国际饭店管理公司的几十个著名品牌都已进入中国市场，甚至一些国际饭店业中的二线品牌也陆续进入中国市场。

（三）中国旅游市场持续繁荣

近年来我国经济发展进入新常态，大力发展旅游业成为转变产业结构的关键举措。中国旅游研究院发布的数据显示，2017 年中国公民出境旅游人数突破 1.31 亿人次，比 2016 同期增长 7.4%（见表 1 - 1）；2017 年旅游消费达 1152.9 亿美元，比 2016 年增长 5%。2016 年，中国仍然保持着世界第一大出境旅游客源国和全球旅游消费领导者地位。据世界旅游协会估计，到 2020 年中国出境游人数将超过 2 亿人次，旅游直接投资可能达到 3 万亿元。海外庞大的消费量，技术移民、投资移民、出国留学热的不断升温，都为中国海外饭店提供了较为稳定的客源。截至 2018 年 3 月，可以正式开展组团业务的出境旅游目的地已扩大到 129 个国家和地区。截至 2018 年 8 月，已有 72 个国家地区持中国护照就可以有条件免签或落地签。中国已成为世界瞩目的国际旅游目的地和客源地。

---

① 赵焕焱. 饭店榜：上海 20 年 [EB/OL]. (2006 - 01 - 06). http：//www.chinavalue.net/showarticle.aspx? id = 17794.

表1-1 中国公民出境人数 单位：万人

年份	出境总人数	年增长率（%）
1995	452.05	21.10
1996	506.07	12.00
1997	532.39	5.20
1998	842.56	58.25
1999	923.24	9.60
2000	1047.26	13.43
2001	1213.31	15.90
2002	1660.23	36.80
2003	2022.00	21.80
2004	2885.00	42.70
2010	5739.00	20.40
2011	7025.00	22.41
2012	8318.00	18.41
2013	9818.00	18.00
2014	10700.00	9.00
2015	11700.00	9.30
2016	12200.00	4.30
2017	13100.00	7.40

资料来源：根据《世界经济年鉴》整理。

（四）中国饭店产业进入战略转型期

中国的改革开放政策，不仅有效转变了经济增长方式、提升了经济增长效率，而且带来了中国旅游业跳跃式的发展成果。当前，我国的国内游、出境游和入境游就呈现出与西方发达国家抗衡的发展势头，旅游经济在整个国民经济中保持持续增长态势。尤其需要指出的是，目前在旅游业的四大支柱产业中（旅游交通、旅行社、旅游饭店和旅游商品），饭店管理已经逐渐步入正轨①。宏观经济背景下的经济全球化和我国加入WTO，也为中国饭店业在更大的范围内优化资源配置提供了良好的机遇。原有的模仿吸收策略已经不能适应现阶段我国饭店业的迅速发展，需要在"引进来"的战略基础上，进行"引进来"与"走出去"相结合的战略转变，更好地推动我国饭店产业的战略转型。

在难得的机遇与挑战面前，我们应该清楚地意识到：国际饭店企业进驻我国，一方面带来了先进的饭店经营理念和管理模式，客观上为我国培养了专业的饭店管理人才，但另一方面国际饭店企业的大规模进入又加剧了国内旅游市场的争夺，对我国民族饭店企业的发展造成了严重威胁。如果任由这一局面发展下去，我国饭店产业就会失去国际旅游业的话语权。而且，从目前的发展态势看，我国饭店业的国际化发展与国家本身的国力也是不相称的。中国对外直接投资统计公报显示：截至2017年年底，我国对外直接投资，包括贸易与非贸易企业累计为3.92万家，这些企业多分布于新能源、制造、高新技术、建筑等行业，进行跨国经营的中国饭店企业非常少见。而横向对比发现，很多外资企业在华投资的前期，很多都采用合资旅游饭店的形式来了解当地的投资环境，进而为后续真正进入我国奠定了基础。这一切都彰显着，对中国饭店企业的跨国经营进行深入研究非常必要，而且势在必行，本书正是基于以上背景展开研究的。

二、研究问题

饭店产品是服务产品的一种，具有生产和消费同步发生、不可储存、不能转移等特性，因此饭店企业很难通过出口方式满足国外旅游市场需求。与一般制造企业相比，饭店业具有特殊的行业特点：首先，饭

---

① 徐菊凤. 连盟与求异：未来中国饭店业发展的两大选择——访中国旅游饭店业协会会长侣海岩先生［J］. 旅游学刊，2003（2）：10-15.

店业既是资本密集型又是劳动密集型产业，需要兼顾两种产业类型的管理特征；其次，在饭店业中，资产的所有权通常不属于管理者，饭店业主多聘请专业的组织或机构来管理饭店；再次，饭店业受季节等外界影响较大，有着独特供需条件和技术管理方法，具有特殊的产业推动力和不确定性。这些特征使得传统的基于制造业的跨国经验很难被饭店企业直接应用，饭店企业需要根据自身产品特性设计适宜的跨国战略模式，从而保证我国饭店企业跨国经营的顺利开展。

饭店企业的跨国经营研究是基于理论与实践中的问题而展开的：

（一）理论状况

饭店企业跨国经营是一项涉及多学科的研究课题，包括服务管理理论知识、一般战略管理理论知识、国际贸易理论知识等众多学科内容。目前在每个单一学科范畴中都有一批相关研究成果，但是以系统的视角，将多个学科内容有效地整合在一起，共同为旅游业跨国经营服务的文献还比较少。从目前的文献资料看，有关我国旅游业的跨国研究多以旅行社为例展开论述，而专门以饭店作为跨国经营研究对象的比较稀缺。作为发展中国家，我国具有与发达国家不同的跨国经营特点，现阶段中国面临的国内外环境和机遇也是前所未有的，因此在新形势下对我国饭店企业跨国经营战略进行全方位思考，既有益于补充我国旅游业跨国经营理论，又将对新时代下我国饭店企业跨国经营实践起到实际推动作用。

（二）实践状况

随着我国综合国力的增强和国际知名度的提高，出境旅游市场日益繁荣。而从目前的实践状况来看，我国旅游企业的跨国步伐已经远远跟不上国民的出境游发展。人流的国际化趋势日益加强，但为国民提供国际化服务的中国饭店产业却没有形成配套的产业服务。

同时，中国加入 WTO 后，越来越多的国际饭店集团开始大举进入我国市场，并不断地增强其品牌渗透力。现在全球排名前十名的饭店集团和管理公司基本上都已经进入了中国市场，不仅占据高端旅游饭店业的大部分市场份额，二线城市和中低端市场也正在为这些海外旅游企业所侵蚀。同样是应对国际化发展，为什么国外饭店集团能够在我国市场遍地开花，而我国饭店企业的跨国经营却步履维艰？中国饭店企业顺利实施"走出去"的瓶颈在哪里？中国饭店企业如何利用目前市场经济发展现状，探索出适应我国国情的饭店企业跨国创新之路？这一切都促使我们加快对中国饭店业跨国经营领域的深入研究。

（三）研究问题的导出

基于以上原因，本书的研究问题主要围绕着以下问题展开：当前我国饭店是否具备跨国经营的实力，如果有欠缺，应该在哪些方面予以努力，以及我国饭店企业如何进行跨越国界后的国际饭店发展。具体来说，研究重点集中在以下几个方面：①中国饭店企业跨国经营的理论背景及现实背景；②国内外著名饭店集团跨国经营的经验总结及启示；③中国饭店企业跨国经营的战略规划；④战略规划指导下的跨国战略准备；⑤战略规划指导下的跨国战略实施。

本书的研究对象是中国饭店企业跨国经营战略，这里需要对所涉及的"中国饭店企业"及"跨国经营"两个概念进行界定。按照杜江（2001）教授的定义①，中国饭店业有三层市场结构：旅游饭店业（tourist hotel industry），即根据 GB/T14308 – 1997 评定的星级、预备星级、未评星级的旅游涉外饭店（在加入 WTO 后，因全部实行国民待遇，饭店行业的统计口径改为"星级饭店"，星级饭店是旅游涉外饭店的一部分）；住宿接待业（hospitality industry），即所有以商业利益为目的向公众——主要是旅游者，提供住宿服务的企业和相关机构；写字楼公寓等广义住宿业（accommodation industry）。上述市场层次依次扩大，前一市场层次是后一市场层次的组成部分。由于本书以一般饭店业为研究对象，因此将中

---

① 杜江，戴斌. 中国饭店业市场壁垒研究［J］. 北京第二外国语学院学报，2001（1）：1 – 9.

国饭店业①的市场范围定位于包括星级饭店和未评星级的饭店，即第一层次的饭店市场。对于"跨国经营"的概念，至少也包含两层含义：第一，国内市场的国际化，各国国内市场也是世界旅游市场的组成部分；第二，本国旅游企业进入到国际旅游市场中②。前者表现为我国饭店企业在本国接待国外客人时利用各种契约使旅游客源输出国与旅游目的地国之间建立起旅游者组织与接待的关系，形成国际间的旅游合作；后者表现为我国饭店企业通过各种市场进入模式开拓他国旅游市场，即旅游客源国直接在旅游目的地国投资，建立合资或独资饭店等等。本书的着眼点在后者，重点关注我国饭店企业如何成长为具有跨国经营实力的饭店集团，并顺利实施跨越国界后的国际化发展等问题。

最后需要指出的是，这里所说的"饭店企业"既包括饭店集团也包括单体饭店。饭店企业的跨国经营的确与企业规模之间存在重要关系——拥有一定规模的企业是实现跨国经营的基础，但是企业规模与跨国经营之间并不存在必然的正相关关系。无论是饭店集团还是单体饭店，都需要具备一定的客源条件，立足自身的竞争优势开拓国际市场。从某种意义上说，很多属于单体饭店的中小企业，因其具有满足游客多样化需求的相对优势，所以如果制定出适合自身发展的跨国经营战略，这些企业同样也可以在跨国发展中做出突出贡献。另外，本书没有对"饭店"和"酒店"的概念内涵进行详细区分，根据行文的统一，除专有名词外一般均使用"饭店"这一称谓。

第二节　研究方法与研究创新

中国饭店企业跨国经营战略研究是对中国加入 WTO 以后，饭店业

---

① 需要特别说明的是，本书提到的"中国饭店企业"不包含港澳台地区的饭店业。
② 张辉，厉新建. 旅游经济学原理［M］. 北京：旅游教育出版社，2004：224 - 225.

如何迎接国际竞争的思考。本书以定性研究为主，利用多种研究方法阐述文章论点。

一、研究方法

定性研究（qualitative research）和定量研究（quantitative research）是社会科学中的基本研究方法。两者的本质区别在于：数据化还是非数据化。前者的主要特征在于用翔实的资料揭示现象，利用二手数据分析调研内容；后者的主要特征在于通过数据定量展示，采用一些统计分析的形式研究问题。饭店企业的跨国经营是一个复杂的过程，跨国战略目标、跨国战略分析、跨国战略规划、跨国战略实施、跨国战略控制，每一部分都与其他部分有着密切联系。这种研究特性符合采用定性研究方法的逻辑思路。具体来看，本书具体应用了以下研究方法：

第一，文献研究法。文献研究法是在某一研究目的驱使下，通过大量研读理论文献，在全面掌握研究现状的基础上，深入挖掘研究规律的一种质性研究方法。文献研究方法特别重视以下几个过程和步骤：甄选、分类、加工、整理，通过以上几个步骤的循环往复最终完成资料储备。

本书在实地调查、网络索引、文献检索等多种方法使用下，获取到大量资料，对于了解目前有关饭店行业发展的最新现状、厘清饭店跨国经营领域相关文献研究思路，全面结合旅游管理、服务管理、国际贸易、国际战略等多学科理论知识，为我国饭店业跨国经营提出整体性、辩证性的战略框架打下了坚实的基础。

第二，比较研究法。中外饭店企业的跨国经营既有相似之处，又有不同之处。国外的跨国实践比较早，因此经验相对丰富，如果可以深入分析国外饭店企业的跨国成功的因素和条件，把握饭店跨国经营的本质特征，就可以探索出我国饭店跨国经营的可行道路，提高跨国经营的成功率。本书重点使用比较研究方法进行研究，首先利用比较的视角，分析中外饭店企业跨国经营历程，并系统总结国内外饭店企业跨国经营的规律性经验；然后以饭店业国际竞争力理论为基础，对中外饭店企业跨国经营的战略资源和核心能力进行详细比较，从而清晰地反映出我国在饭店跨国经营实践中需要着重改进的几个方面，为整体跨国战略规划的提出提供了依据。

第三，系统分析法。系统分析法的核心在于构成整体的要素归根结底仍是整体的一部分，由于要素的结合方式各异，从而形成可能不同的整体特征。而整体本身也附属于某一环境，在与环境不断的交互作用之中，获得整体系统的存在和延展。饭店企业跨国经营，本质上是对国际资源群落的系统整合。本书首先从饭店企业跨国经营的战略环境分析入手，以系统整合思想作为跨国战略的设计原则，通过剖析现阶段中国饭店企业跨国经营的关键战略要素，将内部跨国成长战略和外部跨国发展战略作为主要战略结构形式表现出来。这就是系统分析方法在本书中的应用。

二、研究创新

本书可能的创新点主要体现在以下三个方面：

第一，构建了中国饭店业国际竞争力演进阶段模型。在经济全球化和信息技术迅速发展的背景下，世界饭店业的竞争已经进入到全新的发展阶段。不同的国际竞争力演进阶段，要求有不同的跨国经营战略与之相匹配。在我国饭店领域，完整总结饭店业国际竞争阶段及其特点的专业文献相对比较少。本书在波特一般产业国际竞争力思想的启发下，衍生出中国饭店业国际竞争力演进阶段模型，明确识别出我国正处于集成驱动阶段向创新驱动阶段进阶的过程中。饭店业国际竞争力演进阶段模型的提出，一方面，为明确目前我国饭店企业在国际竞争中所处的战略地位，并制定与之相适应的国际战略提供了依据；另一方面，鉴于中国饭店业正处于国际竞争力的转型和过渡提升阶段，需要兼顾两个阶段的经营特点进行战略设计，从而为后文提出战略路径奠定了基础。

第二，提出了适应现阶段中国国情的饭店业跨国经营战略和跨国发展对策。企业所面临的制度环境和组织安排将制约企业的行为选择，企业为了实现自身的目标可以做什么及如何做很大程度上也是由制度决定的。在当前中国转轨经济中开展跨国经营活动的饭店企业，由于面临着我国独特的制度环境，决定了其跨国经营行为必将走出一条具有中国特色的道路。本书从我国特殊的制度环境和组织环境入手，提出了适合现阶段饭店企业跨国经营的战略思路，即跨国成长战略和跨国发展战略二维度路径，并结合中国饭店业的跨国现状，提出了两种战略中需要分别关注的战略要点。从内部战略准备和外部战略实施两个方面共同为我国饭店企业跨国经营做出规划，既体现出鲜明的时代特点，又有效地融合了我国国情。

第三，提出了中国饭店业跨国目标市场选择依赖模式。目标市场选择是企业在跨越国界经营过程中最先面临的关键问题。合适的目标市场将为饭店企业带来稳定的客源流量，并将经营风险控制在较小的范围内，从而有效地提高饭店业跨国经营的成功性。与制造业在跨国目标市场选择中比较重视资源、技术和成本不同，饭店业在跨国目标市场选择中更重视制度、市场和文化等方面的影响。因此，本书从饭店业的行业特性出发，探索性地提出了中国饭店业跨国目标市场选择的路径依赖、制度依赖、文化依赖、战略依赖四种模式，指导饭店企业以出境游的线路选择、以东道国的经济制度环境、以文化认同度和文化融合性、以企业战略合作范围及方式为依据，选择合适的跨国目标市场，为顺利推进我国饭店业的国际市场进程提供了可操作化指导。

第三节　研究框架与研究内容

一、研究框架

本书从经济全球化对我国旅游业和饭店业的影响出发,结合国内外跨国饭店集团的经验,从战略角度探讨了现阶段我国饭店企业如何成长为具备跨国经营实力的国际饭店集团,以及跨越国界后国际饭店如何发展等问题。希望可以借助我国饭店企业的国际化发展,缓解目前国内旅游市场因国际饭店集团的大举进入所带来的竞争压力,并增强我国饭店企业的可持续发展能力。

本书的研究路线框架见图1-1,本书在饭店业跨国经营理论背景和实践背景基础上展开,从国内外著名饭店集团的经营状况入手,对其跨国经营经验进行总结。之后在产业竞争力理论指导下,归纳出我国饭店企业国际竞争力演进阶段,在将中外饭店企业战略资源和核心能力进行详细比较后,得出我国饭店企业需要着重解决的几个关键战略步骤,从而逐渐推演出总体跨国经营战略规划。战略规划从国内准备和国外实施两个角度展开,内部准备重在对饭店现代企业制度、国际品牌培育和饭店集团化发展进行分析;外部实施重在对目标市场选择、市场进入方式选择及在东道国的跨文化管理进行论述,从而有效地支撑了总体战略设计。

二、研究内容

表1-2展示了本书的整体框架结构和各部分要解决的重点问题:

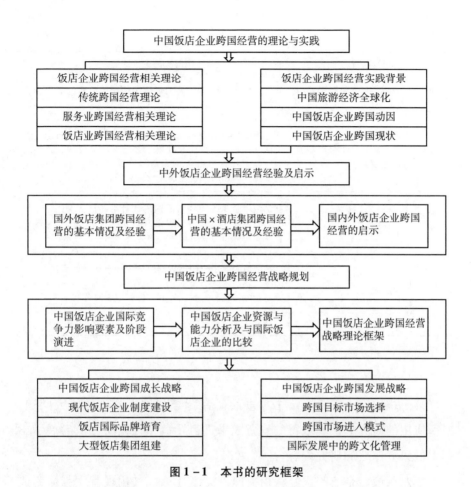

图1-1 本书的研究框架

资料来源：作者整理。

表1-2   研究框架

章节题目	拟解决的关键问题
第一章　导论	研究背景和内容
第二章　饭店企业跨国经营相关 理论文献述评	理论来源
第三章　经济全球化与中国饭店 企业跨国经营环境	揭示我国饭店企业跨国经营战略背景

续表

章节题目	拟解决的关键问题
第四章　中外饭店企业跨国经营经验及启示	通过系统分析国内外著名饭店集团跨国经营经验，为我国饭店企业跨国经营战略提供全面的借鉴
第五章　中国饭店企业跨国经营战略架构	在分析我国饭店企业国际竞争力演变趋势的基础上，通过详细比较中外饭店企业跨国经营的战略资源和核心能力，以国际资源群落的系统整合原则为指导，构建出现阶段中国饭店企业跨国经营的总体战略
第六章　中国饭店企业的跨国成长战略	立足饭店企业跨国经营的国内优势培养，从现代企业制度、品牌建设、饭店集团化发展等方面，论述中国饭店企业如何成长为具备跨国经营实力的国际饭店集团
第七章　中国饭店企业的跨国发展战略	立足饭店企业走出国门后的跨国发展，从目标市场选择、国际市场的进入方式、跨文化管理等方面，分析中国饭店企业如何进行跨越国界后的国际饭店发展
第八章　结论与展望	结论性成果与后续研究展望

资料来源：作者整理。

　　第一章导论，主要介绍了本书的研究背景和重点解决的研究问题，对所应用的研究方法和取得的创新成果进行了概括性说明，最后展示出本书的研究路线和研究内容。

　　第二章饭店企业跨国经营相关理论文献述评，利用现有文献研究成果，对一般企业跨国经营、服务业跨国经营、饭店业跨国经营的相关理论进行回顾和述评。

　　第三章揭示我国饭店企业跨国经营的战略背景，从世界经济发展对我国旅游业国际化的促进谈起，总结出我国饭店企业开展跨国经营的主要驱动因素，最后对我国饭店企业目前的跨国经营现状进行了概述。

　　第四章通过对国内外著名跨国饭店集团的分析，系统归纳出饭店企业跨国经营的主要特点及经验，并揭示出对我国有待进行跨国经营实践的饭店企业的启示作用。

　　第五章立足于以上研究内容，从饭店企业国际竞争阶段入手，在系统总结我国饭店业拥有的战略资源和核心能力的基础上，得出我国与国际成熟饭店集团跨国经营的主要差距，并根据国际资源整合的思路，推演出目前我国饭店企业跨国战略重要命题，从而初步形成了现阶段中国饭店企业跨国经营战略总体构想。

第六章针对中国饭店企业跨国经营的总体战略设计，从国内战略准备视角，重点对我国饭店企业如何进行饭店现代企业制度建设、国际品牌培育和饭店集团化发展等进行了战略分析。

第七章针对中国饭店企业跨国经营的总体战略设计，从国外战略实施视角，重点对我国饭店企业如何进行跨国目标市场选择、国际市场进入方式选择及与东道国文化融合等进行了战略分析。

第八章研究结论与研究展望，总结了本书的研究结论和创新性成果，同时指出本书存在的局限和今后继续深入研究的方向。

第二章

饭店企业跨国经营相关
理论文献述评

　　饭店是企业的一种，传统的跨国经营理论是饭店业跨国经营最基础的理论源泉；同时作为一种典型的服务业，饭店企业又具有服务业的特有属性，服务业跨国经营理论是其最直接的理论借鉴；饭店集团是跨国经营的主要载体，因此在本章节的最后，就中外旅游饭店集团的相关文献进行了回顾与述评，以上三个部分的内容共同构成了饭店企业跨国经营的理论来源。

第一节　传统跨国经营理论

　　跨国公司理论一直是学术界的重要研究领域，众多学者分别从不同学科、不同角度对其展开研究，并获得了丰富的成果。20 世纪 60 年代之前，以赫克歇尔（Heckscher E，1919）和俄林（Ohlin Bertil，1933）的要素禀赋理论（Facter Endowment）为基础的国际资本流动理论占据主导地位①②，该理论假设各国产品和要素市场是完全竞争的，要素禀赋的相对差异决定了各国的生产价格。从而，资本在国家之间的流向是由供给丰富且利率低的向供给稀缺且利率高的转变。20 世纪 60 年代后，伴随着组织结构和市场交易形式的革新，国内外许多专家学者对企业跨国经营进行了全方面的深入研究，形成了众多的研究重点③。美国学者海默（Stephen H. Hymer，1960）从产业组织理论着眼，提出垄断优势理论④；凯夫斯（R. E. Caves，1971）等经济学家从垄断优势理论发展出核心资产理论⑤；弗农（Raymond Vernon，1966）通过对产品周期中的国际投资与国际贸易的研究中，创造性地提出了产品生命周期理论⑥；"边际产业"的概念是由日本一桥大学教授小岛清（Kiyoshi Kojima，1978）提出的，后来又形成了边际产业扩张等相关理论⑦；英国经济学家巴克利和卡森（Peter J. Buckley & Mark C. Casson，1976）及加拿大学者鲁格曼（A. M. Rugman，1980）在科斯（Ronald H. Coase，1937）"企业的性质"（The Nature of the Firm）基础上，演绎出内部化理论，并将其运用于跨国公司的问题研究⑧⑨⑩。在这些理论中，邓宁（John

---

① Heckscher E, The Effect of Foreign Trade on the Distribution of Income [M]. Economiisk Tidskrift, 1919, 21.

② Ohlin Bertil, Interregional and International Trade [M]. Cambrige, MA: Harvard University Press, chs I-vii, 1933.

③ 吴文武. 跨国公司与经济发展——兼论中国的跨国公司战略 [J]. 经济研究. 2003 (6)：38-46.

④ Stephen H. Hymer, International Operations of National Firms: A Study of Direct Foreign Investment [D]. Doctoral Dissertation, Massachusetts Institute of Technology, 1960.

⑤ Caves. R. E. , R. E. Caves. International corporations: The industrial economics, of foreign investment [J]. Economica 38, 1971, 1-27.

⑥ Raymond Vernon: Intemational Investment and International Trade in the Product Life Cycle [J]. Quarterly Journal of Economics, 1966, 80 (2): 190-207.

⑦ Kiyoshi Kojima, Direct Foreign Investment [M]. London, Croom Helm, 1978.

⑧ Peter J. Buckley, Mark Casson. the Future of Multinational Enterprise [M]. London: The Macmillan Press Ltd. , 1976.

⑨ M Rugman Alan, Internalization as a General Theory of Foreign Direct Investment: A Reappraisal of the Literature [J]. Weltwirtschaftches Archiv, 1980, 116 (2): 365-379.

⑩ Coase, R. H. The nature of the firm [J]. Economica, 1937, 4, 386-405.

H. Dunning, 1977) 的生产折衷理论和源于科斯 (Ronald H. Coase) 的内部化理论对旅游企业跨国经营具有重要的理论意义[①]，因此本书将对其进行回顾与重点评述。

一、国际生产折衷理论

国际生产折衷理论 (the Eclectic Theory of International Production) 是英国里丁大学经济学教授邓宁 (John H. Dunning) 于1977年提出的，他采取了"折衷"的办法"博采众家之长"综合而形成独具特色的国际生产折衷理论。根据国际生产折衷理论，企业对外投资必须具备所有权优势、内部化优势及区位优势三个必要且充分条件。仅拥有某一项条件并不能构成企业跨国经营的整体优势，只有三者有机结合，才能发挥垄断优势的最大效用。

在生产折衷理论体系中，邓宁通过融合前人和其他同时代的学者的许多理论，总结并提炼出了"三大理论支柱"，即"OIL 范式"（OIL paradigm），"O"代表所有权优势 (Ownership Advantage) "I"指代表内部化优势 (Internationalization Advantage)，"L"代表区位优势 (Location Advantage)。

资产性所有权主要是指有形资产（例如机器、设备等）及无形服务（商标、商誉和专利）所有权；交易性所有权优势主要是指企业通过跨国经营合理配置资源，规避风险，从而达到降低交易成本的优势。资产性所有权和交易性所有权优势统称为所有权优势，又被称为企业优势、垄断优势和竞争优势。跨国企业的优势与国外企业的优势相比较，东道国企业所有权的具体优势决定了所有权优势的大小。邓宁把企业的这种

---

① J. H. Dunning. trade, Location of Economic Activity, and the MNE: A Search for an Eclectic Approach, in B: Ohlin, P-0, Hesselborn and P: M. Wijkman, (eds) [M]. The International Allocation of Economic Activity, London: Macmillan, 1977.

比较所有权优势分为三类：第一，相对于其他企业，在技术水平或价格水平方面达到了较高水平。比如拥有专利、商标、管理技能等无形资产的企业，或者成本低廉的企业都可能拥有这种所有权优势。第二，相对于独立经营的公司，那些大企业的分公司拥有特殊的所有权优势。这是由于分公司能够通过母公司的总体联系网络增强其竞争力，如直接掌握成熟的营销技能、先进的管理经验、可以优先使用母公司的研究与开发成果，等等。母公司在非生产要素中的实力越强，其分支公司的竞争优势就越大。第三，前面两种优势推广得到第三种优势——源自企业的跨国经营。跨国企业经营涉及的国家数量越多，该公司利于不同的资源禀赋和经济形势的收益就越大，在某一特定的所有权上也有更大的优势。虽然资源禀赋的层次、结构和经济发展水平等都对一国企业所有权特定优势有很大影响，但是随着跨国经营广度与深度的扩展、技术的扩散和标准化，以及对外直接投资格局的趋同化，企业运行机制、组织管理能力及经营战略对所有权特定机制的影响越来越大，致使国别差距逐渐降低。

所有权优势是跨国公司所持有的、能够自由移动的资源，是企业从事国际经济活动，尤其是直接投资的必要条件，它并不完全是由结构性市场和交易性市场造成的，而是宏观和微观变量之间的交互作用的结果。内化的优势在于，企业可以通过跨国经营企业内部市场替代不完全的外部市场，降低不完全外部市场造成的交易成本，从而形成企业优势。利用内化的优势可以打破贸易壁垒和政府障碍，保持技术垄断，实行内部转移价格，促进资金和利润的灵活转移，实现合理的避税。内部化优势表明，企业通过建立其子公司或分支机构，利用其资产内部化的所有权，而不是以外部市场的利益为交易方式将更有益。邓宁认为，企业内化其所有权优势的动机是为了避免外部市场对企业经营的负面影响，从而保持和利用企业的技术创新状态[1]。

内部化的优势对跨国公司具有更为重要的意义。邓宁认为，与技术

---

① 李尔华. 跨国公司经营与管理 [M]. 北京：北京交通大学出版社，2005：50－56.

占用和传统的垄断相比，跨国公司的国际竞争力更多的是来自技术优势的内部化。因此，跨国公司在具有一定的企业优势基础上，应该善于内部化，以便更大程度地发挥所有权优势。

对外直接投资的最好效果是将企业所有权优势、内部化优势，与东道国当地生产要素投入和市场吸收力相结合，充分发挥其综合优势。世界资源分布不均、国家和区域经济状况不一、文化环境和政府政策不同，因此跨国公司在不同国家或地区的直接投资的收益也会有所不同。跨国公司应选择具有"区位优势"的国家或地区进行直接投资。所谓的区位优势是指东道国自然资源、人力资源、经济发展水平、政策和法律市场体系、综合设施对外商直接投资所具有的吸引力。即一国相对于他国为外国企业投资提供的更有利条件。区位优势是对外直接投资的充分条件，衡量区位优势时通常需要考虑要素禀赋、政府的政策、社会文化环境等，一国低廉的劳动力成本，一国在税收政策、外汇管理政策、外商投资企业法律法规方面，都有可能降低企业经营成本，可能给在此国的企业带来优势，而一国开放的、宽松的社会文化也有利于提高跨国公司的竞争力。区位优势还体现在企业生产的产品需求旺盛，政治风险比较小的国家或地区。

根据邓宁的理论，国际生产所有权优势、内部化优势和国家地理优势的结构决定了国际生产的特征和格局。这些优势不仅影响了经营活动的性质和区位，也影响了企业及其竞争对手的特征形成。这些特征将决定其进入国际市场的战略和模式选择。国际生产折衷理论并未全面解释所有国际生产经营活动，但是这种理论提供了可以用来解释国际生产活动的一种方法体系和一套通用变量。通过这个分析框架，我们可以系统地阐述不同的跨国经济活动，包括各种商品和中间产品的贸易，并考察跨国公司活动的原因和影响。在特定企业内部，折衷范式也可以提供一系列可检验的假设，为人们进一步研究跨国公司理论和实证分析提供依据。

二、内部化理论

西方跨国公司研究者为了建立跨国公司理论，提出和形成了一种有效的理论观点，这种观点也是当前解释对外直接投资的一种比较流行的理论，称为内部化理论，又称"市场内部化理论"[①]。它源于美国经济学家科斯（Ronald H. Coase）和威廉姆森（Oliver E. Willismson，1985）的交易费用理论[②]，由海默（Stephek Herbert Hymer）最早提出"外部市场内部化"概念，后来经过巴克利（P. J. Buckley）[③]、卡森（M. Casson）[④]、蒂斯（Teece David）[⑤]、纳特（Hennart Jean）[⑥]、鲁格曼（M Rugman Alan）[⑦] 等学者的深入探讨，逐渐演化和发展形成内部化理论。

1937 年，科斯在《企业的性质》（*The Nature of the Firm*）一书中提出，不同于市场通过合同形式完成交易，企业依靠权威，在企业内部完成交易。减少市场交易成本，把转移交易到企业内部是企业形成的本质原因。1976 年《跨国公司的未来》（*The Future of Multinational Enterprise*）一书中，英国经济学家巴克利（P. J. Buckley）和卡森（M. Casson），将这一理论引入国外投资和跨国公司领域，在不完全竞争市场和追求利润最大化的前提下，系统地提出内部化理论。

---

① 李尔华. 跨国公司经营与管理 [M]. 北京：北京交通大学出版社，2005：50 - 56.

② Williamson, Oliver E. , The Economic Institutions of Capitalism：Firms, Markets, Relational Contracting [M]. University of Illinois at Urbana - Champaign's Academy for Entrepreneurial Leadership Historical Research Reference in Entrepreneurship, 1985.

③ Peter J. Buckley, The Limits of Explanation：Testing the Internalization Theory of the Multinational Enterprise [J]. Journal or International Business Studies, Summer (19), 1988, 181 - 193.

④ M Casson, The Firm and the Market [M]. Oxford, Basil Blackwell, 1987.

⑤ Teece David J, Towards an Economic Theory of the Multiproduct Firm [J]. Journal of Economic Behavior and Organization, 3 (1), 1982, 39 - 63.

⑥ Hennart Jean - Francois, Can the New Forms of Investment Substitute for the Old Forms? A Transaction Cost Perspective [J]. Journal of International Business Studies, Summer (20), 1989, 221 - 234.

⑦ M Rugman Alan, Internalization as a General Theory of Foreign Direct Investment：A Reappraisal of the Literature [J]. Weltwirtschaftches Archiv, 116 (2), 1980, 365 - 379.

　　根据巴克利和卡森的观点，随着生产分工的不断深入，中间产品在生产中的重要性大大增加。这些中间产品不仅是半成品和原材料，更常见的是专利和人力资本知识的结合。业务运营越来越关注销售，研发，金融资产管理等。所有这些活动都是相互依赖的，知识流动使它们相互联系。一般情况下，协调业务活动需要一套完整的中间产品市场。但是，一些中间产品市场却是不完全的，表现为公司之间产品交换缺乏某些市场，或者市场效率较低，导致公司市场交易的成本激增。市场的不完备性使企业无法有效地利用外部市场转移中间产品并协调业务活动。因此，追求利润最大化的制造商必须实行外部市场内部化，也就是建立企业内部市场，并采用企业管理手段协调企业内部资源，防止市场不完全影响企业的运营效率。巴克利和卡森还指出，至少有五种市场不完备有利于市场的内部化。第一，与市场相关的，具有时滞性的，相互依存的活动；第二，有效开发需要歧视性定价的中间产品市场；第三，市场力量的双边集中可能导致交易中间的不稳定；第四，买卖双方之间存在不平等；第五，政府对国际市场的干预等。这些市场不完全都会导致公司放弃市场价格并主动建立内部市场。然而，内部化并非没有成本。其成本主要有：较高的资源成本和相对外部市场较高的通讯成本，以及东道国可能的政治干预。只有在企业收益等于或大于内部成本时，企业市场的内部化行为才能继续。

　　内部化理论的核心在于为了维护经济利益，公司必须克服外部市场的障碍，以弥补市场机制的内部缺陷。当中间产品市场不完全时，企业就有绕过它建立内部市场的动力，当市场的内部化超越国界时，跨国公司就随之产生[①]。所以也有观点认为"跨国公司的出现是为了降低交易成本并内化由于中间产品市场的自然不完全而产生的非货币外部性

---

　　① Peter J. Buckley, Mark Casson. the Future of Multinational Enterprise ［M］. London：The Macmillan Press Ltd. , 1976.

（non-pecuniary externalities）。"① 这里的"内部化"具有两层含义：一是市场的内部化，利用公司内部组织取代外部市场机制，将企业原本通过市场的交易转化为企业内部的、由其统一进行所有权控制的供求关系；二是外部经济的内部化，用内部化的市场来避免外部市场的风险、企业技术和知识优势的流失。

建立企业内部市场的关键在于培养中间产品供给者、中间产品的需求者或购买者，以及市场的组织管理者这三个基本的市场主体。外部市场的组织管理者角色通常由政府和行业协会（或商会）来承担，而在企业内部市场上，公司的高层需要承担组织管理角色。正因为内部市场是以企业的直接投资为前提的，所以技术、知识和信息等中间产品可以被广泛、快速、安全和经济地"交易"和利用。这一切得益于中间产品的供应，需求和交易活动全部置于同一所有权和控制之下，交易不再存在障碍。为了在国外形成企业内部中间产品的供给者或需求者，使企业内部市场超越国界，跨国公司就要从事对外直接投资。

三、对传统跨国经营理论述评及启示

传统跨国经营理论的经典代表是国际生产折衷理论和内部化理论，两种理论都对企业开展跨国经营的深层内涵做了全面阐释。传统的跨国经营理论多是基于制造业国际化而进行的研究，尽管旅游业的跨国经营也需要遵循一般企业的跨国经营原理，但是服务产品的无形性、不可分割性、不可存储性等特性，以及服务行业劳动密集型、文化倾向性等行业特殊性，又决定了仅仅依靠传统跨国经营理论指导旅游业的国际化实践是远远不够的。

邓宁的折衷理论，这一经典理论综合了从微观层面分析的跨国公司

---

① Christos N. Pitlisand Roger Sugden. The Nature of the Transnational Firm（Second Edition）[M]. Routledge，1991.

垄断优势、寡占反应的海默—金德尔伯格理论、从国际贸易和国际投资相结合的角度运用动态分析方法，为一般企业的跨国经营提供了全面指导。然而目前许多服务型跨国公司实行的松散而又富有弹性的网络化组织，及以共赢为目标的战略联盟形式，已经不再是所有权等优势可以囊括的了，需要在国际发展的新形势下进一步探讨更加适宜的研究思路。通过替代外部市场，实现生产及交易行为的内部化理论，沿袭了关于企业行为和制度学说的相关结论，为更好地理解跨国公司的出现提供了依据。由于服务业自身的行业特殊性，相对于制造业倾向于直接投资建立子公司而言，旅游业更倾向于采取非股权形式进行跨国经营，这一变化使内部化理论对服务业的指导作用也变得日益有限。另外，信息技术的发展带来了科技时代和知识时代的到来，国际竞争的市场环境不断优化，市场的不完全性逐渐减弱，这些都构成了对传统跨国经营理论的挑战。

跨国经营的经典理论对于现阶段的跨国公司具有重要的指导意义，值得注意的是，这些传统理论已不能很好地解释现阶段服务型跨国公司中出现的许多新现象。随着国际经营环境的变迁，服务企业组织管理理论和战略管理理论已经成为国际化研究中的新热点，需要我们从更加专业的角度对服务企业国际化经营进行理论探讨，以期更加深入的了解旅游企业跨国经营的深层依据。

第二节　服务业跨国经营相关理论

随着经济全球化的发展，服务贸易在世界贸易中的份额不断提高。自 20 世纪 70 年代初以来，"服务贸易"一词在国际上得到了广泛的认可。美国服务业在战后处于领先地位，为促进服务贸易自由化，1974 年的"贸易法"将国际贸易定义为货物和服务贸易。在东京回合协议期间，美国积极主张在多边谈判框架内纳入服务贸易。但是，由于大多数发展中国家的坚决反对，并没有成功。自 80 年代中期乌拉圭回合新一轮谈判开始以来，美国对一些国家不断施加压力，同时在谈判中协调各方关系，使一些发展中国家的立场改变了，同意将服务贸易问题放在GATT协议范围之外，分别建立服务贸易法律框架，并且在充分尊重每个成员现有的国内立法的基础上，一致同意列入乌拉圭回合多边谈判的新议题。经过7年的不断协商，"服务贸易总协定"终于在1993年底达成。近年来，服务贸易的全球化趋势日益显现，一方面不断拓宽传统服务贸易的领域和范围，服务的"可贸易性"成分得到显著提高；另一方面交易过程不断简化，交易费用持续降低，服务贸易流量日益上涨。但是透过服务贸易的繁荣发展，却发现服务企业国际化的理论研究的成熟程度远远达不到服务企业国际化的实践发展，学者克拉克和史密斯（Clark & Smith）甚至指出，"对于服务企业的国际化，理论远远落后于实践"[①]，这在一定程度上导致现有服务文献的稀缺及专业性不强等特点。原有的制造业理论已经不能直接应用于服务业，服务业内在的特性给服务企业的国际化带来了独一无二的机遇和挑战[②]。在研究服务企业国际化理论之前，有必要首先对服务产品与实体产品的特性进行区分。

艾美利（Erramilli）利用服务的生产与消费是否分离的标准，将服务分为硬服务（Hard Service）和软服务（Soft Service）。那些可以通过出口方式进入外国市场的服务，如建筑设计、教育、人寿保险和音乐等称为硬服务；而那些生产和消费同时进行的服务，如餐饮服务、医疗保健、洗衣等称为软服务，显然软服务的特性与饭店产品的特性吻合。西瓦库马（Sivakumar，1998）等学者进一步指出，从国外市场进入模式的角度来看，硬服务和实物产品之间的差异并不大，而硬服务和软服务之间差异则非常大。硬服务可以如实体产品一样通过出口方式进入国外市场，而软服务则不能通过出口，只能采取特许经营、管理合同或者对外

---

① Clark T., Rajaratnam, D., Smith, T. Toward A Theory of International Services: Marketing Intangibles in A World of Nations [J]. Journal of International Marketing, 1996, 4 (2): 9–28.

② Sarathy, R. Global strategy in service industries [J]. Long Range Planning, 1994 Vol. 27, No. 6, 115–124.

直接投资等方式进行跨国经营①。克里斯托佛·拉夫洛克（Christopher Lovelock，1991）在其研究中对服务的分类提出了几个标准，这些标准也可以作为判定服务特殊性质的依据。即服务行为的属性，服务企业与其顾客的关系，服务定制化和对服务评判的空间，服务需要和供应的属性，以及服务是如何被递送的。拉夫洛克明确指出，与制造业相比服务业有八项基本特征②：服务的产出是一种无形业绩，而不是实物产品、顾客参与生产过程、人员成为服务经验的组成部分、出现质量控制问题的可能性比较大、顾客难以评估其业绩、缺乏库存、时间因素更为重要和可以通过电子渠道进行销售的。服务企业与制造企业之间存在着一种密切的交换关系，这种关系一方面表现为服务业为制造业提供产前、产中和产后服务，两者能够相互融合并进行相互交换的经济效益互动，即制造业的收益来自于服务业，服务业的收益又来自于制造业，彼此互为经济效益实现的前提；另一方面，随着服务业地位和作用不断提高，现代服务业在为制造业服务的过程中显示出越来越大的影响作用，即制造业的发展越来越依赖于现代服务业的兴起与发展。服务的这些特征不仅为一般服务管理提供了全面的指导，也为研究服务企业的国际化经营提供了理论出发点。

目前在服务企业国际化的相关文献中，安德森（Anderson E，1986）等学者从极小化交易成本的角度来分析企业组织的界域（boundary），他们认为交易（transaction）的特性，频率及环境气氛都会影响治理交易机制（governance mechanism）的选择③；艾美利（Erramilli）和饶（Rao）教授对海外子公司营运活动的复杂程度进行了分析，指出当厂商规模越大时，越有能力采用直接投资的方式进入海外市场。规模大的厂

---

① Ekeledo, L. Sivkumar, K.. Foreign Market Entry Mode Choice of Service Firms: A Contingency Perspective [J]. Journal of the Academy of Marketing Science, 1998, 26 (4): 274 – 292.

② Christopher H. Lovelock. Services marketing. 2nd ed [M]. Prentice Hall, 1991.

③ Anderson E, Gatignon H, Modes of Foreign Entry: A Transactions Cost Analysis and Propositions [J]. Journal of International Business Studies, 1986, Fall, 1 – 26.

商相对规模小的厂商而言,拥有较多的管理与财务资源可供使用,并有较佳的资源投入能力与风险承担能力[1];富兰克林·鲁特(Franklin Root,1994)全面分析了国际市场进入的所有模式及其决策方法,剖析了跨国公司在全球体系中如何面对多个国家和市场[2];斯科特·A.谢恩(Scott A. Shane,1994)从跨文化角度论述了文化沟通在跨国经营中的重要[3];芬兰的格朗鲁斯(Gronroos,1990)教授和瑞典的古姆逊(Gummesson,1998)教授,提出了众多相关理论,比如顾客关系生命周期模型、顾客感知服务质量,等等[4][5]。根据本书的研究重点,本部分主要对服务企业市场进入模式和国际化战略等相关内容进行文献回顾与述评。

一、服务企业国际市场进入模式

对企业国际市场进入模式(Mode of Entry)的研究早在20世纪60年代就已经开始,但是服务企业的国际市场进入模式直到20世纪90年代才开始受到普遍关注。通常,服务企业进入国际市场的方式是模仿国内制造企业国际化的模式[6],甚至有学者指出"没有必要针对服务型跨国公司建立专门的跨国投资理论,现有的理论完全可以适应服务企

---

[1] Erramilli M, Rao C, Service firms' international entry mode choice: A modified transaction cost approach [J]. Journal of Marketing, 1993, 57 (3): 19 –43.

[2] Root F. Entry strategies for international markets [M]. Lexington books, 1994.

[3] Scott Shane's. The effect of national culture on the choice between licensing and direct foreign investment [J]. Stragegic management Journal, 1994, 15 (8): 627 –642.

[4] Gronroos, C. Service Management and Marketing: Managing the Moments of Truth in Service Competition [M]. Lexington Books, Lexington, 1990.

[5] Gummesson E. Relationsmarknadsforing: Fran 4 Ptill 30 R (Relationship Marketing: From 4 Ps To 30 Rs)[M]. Swedish: Liber-hermods, Stockholm, 1998.

[6] Prahalad, C. K. and Doz, Y. L. The Multinational Mission – Balancing Local Demands and Global Mission [M]. Free Press, New York, NY, 1987.

业"①。但是随着新技术的应用和发展,服务企业对当地经营的依赖程度越来越低,服务企业采用的国际化方式也越来越多②。

　　鲁特(Root)认为国际市场的进入模式可以被理解为一种制度安排,也就是"企业进入外国市场时,有机地安排其产品、技术、人力、管理和其他资源"。根据东道国市场的可进入程度、控制水平及资源承诺等方面,鲁特(Root)将进入模式分为贸易式进入、契约式进入和投资式进入。艾美利(Erramill)分析了七个服务行业的17家服务企业国际进入模式。研究发现,这些企业最主要的进入模式是全资子公司,他强调服务企业进入模式不同于传统制造企业的主要原因是服务的不可分离性。让内(Jeannet)和亨奈西(Hennessey)将进入模式分为间接外销、直接外销、销售分公司、特许权、授权、合约制造、装配、当地生产八种类型,并探讨各种模式在控制、资产水平等各因素下的联系。根据让内和亨奈西的观点,各种进入模式是可以被"连续线化"的,其中"间接外销"和"当地生产"可视为此连续线的两端(见图2-1)。

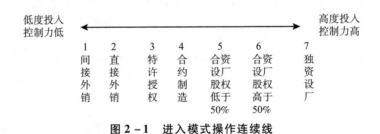

图 2-1　进入模式操作连续线

　　资料来源:J. P Jeannet, H. D. Hennessey, 2001, Global Marketing Strategies [M]. Boston: Houghton Miffilin Company.

---

　　① Buddewyn J J, Halbrich M B, Perry A C. Service Multinationals: Conceptualization, Measurement and Theory [J]. Journal of International Business Studies, 1986, Fall, 41-57.

　　② 克里斯丁·格朗鲁斯(Gronroos, C). 服务企业的国际化战略 [J]. 南开管理评论, 2001 (6): 4-7.

　　货物与服务的不同特点会影响国际交易的方式。国际货物贸易指货物从一个国家到另一个国家的实际流动，而国际服务贸易很少穿越国界。大多数服务交易中，消费的时间和地点是不能分割的，服务提供者和消费者应该相互贴近。为实现这种贴近，可以考虑通过在进口国建立分支机构或子公司的商业存在形式，或者通过律师或建筑师到另一个国家提供服务的自然人临时流动形式。有一些服务交易的性质要求消费者自行抵达可以得到那些国家的服务（如旅游者参观其他国家的旅游胜地或学生到另一个国家接受高等教育）。因此，与需要在地理上跨越国界的国际货物贸易不同，国际服务贸易是根据以下四种方式之一或其中多种方式的结合来提供的。这四种方式分别是：服务产品的跨境流动；消费者向出口国的流动；在要提供服务的国家建立商业存在；自然人向另一个国家的临时流动，以便在那里提供服务。

　　跨国公司进入服务业内部的模式选择存在十分明显的行业差异。例如旅游业中，非股权安排尤其是管理合同和特许经营是运用最广泛的市场进入模式；而会计和审计行业往往与国内或国外的合伙人组成松散的集合体。主要服务业中各种组织控制模式的分布特征见表2－1：

表2－1　　　　服务业跨国公司主要组织控制模式的行业分布

组织控制模式	主要分布行业	相关描述
完全控股方式	广告业、投资银行（经纪业）、教育服务业、运输业（海运和航运）、医疗服务业等	在这些行业中，跨国公司倾向于控股，大多追求绝对控股地位，甚至全资控制
合资方式	商业银行业、电信业等	合资方式在商业银行业、电信业等服务领域是较为普遍的组织形式
非股权安排	旅馆业、快餐业、汽车租赁业	特许经营、管理合同、租赁经营等非股权安排形式较为普遍
合伙方式	会计、审计与法律服务行业等	合伙方式广泛存在于会计、审计与法律服务行业，母子公司的联系较为松散

资料来源：张诚．服务业跨国公司与中国经济发展［M］．北京：中国财政经济出版社，2006：65．

当打算拓展国际业务时，服务企业首先要找到接近当地顾客的方法。一旦找到这种方法，服务企业就可以开发适应当地顾客的服务[①]。格朗鲁斯（Gronroos，C）把服务企业的国际化战略分为直接出口、系统出口、直接进入、间接进入、电子营销五类，以上五种类型又可以大致划分为出口战略、进入战略和电子战略三种战略形式[②]。见表2-2：

表2-2　　　　　　　　　服务企业国际市场进入战略类型

出口战略	主要适用于与人们的知识和无形资产直接相关的服务类别：比如咨询服务、维护和修理服务等	
进入战略	股权进入	新设企业：独资、合资、合伙
		兼并收购、长期租赁
	非股权进入	许可证交易
		特许经营
		管理合同
电子战略	电子营销渠道是唯一不需要直接人际互动的渠道，先进的电子技术帮助服务企业接近顾客。电子战略与信息、教育（远程服务以及网上书店等）、娱乐等可以在网上销售的服务产品有关。	

资料来源：根据克里斯丁·格朗鲁斯（C. Gronroos）. 服务企业的国际化战略 [J]. 南开管理评论，2001（6）：4-7.

出口战略主要适用于与人们的知识和无形资产直接相关的服务类别，比如咨询服务、维护和修理服务等，一般由专业人员到客户所在地，并将所需资源和系统转移到客户所在国。修理高价值的设备，监督指导设施的建设等多采取出口战略方式。这一战略形式省去了与客户经常性地联系，服务部门可以定期或临时派出一组人员向海外客户提供服

---

① Gronroos, C.. Service Management and Marketing：Managing the Moments of Truth in Service Competition [M]. Lexington Books, Lexington, 1990, 6.

② 克里斯丁·格朗鲁斯（Gronroos，C）. 服务企业的国际化战略 [J]. 南开管理评论，2001（6）：4-7.

务。由于这类企业必须立即提供服务，所以没有一个逐步学习的过程，因此发生失误的风险相当大。进入战略意味着服务企业需要在国外市场建立服务组织，这种服务组织有股权投资和非股权投资两种形式。股权投资下又可分为新设企业和租赁兼并。新设企业意指服务企业直接在东道国建立新厂，新厂可以是独资企业（single proprietorship），也可以是合资（joint venture）、合伙（partnership）甚至战略联盟（strategic alliances）形式；租赁兼并指长期租赁（long-term lease）、兼并收购（mergers and aquization）等形式。非股权投资，主要包括许可证交易（licensing）、特许经营（franchising）和管理合同（management contract）。许可交易主要适用于出售公司的无形资产，比如专利，商业秘密，专有技术，注册商标和信誉等，以换取外国公司的特许权。特许经营是指特许人授权给授权方使用授权人的知识产权，如商号，产品，商标和设备分配。对于具有标准特色服务产品的企业来说，通过特许经营来实现国际化是很普遍的。管理合同是指通过国际化服务专业机构的协议管理本地服务公司。专业组织获得管理费用，当地企业获得专业的管理。管理合同在输出服务模型时可以获得很大程度的管理控制权甚至利润转移权。电子营销渠道是唯一不需要直接人际互动的服务分销渠道，这意味着服务企业通过先进的电子技术就可以实现其可接近性。显而易见这些服务一定是与信息、教育（远程服务及网上书店等）、娱乐等可以在网上销售的商品有关，这类服务可以通过线路传输进行数据交互，借助电子化的手段向国外市场提供服务。一般来说，一种服务的生产对于技术和设备与服务供应商的直接接触的依赖性成反比。电子战略由于克服了服务的生产和消费的不可分离性，使服务的输出更为便利，成为服务国际化日益普遍采用的战略形式。

二、服务企业跨国经营战略

1962 年，美国著名经济史学家钱德勒提出了一个著名的断论——企业一旦跟随战略公司的战略，最终将影响其组织结构。随后，不同学者对跨国公司的战略管理进行了多层次的深入研究。丹麦的詹斯普·施庄德克弗（Strandskov，1985）提出了另外一种产品层次划分方法，即实体产品、产品包装和附加服务，进而指出产品各层次在国际化过程中的特点和作用①；莫林（Melin，1992）指出企业进行国际化的动因②；明茨伯格（Mintzberg H，1994）对制定服务战略的必要性、服务战略的形成方式及战略规划部门的职能定位等问题进行了探讨③；劳伦斯（Lawrence，1996）等对企业外派人员的报偿机制和工作目标等问题进行了分析④。

企业战略管理过程的五个主要功能分别是：确认基本任务、分析内外环境、战略制定、战略实施、效果评价及运作管理（见图2－2）。

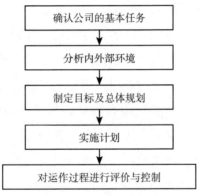

图2－2 战略管理过程

资料来源：Rugman，A. M，and Hodgetts，R. M. International Business：A Strategic Management Approach［M］. McGrwa－Hill，1997，44.

---

① Strandskov，Jesper. Towards a New Approach for Studying the Internationalization Process of Firms［R］. Presented at the Annual Conference of European International Business Association，Glasgow，Scotland，December 1985，15－17.

② Melin L. Internationalization as a Strategy Process［J］. Harvard Business Review 72，No. 1. 1992，99－118.

③ Mintzberg，H. The Fall and Rise of Strategic Planning［J］. Harvard Business Review 13. No. 1. 1994，107－114.

④ Welch，Denice E. and Lawrence S. Welch. The Internationalization Process and Networks：A Strategic Management Perspective［J］. Journal of International Marketing Vol. 4，No. 3，1996，11－28.

战略管理通常首先决定公司的基本任务。它主要回答两个问题：公司的业务是什么？公司存在的原因是什么？根据这两个问题的答案，公司大致可以确定自己的方向。内部环境分析的目的是评估公司财务和人力资源的优势和劣势，这将有助于跨国公司评估企业，以及确定需要成本削减和资产剥离的领域。内部和外部分析将帮助跨国公司确定长期目标和短期目标。公司的战略计划将分解成若干主要部分，每个分公司或者部门都有自己的业务目标和责任。战略实施过程开始之后，公司将定期评估战略实施进展，并对原计划进行必要的修正。制定战略计划需要首先评估公司的环境和内部优势，然后确定长期和短期的业务目标。企业国际化战略管理模式认为，跨国公司高度依赖战略规划流程，流程不仅为跨国公司确立了整体业务方向，而且为业务活动提供了具体指导。没有战略规划，这些跨国公司在实施和评估商业活动计划时将遇到很大困难。国际化战略理论可以追溯至珀尔马特（Howard V. Perlmutter，1969），在其开创性的著作中，珀尔马特指出地域的变化日益影响跨国公司管理，应该将分公司看作是整体中的网络组织，而不是独立的单元来运作①。后来许多学者对全球化战略的论述都建立在这一理论之上，并从不同侧面不断完善该理论。托马斯 - 霍特、波特及鲁登（Hout Thomas，Porter & Rudden，1982）通过案例研究分析了国际竞争中的风险和最终回报问题②；哈默尔与普拉哈拉德（Gary Hamel & C. K. Prahalad，1985）以日本战略为例，强调在全球化经营过程中，公司高管要超越低成本和产品标准化，将注意力集中到新的竞争方式和战略的长期性上③；布鲁斯·科格特（Kogut Bruce，1985）探索了跨国公司经营的灵活性，认为国际战略是对未来不确定性的一种应对，并强调对国际资源的整合是获

---

① Perlmutter, H. V. The tortuous evolution of the multinational corporation [J]. Columbia Journal of world Business, January – February, 1969, 9 – 18.

② Hout, Thomas, Michael E. Porter, Eileen Rudden. How global companies win out [J]. Harvaed Business Review, September – October 60, 1982, 98 – 108.

③ Harmel, Gary & C. K Prahalad. Do you really have a global strategy [J]. Harvard Buiness Review, July – August 63 1985, 134 – 148.

取竞争优势的关键①；伊普（George S. Yip, 1989）提出要识别制定全球战略的驱动因素并对如何形成全球化经营战略提出了分析框架②。

在一般战略框架中，竞争优势来源于最适应组织竞争环境的一般战略的选择，迈克尔·波特运用价值链分析方法详细研究了企业的三种基本战略类型：差异化战略，使顾客感觉企业产品优于竞争者的产品，以便制定高价；成本领先战略，努力成为最低成本的产品生产商，即使在平均价格以下，仍能获得超额利润；而在很窄的细分市场采用差异化或成本领先战略，即为集中化战略。波特将此理论应用于全球化企业中，形成国际化市场上企业的五种可选择战略形式（见图2-3），这五种战略定位是依据它们在两个内在连续同一体中的位置而定义的，即行业全球化程度和行业中竞争对手服务的目标市场的宽度③。现代服务贸易运用波特钻石模型，确定出影响现代服务贸易的基本要素，并将这些要素与波特所设定的六大因素有机结合起来，从国家战略层面反映现代服务贸易的竞争力状况。

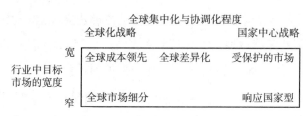

图 2-3　波特全球化战略框架

资料来源：Porter M. E. Changing Patterns of International Competition [J]. California Management Review, 1986, 28 (2): 9-40.

---

① Kogut, Bruce. Designing global strategies: Profiting from operational flexibility [J]. Sloan Management Review, Fall 1985, 27-38.

② Yip, George S. Global strategy in a world of nations? [J]. Sloan Management Review, Fall, 1989, 29-41.

③ [英] 耐杰尔·埃文斯（Evans, N.），大卫·坎贝尔（Campbell, D.），乔治·斯通休萨（Stonehouse, G.）著. 旅游战略管理 [M]. 马桂顺译. 沈阳：辽宁科学技术出版社，2005：281.

依据比较优势理论，现代服务贸易的基本要素大致可以归纳为七大类①：（1）服务技术要素。现代服务贸易必须借助于技术基础设施、商务基础设施、健康基础设施及科学技术投入和其他技术手段来实现。因此，高新水平的知识和技术的应用必然有助于提高现代服务贸易的竞争力。（2）服务资源要素。这种要素一方面是指自然资源，另一方面也是指现代服务贸易特有的资源，如品牌、信用体系、专利技术、文艺作品和其他知识产权等。这些特有资源都是经过竞争过程后开发出来的，具有动态性和专有性，一国拥有特有资源越多，竞争力优势越明显。（3）服务管理要素。现代服务贸易的产品多属于技术与管理密集型的产品，现代服务贸易的过程也就是实施服务管理的过程，服务管理水平和效率越高，现代服务贸易的竞争力越强。（4）服务市场要素。现代服务贸易为国内服务企业提供了利用国际服务市场的途径，使现代服务贸易的规模经济得以体现。积极参与国际竞争，充分利用国际市场，有助于提高现代服务贸易的竞争力。（5）服务资本要素。现代服务贸易的发展可以吸引外来投资，而外国资本的持续流入，不仅将扩大国内市场的开放程度，还有助于国内服务企业加速创新和竞争过程，并向外国投资。（6）服务产品要素。现代服务产品是技术、资源、管理、资本和市场等要素的结合体，服务产品的差异性、多样性，必将促进一国产业结构升级。（7）服务人力资本要素。现代服务产品的个性化需求明显，必须有足够的高素质人才与之相适应，这就需要加大服务人力资本的支撑力度，引进和培养高素质人才。上述决定现代服务贸易竞争力的七大要素，与波特所设定的决定国家竞争力的六大因素联系起来，可以完全反映现代服务贸易国家竞争力的基本构架。

伊普（George S. Yip）指出为了获得全球化利益，企业需要识别出适宜采用全球化战略的机会。决定行业全球化性质和程度的驱动力大致有四种：市场驱动力、成本驱动力、政府驱动力、竞争驱动力。各个驱

---

①　朱晓青. 加入 WTO 后北京现代服务业发展研究 ［M］. 北京：华文出版社，2005：86 – 87.

动因素的分解因素见图 2-4。每种重要的产业全球化驱动因素会影响到全球战略手段——全球市场参与、全球产品和服务、全球活动布局和全球竞争策略。

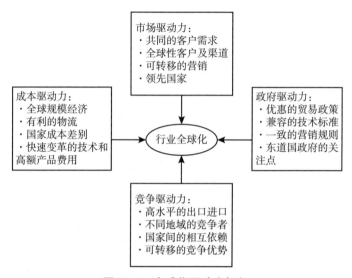

图 2-4　全球化驱动力框架

资料来源：乔治·S.伊普（George S. Yip）著.全球战略程 [M].程卫平译.北京：中国人民大学出版社，2005：29.

　　尽管以上的竞争战略方法可以运用到旅游业中，但尚未在特定的旅游组织中运用。因此，普恩研究出一种不同的方法，主张应考虑到行业的现实。按照普恩的想法，行业的服务导向决定了所提供服务的质量；休闲和旅游消费者日益复杂；行业内大规模使用信息技术；行业观念的颠覆性变革和不断创新都是应该考虑的现实因素。为了成功应对这些行业的现实情况，普恩主张旅游组织在开发他们的竞争战略时需要运用四项原则（见图 2-5）：顾客至上、质量领先、彻底创新、加强组织战略地位。

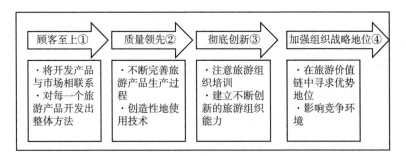

图 2 - 5　旅游企业实施竞争战略的四项基本原则

资料来源：Poon，A. Tourism，Technology and Competitive Strategies ［M］. Wallingford. CABI. 1993.

三、对服务企业国际化理论述评及启示

相对于制造业国际化问题的研究，服务业国际化的研究总体上还处于起步阶段，很多理论尚在探讨和完善之中。学术界对于有关服务产品与有形产品的国际化异同一直处于争论的焦点状态，对于服务企业与制造企业在出口战略选择、进入国外市场的过程、影响进入模式选择的因素等方面至今也没有形成一致的见解①。服务型企业国际化理论为服务型企业国际化提供了战略支撑。

服务企业会根据不同的外部环境和内部资源，选择各异的市场进入模式。不同的市场进入模式拥有不同的特点，能满足不同公司对特定环境的需要。市场进入模式的内在特点是服务企业决定选择某种模式的关键因素②。根据金伟灿博士（W. Chan Kim，1990）等的研究框架③，对服务企业市场进入模式与其内在特性分别进行比较（见表 2 - 3）。资源承诺是指特殊资产如果用于其他目的，将必然丧失一定的价值。这些资产可能是

---

① 克里斯丁·格朗鲁斯（Gronroos，C）. 服务企业的国际化战略 ［J］. 南开管理评论，2001：4 - 7.

② 张一弛，欧怡. 企业国际化的市场进入模式研究述评 ［J］. 经济科学，2001：11 - 20.

③ Hill，C.，Hwang，P. and Kim，W. An elcetic theory of the choice of international entry mode ［J］. Strategic Management Journal，11. 1990，117 - 128.

有形资产或无形资产，这对企业退出该领域构成障碍。企业必须拥有具有比较优势的资产和技术才能在激烈的竞争中取胜。这些资产和技术就是公司的关键资源，所以公司在进入国外市场时必须保持对这些资源的控制权。传播风险是指公司进入国外市场时，当地公司不正当利用本公司的比较优势所产生的风险。由于公司在与外国公司竞争时必须依靠技术，市场或管理方面的某些优势，因此在进入国外市场时将面临传播风险。

表 2－3 　　　　　服务企业国际市场进入模式内在性比较

内在特性	进入模式			
	出口及电子战略	许可经营	合资	独资
资源承诺	低	低	中	高
控制程度	低	低	中	高
传播风险	低	高	中	高
灵活性	高	中	低	

资料来源：郑长娟. 服务企业的国际市场进入模式选择［M］. 杭州：浙江大学出版社，2006：65.

另外，现代服务贸易自由化政策作为当今全球经济一体化和区域经济一体化的主导政策，对服务企业的国际化经营具有深刻影响。一方面体现为国际规则的形成和各国做出的开放市场的具体承诺；另一方面体现为各国现代服务贸易壁垒逐渐减少的共鸣。这些都为服务公司跨国经营提供了必要的理论和实践准备。

第三节　饭店业跨国经营相关理论

为了评述关于中国饭店企业的跨国经营理论，作者首先对国内外相关数据库进行了检索。采取"跨库检索"的检索方式，利用"高级检索"

模式，通过输入关键词"跨国国际化"和"饭店住宿业"等进行模糊查询；对旅游外文数据库采用关键词"multinational（多国的)/transnational（跨国的)/international（国际的)"和"hospitality（接待业)""lodging（住宿业)""hotel（旅馆)"进行联合检索。同时，作者还对旅游学刊，旅游科学、旅游管理（Tourism Management）、国际接待业管理杂志（International Journal of Hospitality Management）、国际当代接待业管理杂志（International Journal of Contemporary Hospitality Management）、康奈尔饮宿和餐馆管理季刊（Cornell Hotel and Restaurant Administration Quarterly）等多本重要的国内外期刊进行检索，经过详细整理发现，与本研究主题密切相关文献相对较少。出现这种情况，一方面是由于在服务管理领域，有关饭店业跨国经营的系统研究一直很稀缺；另一方面，由于在饭店业中，经营实践往往先于饭店理论，因此尽管饭店业的跨国经营已经蓬勃展开，但是相关的理论还处在不断探索中。为了更好地突出我国饭店企业的跨国经营，笔者将本部分的相关理论按照国外与国内两个维度展开论述，希望既可以充分学习国外的相关研究成果，又可以清楚地了解目前我国饭店业跨国经营研究处于何种水平和层次，从而更加有的放矢地进行后续研究。

一、国外饭店企业跨国经营理论

杜江教授在《旅游企业跨国经营战略研究》中，对 2000 年之前的旅游业跨国经营相关文献进行了详细梳理，其中与饭店业相关的主要有蔡和奥尔森（Tse and Olsen）等人对跨国饭店公司的战略联盟、特许经营、管理合同、合资和收购等方式进行的比较分析[①]；霍夫曼和施耐德尔詹斯（J. Hoffman and M. J. Schniederjans，1990）在东欧地区案例研究

---

① Olsen Michael, D., West Joseph, J. and Tse Eliza, C. 1998. Strategic management in the hospitality industry [M]. 2nd ed., New York：John Wiley & Sons.

的基础上，提出了饭店业全球扩张国际战略管理模型①；巴利特（M. C. Burritt，1991）对日本在美国住宿业和休假地的投资情况进行了研究②；金哲永（Chol Yong Kim，1992）分析了亚洲新兴工业国家中，影响跨国连锁饭店公司的政治环境③；德夫和科莱恩（C. S. Dev and S. Klein，1993）对住宿业的战略联盟等问题进行了深入探讨④。在其后的理论发展中，赵金林和奥尔森（Jin Lin Zhao and Michael D Olsen，1997）就影响跨国企业进入模式的因素进行了系统分析，建立起企业外部经营环境和任务环境与跨国住宿企业进入模式之间的逻辑关系，而且得出了——跨国住宿企业任务环境与如果能够适应未来新市场的外部环境将决定企业选择一定的进入模式的重要论断⑤。1998 年，奥尔森等学者指出国际住宿业市场环境是复杂多变的，既包括动态的竞争环境问题，又包括驱动游客购买并满足游客期望等能力的控制问题⑥。克里希纳（M. Krishna，2002）等从基于资源基础的竞争优势理论入手，深入探讨了国际饭店市场中影响管理合同和特许经营的决定因素⑦。梅米特（Mehmet Mehmetoglu）利用扎根理论（Grounded Theory）对住宿业组织

---

① J. Hoffman and M. J. Schniederjans. An international strategic management goal programming model for structuring global expansion decision in the hospitality industry：the case of Eastern Europe [J]. International Journal of Hospitality Management，9（3），1990.

② Burritt M. C. Japanese investment in U. S. lodging and resorts [J]. The Cornell Lodging and Restaurant Administrative Quarterly，October，1991.

③ Chol Yong Kim. Development of a framework for the issue identification of political environment issues faced by multinational lodging chains in NIC countries in Asia [D]. A doctoral dissertation，HRIM，Va Tach，1992.

④ C. S. Dev and S. Klein. Strategic alliances in the lodging industry [J]. The Cornell H. R. A. Quarterly，34（1），1993.

⑤ Jin Lin Zhao and Michael D Olsen，The antecedent factors influencing entry mode choices of multinational lodging forms [J]. International Journal of Hospitality Management Vol. 16，No. 1，1997，79 – 98.

⑥ M. D. Olsen and C. J. Roper. Research in strategic management in the hospitality industry [J]. International Journal of Hospitality management，1998（17）：111 – 124.

⑦ Chekitan S. DEV，M. Krishna Erramilli，and Sanjeev Agarwal. Brands aross Borders – Determining Factors in Choosing Franchising or Management Contracts for Entering Internatioanl Markets [J]. Cornell Hotel and Restaurant Administration Quarterly. 2002，Dec. (6).

国际化问题进行定量分析。1981年邓宁在其经典文献中，首次用生产折衷理论解释饭店企业跨国经营，这是最早将饭店企业特点与跨国经营理论有机融合的初创性文献①。鉴于其对饭店国际经营领域的重要贡献，本书将对该重要文献进行详细分析。

邓宁认为，所有权优势源于国外饭店住宿产品的性质，这种服务产品通常被看作是"体验品"（即对于游客来说，商品的价值不能通过视觉观察而建立）。在一种不熟悉的环境中，跨国饭店连锁品牌是确保饭店产品达到一定服务水准的重要依据，游客通过住宿体验可以确认饭店集团的品牌优势，从而深刻影响饭店集团的国际竞争地位。饭店产品是一种可以为顾客提供某种环境氛围的一系列服务综合体，入住前的预定、入住时设施的享用，以及入住后的感受是饭店产品评价中不可缺少的部分。国际饭店集团的品牌效应可以使顾客在没有进行饭店产品的实际体验之前，就已经预期到该饭店产品的实际使用效果。较之国内饭店，国际饭店在市场、生产和创新方面更有优势。具体来说，主要体现在以下方面：首先，由于国际饭店集团在产品多样化等方面建立起的无形资产，使它们更容易进入一个新市场；其次，在不同经济环境中的运作，使专业人员的技能得到很好的锻炼，为健全各项组织管理制度，丰富国际饭店经营经验提供了广阔的平台；再次，巨大的经济规模和先进的后勤保障技术使降低成本、提高产品质量及竞争力成为可能，为饭店服务产品创新提供了良好的渠道。与制造业的跨国经营类似，为了维持所有权优势，饭店企业在国际化经营过程中也需要逐步加大培训方面的支出。培训支出不仅可以使跨国饭店企业维持其优秀的品牌质量，而且可以提高其市场份额。这种竞争优势可以通过内部化培训获得，因为内部培训可以有效地评估饭店员工的能力和潜力，为储备合适的劳动力资

---

① John H. Dunning, Matthew Mcqueen. The Eclectic Theory of International Production A Case Study of the International Hotel Industry [J]. Managerial and Decision Economics, 1981, Vol. 2, No. 4, 197–210.

源提供一定借鉴。总之，饭店企业的规模和在培训等方面的投资是形成所有权优势的重要因素，当然不同的饭店集团在各自的国际化经营过程中也会形成各自独特的所有权优势差别，比如最佳西方国际酒店集团（Best Western International）是以营销和完美的问询系统赢得所有权优势的，而假日旅馆（Holiday Inns）则是靠特许经营优势取胜。

邓宁指出："一个国家产品的国际竞争力，不仅取决于其各种资源的占有——某些情况下这是必须的——同时也取决于企业通过内部化来利用这些优势的愿望和能力。"① 内部化优势在于跨国饭店企业选择哪种方式进入东道国。股权参与形式和非股权参与形式是跨国公司进入外国市场的主要方式，国际饭店企业的经营模式也因其结构、管理等方面的发展而变得日益多样化。饭店集团国际化发展中市场进入方式主要包括管理合同和特许经营。饭店管理合同实质上是饭店管理公司与饭店所有者之间的协议。其中，饭店管理公司有责任经营饭店，管理饭店业务；饭店业主，或者是个人、企业，或者是金融集团、金融机构、保险公司甚至是政府不做经营决策，而是筹集资金、经营费用和偿还贷款。饭店业主以一定的费用支付酒店管理公司提供的服务，饭店业主通常得到净收入。目前，饭店管理公司有加入一定股权的发展倾向，这是饭店企业经营模式的创新发展，有利于饭店管理公司与饭店业主之间的利益共赢。特许经营是经营权授予方与经营权受许方之间的协议。根据协议，饭店授予人允许饭店业主使用联号名称和服务；饭店业主将支付饭店授予人特许权使用费。饭店业主可以自己管理饭店或与另一家饭店管理公司签订合同，由其他饭店管理公司经营饭店。当然，实际的饭店运营模式会因国家的具体特点和饭店的具体情况而有所变化，这既取决于东道国政府的相关政策，又取决于当地要素投入的能力（如资金、熟练劳动力等）。

① John. H. Dunning. Multinational Enterprise and the Global Economy ［M］. Addison Wesley，1993：28.

饭店的国际经营效果与其选择的地理位置密切相关，饭店的区位选择需要与旅游者的流向一致，这一点与制造业根据原材料或成本优势的择址原则截然不同。邓宁进一步指出，国际饭店需要定位于游客可以以一日游的时间即到达的国家境内，或者定位于那些与热点旅游目的地毗邻的地区或国家。影响饭店区位选择的具体因素有很多，最显而易见的是那些决定旅游业规模和饭店企业增长比率的因素，尤其是一个国家的商务游状况；其次是饭店业的基础设施情况；再次是饭店企业的可进入性；另外，东道国政府的对外直接投资政策和当地政治、经济的发展和社会的稳定性等也是饭店企业选址不可忽视的重要因素。区位选择不但会影响饭店企业跨国经营的国际化水平，甚至还会波及跨国饭店企业内部的组织和运营，因此需要通盘考虑，谨慎决策。

二、国内饭店企业跨国经营理论

国内对饭店业跨国经营的系统研究起步较晚，其中赵西萍老师是较早研究中国旅游饭店业跨国经营问题的重要学者。1996年赵西萍在《旅游学刊》上曾发表《中国旅游饭店业跨国经营道路的探讨》一文，提出了我国旅游饭店业跨国经营的基本构想[①]，提出了两种对外直接投资主体选择方案：一是鼓励那些实力较强的饭店进行对外投资，二是将旅游饭店业的国际化与集团化相结合，实施名牌战略，希望未来能够形成中国自己的国际饭店连锁集团。另外，文章还对东道国的选择、旅游市场的定位及开发国际特色旅游产品等问题提出了宝贵建议。1999年，上海立信会计出版社出版了杨森林和郭鲁芳编著的《中国旅游业国际竞争策略》一书，在《中国旅游业国际竞争策略》的章节中，作者专门谈

---

① 赵西萍，王磊，刘洪涛. 中国旅游饭店业跨国经营道路的探讨 [J]. 旅游学刊，1996 (5)：14－19.

到了促进中国饭店业跨国经营的几个问题①。书中列举了竞争行为主体选择、经营形式选择、区位选择、国内对外投资制度环境、跨国经营人才培养五个要点问题，对饭店企业跨国发展实践起到了一定的指导作用。

2000 年后，相关的研究成果迅速增多，既有学者的诸多论著，也有业界对现实问题的新鲜评述。这一方面是由于我国饭店业实力日益增强，出现了锦江等一批大型饭店集团；另一方面，面对国外饭店集团的大举进入，我国饭店企业只有通过不断学习，才可能开拓出适合我国企业发展的饭店集团跨国之路，从而在国际竞争中占据一席之地。这一时期的重要理论研究主要有戴斌教授的《旅游企业国际化及其运作研究》②《中国酒店集团的世纪之路》③ 等多篇文献，这些文章既包含了对旅游企业国际化经营现实背景和障碍的深入剖析，又系统总结了旅游企业国际化特征、战略类型、运作方式，还提出我国旅游企业国际化发展的战略准备；邹统钎教授主要从中国加入 WTO 后中国饭店企业参与国际竞争的步骤和方式角度，对饭店产权主题、专业化管理及饭店集团化问题进行了深入分析④；杜江教授在《旅游企业跨国经营战略研究》一书中，规划出旅游业跨国经营的三步渐进战略⑤，即首先进行大型旅游企业集团建设，然后大力开发出境旅游市场，等待时机成熟后着手进行跨国经营；高舜礼在《中国旅游业对外开放战略研究》一书中专门辟出一章篇幅论述我国旅游业跨国经营的发展战略，对旅游企业跨国经营的必要性、现状、困境及应注意的问题等进行了深入论述⑥；张润钢对中国饭

---

① 杨森林，郭鲁芳. 中国旅游业国际竞争策略［M］. 上海：立信会计出版社，1999：222.

② 戴斌. 旅游企业国际化及其运作研究［J］. 旅游科学，2000：18 – 22.

③ 戴斌. 中国酒店集团的世纪之路［J］. 北京：现代酒店，2000 (4).

④ 邹统钎. 中国饭店企业集团化战略：发展模式与政策导向［J］. 旅游学刊，1999 (3)：13 – 17.

⑤ 杜江. 旅游企业跨国经营战略研究［M］. 北京：旅游教育出版社，2001.

⑥ 高舜礼. 中国旅游业对外开放战略研究［M］. 北京：中国旅游出版社，2004.

店跨国经营过程中的集团化发展、品牌建设等方面提出了建设性建议①。

　　跨国经营的饭店企业虽然也有由单体饭店发展而成的，但是绝大部分是以饭店集团形式进行跨国经营，饭店集团是跨国经营的主体，因此有必要对我国饭店集团化发展历程进行回顾。自 20 世纪 80 年代中期，我国饭店集团化进程逐步发展推进，其中以上海锦江集团的组建为标志。1998 年戴斌教授在其论著《现代饭店集团研究》中对饭店集团的历史与功能进行了介绍，重点对饭店集团的形成、结构及组织文化等进行了阐释，是我国饭店集团领域论述比较全面的理论著作②。2001 年，杜江教授在《旅游企业跨国经营战略研究》一书中对旅游企业跨国经营的诸多问题进行了系统性地分析，其中建设性地将旅游企业跨国经营划分为初级、过渡、中级和高级四种形式，因其全面性得到了广泛认可③。在此基础上，杜江教授又对中国饭店企业跨国经营的可行性及战略选择等问题进行了深入剖析，指明了饭店集团的国际化经营道路④。2003 年魏小安教授系统总结了中国饭店集团品牌发展的阶段和过程，并进而指出品牌建设的八项要点⑤；同年，中国旅游饭店业协会出版了《中国饭店集团化发展蓝皮书》⑥，全书囊括了多位专家的观点，对饭店业的发展、趋势、品牌等诸多问题进行了全方位探讨。2003 年张广瑞教授提出了国际饭店业的网络化趋势和绿色经营趋势⑦；同年，何建民教授将中外饭店集团进行对比，指出我国饭店集团在饭店业经营特点、饭店管理

　　① 张润钢. 透视中国饭店业［M］. 北京：旅游教育出版社，2004.
　　② 戴斌. 现代饭店集团研究［M］. 北京：中国致公出版社，1998.
　　③ 杜江. 旅游企业跨国经营战略研究［M］. 北京：旅游教育出版社，2001.
　　④ 杜江. 中国饭店跨国经营的可行性及其战略选择［EB/OL］.（2006 – 1 – 2）. http：//www. souchu. com/CookerJY/CYJD/200609/41789. html.
　　⑤ 魏小安. 中国饭店业品牌化发展的战略及思路［J］. 饭店现代化，2003（3）.
　　⑥ 中国旅游饭店业协会著. 中国饭店集团化发展蓝皮书2003［M］. 北京：中国旅游出版社，2003.
　　⑦ 张广瑞. 中国饭店集团化发展蓝皮书2003［M］. 北京：中国旅游出版社，2003：63 – 69.

人才选择、营销网络建设、品牌管理和股权运作等方面的不足①；2003年王大悟教授就如何打造中国饭店集团的品牌竞争力进行详细设计②；戴斌教授从理念、产权、市场、资本和管理五个方面分别指出了我国饭店集团发展的障碍③；谷慧敏教授利用国际饭店集团的发展历史轨迹，对21世纪国际饭店集团的扩张发展态势进行了预测，对我国饭店企业跨国发展进行了有益指导④。

根据张润钢（2005）的研究⑤，目前大型跨国饭店集团的运作模式大致可以分成三类：第一类是完全以资本为纽带，称为资本运作饭店集团。这种饭店集团只拥有一定数量的饭店产权或股权，将饭店的经营管理权交给专业的管理公司，饭店集团的收益为成员饭店共同形成的利润总和；第二类是以饭店运营为纽带，不持有饭店资产的饭店集团。这类饭店集团以连锁品牌作为经营基础，只对接管饭店进行输出管理。一般来说，这种饭店集团的品牌多为知名的成熟管理品牌。近年来，随着饭店管理模式的持续演变，很多此类饭店集团已经开始有意识地持有部分饭店资产，于是形成了第三类饭店集团；第三类是以资本和专业化的管理机构共同为纽带形成的饭店集团。与前两种类型相比，这类饭店集团既拥有一定数量的饭店股权，同时又拥有饭店管理公司，是一种资源和能力都比较全面的饭店集团。目前，就中国本土饭店集团而言，绝大多数倾向于采用以资本纽带和管理机构并举的形式。

尽管我国饭店集团的发展广泛借鉴了国外饭店组织的经验，但"饭

① 何建民. 中外饭店集团比较研究［C］. 中国旅游饭店业协会. 中国饭店集团化发展蓝皮书2003. 北京：中国旅游出版社，2003：31-36.
② 王大悟. 打造中国饭店集团的品牌力［C］. 中国旅游饭店业协会. 中国饭店集团化发展蓝皮书2003. 北京：中国旅游出版社，2003：106-115.
③ 戴斌. 论中国饭店集团的发展障碍［C］. 中国旅游饭店业协会. 中国饭店集团化发展蓝皮书2003. 北京：中国旅游出版社，2003：54-60.
④ 谷慧敏. 国际饭店集团发展趋势［C］. 中国旅游饭店业协会. 中国饭店集团化发展蓝皮书2003. 北京：中国旅游出版社，2003：84-95.
⑤ 张润钢. 对现阶段中国本土饭店集团发展之路的再思考［EB/OL］. http：//guanli. Very East. Cn. 2005-9-23.

店集团"或"饭店集团化"这样的概念其实是我国独有的称呼，国外并没有这种说法①。作为一个主要在国内使用的词汇，它主要指的是非单体形式的饭店联合体。而国外在谈到类似概念时，一般用"饭店公司（Hotel Company）"或"饭店联号（Hotel Chain）"来表示，将其和"单体饭店（Independent hotel）"相区分。饭店企业国际化经营与饭店集团或者说饭店规模之间的确有一定联系，一定规模的饭店企业是顺利实现跨国经营的基础。"旅游企业跨国经营在集团化的前提和保证下，其集团化发展深度和广度从初级到高级都在提升过程中发挥着极其重要的作用②。"但是并不是说只有饭店集团才具备跨国经营的条件，一些拥有特殊优势的中小饭店企业同样也可以参与跨国经营。旅游需求的差异化和多样化，为中小旅游企业的跨国经营创造了市场条件③。虽然一定规模的旅游企业可以为游客提供标准化的服务，但是在满足游客的个性化需求方面存在一定的困难，而这一点正是中小旅游企业的优势所在。旅游需求的市场发育与旅游市场的发育并不是同步的，目前我国出境旅游市场日益扩大，但跨国旅游企业无论在规模还是在集团化经营方面都没有与之很好地匹配。如果过分强调饭店集团化和规模化，等待跨国经营的基础和条件完全成熟后再实行跨国经营，将会失去现在的市场发展机会，因此在重视饭店集团化发展的同时，不能僵化地一味培育集团而忽视中小饭店企业的国际化经营。

三、对饭店企业跨国经营理论述评及启示

相比制造业，饭店业跨国经营文献整体上比较稀缺，对于我国而言，这一问题与旅游业在国民经济中的地位有关。长期以来农业和制造

---

① 秦宇. 对饭店组织发展、演进的经济学分析 [J]. 旅游学刊, 2003 (3): 29 – 35.
② 杜江. 旅游企业跨国经营战略研究 [M]. 北京: 旅游教育出版社, 2001: 26.
③ 张辉, 厉新建. 旅游经济学原理 [M]. 北京: 旅游教育出版社, 2004: 233.

业被视为国家的重要经济产业，而服务业、旅游业作为第三产业，只是上述产业的有益补充，借鉴和应用一般企业的经营理论成为第三产业发展的主要依据。同时，通过文献检索发现，现有的旅游企业跨国经营文献中，多数是以旅行社跨国经营为例进行的研究，产生这种情况的原因一方面是由于我国旅游业目前所处的阶段和发展水平所致，另一方面源于经营成本，旅行社的跨国经营成本远远低于饭店企业的跨国经营。正是由于以上众多原因，造成目前饭店业跨国经营理论还不够完善。综观国内外饭店领域的研究成果，很多内容侧重于实操层面的分析，这与饭店业长期以来重视实践结果、轻视理论分析存在着密切关系。国外饭店企业因为跨国经营发展比较成熟，因此相关文献多侧重于跨越国界之后的发展，例如关注于饭店企业的国际市场进入模式、关注于如何选择特许经营和管理合同等方面，对进入国际市场前的战略准备方面论述较少。而我国的饭店企业在跨国经营方面多数缺乏相关经验。因此，在实施"走出去"战略之前，按照现代企业制度要求对传统饭店企业做好改革和重组，按照现代公司治理标准做好职业经理人的培育，通过饭店集团化发展形成规模经济，苦练好"内功"才能在真正"走出去"之后具有优势。因此，本书希望对饭店企业跨国经营前的战略准备等内容进行有益的补充，这也是本书的一个重要创新所在。

第三章

经济全球化与中国饭店
企业跨国经营环境

旅游业是较早出现全球化现象的产业。从 16 世纪的英国青年贵族阶层流行的大旅游（Grand Tour）开始，到 18 世纪托马斯·库克（Thomas Cook）带领短程旅行团，开启大众旅行（Mass Travel）时代，旅游早已成为人们生活的一部分。随着国际贸易的往来频繁，全球经济相互依存度日益提高。在这种国际环境下，饭店企业的经营和发展也必须在各个方面满足全球化的市场需求，使未来的跨国饭店企业在更大规模和更强的国际竞争中占据一席之地。

第一节　世界经济发展与中国旅游业的全球化

一、世界经济发展与世界旅游市场的形成

经过农业、工业、服务业和信息业的多次产业发展浪潮推动，经济全球化已经逐渐成为世界经济的主要发展趋势。世界各国越来越深刻地

意识到，本国的国民经济正在被日益激烈竞争的国际市场切入。随着世界产业结构和国际分工的深化，经济全球化突出表现为世界贸易和跨国投资快速发展①。具体来说，一方面表现为迅速扩大的国际贸易规模。2017 年全球贸易总额增长 4.3%，是 2011 年以来增长幅度最大的一年；另一方面表现为迅猛发展的跨国直接投资。据《世界投资报告显示》，2017 年流入发达国家的外国直接投资为 7129 亿美元，流入发展中国家的外国直接投资为 6710 亿美元。

现代旅游市场的形成和发展受世界经济发展的影响。自第二次世界大战结束，以计算机为标志的现代科学技术革命和长期的国际和平环境，促使世界经济有了飞跃发展。世界经济的高速发展使工业化国家具备了产生国际旅游的三大基础因素：可自由支配的收入、充足的余暇时间和方便的交通条件。世界旅游业出现了发展区域性统一市场的趋势。旅游市场竞争日趋国际化，世界旅游将进入"无国境旅游时代"。未来世界旅游市场的特点、发展速度和规模仍将受制于未来世界经济的发展。根据"倍乘式效应"规律，世界经济发展越顺利，国际旅游业越是以加倍的速度向前发展，新一轮的国际旅游业高速增长阶段即将来临②。随着人们生活水平的日益提高，旅游逐渐成为人们生活第二需求，仅次于生存需求。从长期来看，世界旅游价格水平大体上保持稳定，人们不断增加的工资收入，将使每次出国旅游的必需支出在人们收入中的占比趋于降低，对于出国度假，人们的支付能力将越来越充裕。未来世界范围内的交通设施和交通工具将随世界经济的发展变得更为先进和完善。随着联结洲际之间和国际之间的高速公路和铁路的不断建成，人们的出国旅游条件将越来越方便。新一代载客量更大、速度更快的飞机的出现，将给不断扩大的国际旅游市场提供有效的保证。人

---

① 安民. 在经济全球化中实现共同发展 [EB/OL]. 第二届中国企业"走出去"国际论坛上的演讲摘要. http://www.fmprc.gov.cn/chn/ziliao/wzzt/jjywj/t196795.htm. 2005 – 05 – 23.

② 李树民. 未来世界旅游市场的发展趋势和特征（1）[EB/OL]. http://travel.veryeast.cn/travel/97/2006 – 6/19/0661920130528686.htm. 2006 – 6 – 19.

们出国旅游的时空感将随越来越发达的联接世界的交通网络不断改变。国际旅游将在世界更多的国家和地区，以及在更深的层次上实现普及化。以服务业为标志的第三产业将构成世界经济的主体，持续改变世界产业结构。

二、服务贸易的全球化与中国服务贸易出口

(一) 世界服务贸易发展

进入 20 世纪 90 年代以来，以国际贸易与投资自由化为基本特征的经济自由化进程在加快。与此同时，在多边机构推动下，各国贸易与投资环境日益改善，为各国企业在全球范围的发展铺平了道路。随着技术进步和各国服务业市场的逐步开放，跨国公司越来越多地卷入国际服务贸易，商品交易在国际收支中的比重日益下降，包括金融、保险、广告、咨询、技术服务和旅游等在内的无形贸易比重则不断上升。由于服务行业的特点，服务的可贸易性较低，因此跨国公司发挥服务业优势的重要选择便是进行服务业的对外直接投资。

随着国际产业结构的调整和经济全球化的加深，世界服务贸易经历了长足的发展。根据 WTO 公布的数据，与 2015 年相比，2016 年世界服务贸易规模有所增加，已经达到 4.77 亿美元。20 世纪 70 年代期间，世界服务贸易出口与货物贸易出口均保持快速增长且大体持平，年均增长17.8%；到 20 世纪 80 年代，世界服务贸易出口的平均增速开始快于货物贸易，尤其在 20 世纪 80 年代后期，年均增幅更是高于 10%。跨入 21世纪后，世界服务贸易出口进入稳定增长期，2004 年更是首次突破 2 万亿美元。服务业已成为对外直接投资的主流。

世界服务贸易在产业结构升级的驱动下快速发展。发达国家高技术产业化发展的加快，将促使国际产业转移的规模和速度继续扩大。以制造业为重心的世界贸易，开始向服务业转移，其中电子产业、信息等资本技术密集型产业和保险、金融、咨询与旅游等服务业则是产业国际转

移的重点领域。服务贸易伴随着服务业的发展迅速崛起。自 1980 年起，世界服务贸易的结构发生了巨大变化，重心逐渐向新兴服务贸易部门转移，旅游服务贸易成为世界贸易的驱动器。中科院旅游研究中心报告显示，2016 年在国际服务贸易中，旅游服务贸易已占 1/4，领先于建筑服务贸易和交通服务贸易。随着贸易自由化进程的继续推进和新一轮世界产业结构的调整，服务贸易发展整体趋于活跃，服务业和服务贸易在各国经济中的地位还将不断上升。

（二）中国服务贸易发展

第一，我国服务贸易占全球的比重不断上升。20 世纪 80 年代初期，我国服务贸易进出口额仅为 40 亿美元，仅占世界服务贸易出口总额的百分之零点几。而 2017 年，根据我国商务部发布的数据，我国服务贸易进出口额已达到 7049 亿美元，从 2014 年开始我国一直保持服务贸易进出口规模全球第二的位置。WTO 数据显示，当前我国服务贸易进出口的增速已经高于美国、英国、法国等世界主要经济体。

第二，我国服务贸易结构进一步优化，出口增速快于进口。据统计，2017 年我国新兴服务贸易进出口额为 2190 亿美元，其中依靠技术和品牌为核心的信息咨询、知识产权服务等进口同比增加 55% 和 21%；知识产业使用服务和金融服务出口分别增长 317% 和 30%。传统服务业占比下降，金融、保险等新兴服务业持续增长。随着我国生产性服务能力的提高，专业的制造服务领域竞争力日益提高。2017 年我国服务贸易出口增幅为 10.6%，比进口高 5.5%，这是自 2010 年以来首次高于进口。

第三，服务外包成为我国服务贸易出口新的增长引擎。根据商务部数据显示，2017 年我国企业承接服务外包合同总额达到 1827 亿美元，执行额达到 1275 亿美元。其中离岸服务外包合同总额为 1124 亿美元，执行额为 805 亿美元，离岸服务外包占新兴服务贸易出口的 73.3%，为我国服务贸易出口贡献的了 46% 的增长率。

三、国际旅游经济增长与中国旅游经济繁荣

(一) 世界旅游经济发展

20 世纪 90 年代, 世界旅游理事会 (WTTC) 的报告显示, 旅游业对全球 GDP 的贡献已经超过 10%, 成为世界上最大的产业。据中科院旅游研究中心发布的报告, 2016 年全球旅游总人数第一次超过百亿人次, 约为 105 亿人次, 是全世界人口的 1.4 倍; 全球旅游总收入为 5.17 万亿美元, 约占全球 GOP 的 7%。以上两个指标的增速均快于全球经济。2018 年《世界旅游趋势报告》显示, 2017 年全球旅游人数继续增长, 为 118 亿人次, 为全球世界人口规模的 1.6 倍。值得一提的是近年来新兴经济体旅游总人次和总收入增长显著超过发达国家, 旅游份额持续提高。2017 年新兴经济体旅游总收入已经占到全球份额的 38.9%。如此巨大的旅游需求, 必须要有相应的饭店供给来满足, 这也正是饭店企业数量和规模日益扩大的重要原因之一。

国际住宿业, 由饭店、汽车旅馆、度假饭店和其他一些住宿业务组成, 是出口饭店服务、创出口收入的旅游产业[①]。从世界范围来看, 国际住宿业一直朝着合并的方向发展, 越来越多的饭店通过各种加盟形式进入饭店连锁集团。自从 1946 年洲际饭店公司 (Inter – Continental Hotels Corporation) 成立以来, 跨国饭店取得了长足的发展。1986 年, 假日公司 (Holiday Corporation) 作为全世界最大的饭店联号, 当时拥有饭店 1970 家, 总客房数为 356614 间。根据《HOTELS》公布的数据, 截至 2017 年, 万豪成为全世界最大的酒店集团。拥有 6333 家饭店, 总客房数达到 1195141 间。20 世纪 80 年代, 随着饭店并购活动和对外直接投资大规模展开, 国际饭店结构在所有权、管理方式和范围等方面变得

---

① [美] 朱卓仁 (Chuck Y. Gee) 著. 国际饭店管理 [M]. 谷慧敏主译. 北京: 中国旅游出版社, 2002: 14 – 16.

越来越复杂。各种类型的饭店管理模式相继出现，例如特许经营、管理合同、兼并收购等。饭店集团往往同时使用方便灵活地多种管理形式进行饭店经营管理。饭店企业通过寻找高回报的市场区域，不仅提高了品牌在全球范围内知名度，获得国际市场声誉，同时可以分散经营风险，扩大利润来源。

（二）中国旅游经济发展

中国旅游经济是世界旅游经济重要的组成部分，中国旅游业已经成为中国国民经济新的增长点。根据《中国旅游统计年鉴》相关数据进行测算，1978～2014年我国入境过夜人数年均增长率高于同期世界国际旅游人次增长率8个百分点。2017年我国入境过夜旅游人数实现1.39亿人次，创下历史新高。在入境旅游迅速发展的同时，中国的国内旅游和出境旅游也得到了较大发展。据中国旅游研究院统计，2017年我国国内旅游人数达50亿人次，比上年同期增长12.8%；全年实现旅游总收入为5.4万亿元，比上年增长15.1%。2017年中国出境旅游人数达到13051万人次，比2016年增长7%。

旅游外汇收入情况是衡量中国旅游业发达程度的重要指标之一。中国国际旅游外汇收入除个别年份外基本上是连年增加的。从表3-1可以明显看出旅游外汇收入的显著增长趋势。

表3-1　　　　　　　　2010～2017年中国国际旅游外汇收入

年份	外汇收入（亿美元）	比上年增长（%）
2010	458.10	—
2011	484.60	5.78
2012	500.30	3.24
2013	516.64	3.27
2014	1053.80	10.16
2015	1136.50	7.85
2016	1200.00	5.59
2017	1234.00	2.83

资料来源：根据《世界经济年鉴》（2016年/2017年）整理。

第二节　中国饭店企业跨国经营动因

企业进行跨国经营通常是由多种因素共同驱动的，这些因素包括企业开发国际化战略的所有重要产业条件。在迈克尔·波特（Michael E. Porter）教授提出了产业条件影响全球战略潜力的基本观点后[1]，伊普（George S. Yip）教授据此提出了产业全球化的四种驱动因素，即市场、成本、政府和竞争是决定产业潜力及运用全球战略的重要条件[2]。除了上述四种因素外，不同的产业特点还可能派生出其他的驱动组合，但可以肯定的是这四种因素是最基本的驱动因素，是任何产业进行跨国经营都必须考虑的要素（见图3－1）。

图 3－1　产业全球化潜力

资料来源：根据乔治·S. 伊普（George S. Yip）著. 全球战略［M］. 程卫平译. 北京：中国人民大学出版社，2005：9－11. 内容整理.

---

① Michael E. Porter. Changing Patterns of International Competition ［J］. California Management Review, Vol. 28, No. 2, Winter 1986, 9－40.

② George S. Yip, Pierre M. Loewe and Michael Y. Yoshino, How to Take Your Company to the Global Market ［J］. Columbia Journal of World Business, Winter 1988, 37－48.

　　每组驱动因素的内容不是固定不变的，随着时间和环境的改变会有相应的变化。另外，某些产业可能比其他产业具有更大的全球化经营潜力，因为产业自身的特点是企业跨国经营所依赖的最根本动因。以基本的产业驱动理论为依据，结合旅游业的行业性质，可以将饭店企业跨国经营的驱动因素归纳为以下几个方面。

一、旅游业的外向性是跨国经营的本质动因

　　旅游业天生就是开放的、外向型的、国际化的产业[①]，旅游产业的这一特性集中体现在国际旅游业经营领域，即出入境旅游方面。作为旅游业主要支柱产业之一，饭店业充分表现出了其国际性的特点。朱卓仁（Chuck Y. Gee）先生曾指出："住宿业从本质上讲就是国际性的……从广义说，国际住宿业可解释为一个出口饭店服务、创出口收入的产业。"[②] 如果说开辟新市场、寻求高回报的利润来源、通过利用不同国家和地区的投资分散经营风险等是企业跨国经营的共同原因，那么旅游业的天然外向型特点则是饭店企业跨国经营的本质动因。具体地说，主要体现在旅游者的跨国流动和饭店经营手段的跨国性两个方面。

　　第一，客源的国际性。拥有国际客源是饭店企业跨国经营的经济基础。饭店企业的跨国经营与旅游者的跨越国界进行国际旅游存在密切关系。所谓国际旅游（international tourism）是指跨国开展的旅游活动，即一国居民跨越国界到另一个或几个国家去访问的旅游活动。国际旅游既包括国际来访的入境旅游（inbound tourism），也包括本国居民的出国旅游（outbound tourism）[③]。本书重点指本国居民的出境旅游活动。"给定旅游者的消费偏好和约束条件，客源地——目的地的时空距离与旅游者

---

① 高舜礼. 中国旅游业对外开放战略研究［M］. 北京：中国旅游出版社，2004：322.

② ［美］朱卓仁（Chuck Y. Gee）著. 国际饭店管理［M］. 谷慧敏主译. 北京：中国旅游出版社，2002：14.

③ 李天元. 旅游学概论［M］. 天津：南开大学出版社，2003：48.

的收益预期成正比，与旅游过程的安全预期成反比。"① 根据杜江教授对时空距离、旅游收益和安全预期三者关系的阐释可知，随着旅游者旅行距离的增加，旅游者的预期收益将会越来越高，跨国旅游在时空距离方面无疑可以为旅游者提供足够的旅游享受。但同时，因为远离了惯常居住的环境，空间距离的加大也在很大程度上增加了旅游者的不安全感，因此发达国家的饭店集团在形成之初的一个主要目的就是为本国居民的跨国流动提供必要的服务，以增加本国游客的安全预期。

饭店企业提供的服务是集有形产品和无性产品于一体的系列产品组合，其中含有各国不同的文化特质和固有品味。这一点是其他国家饭店企业，或者说旅游目的地国家的当地饭店企业无法完全复制的，因而也构成了本国饭店企业跨国经营所固有的竞争优势。这一特点说明饭店企业进行跨国经营不但可以拥有稳定的客源，而且这种客源流量会随着本国游客的持续增加和母国企业与当地融合程度的不断加深而日益提高。

第二，经营手段的国际性。游客在进行国际旅游中，不可避免地会出现"跨境交付"，比如利用网络预订房间、利用信用卡支付商品、拨打国际长途电话等，这些现代化和信息化的科技手段使旅游者顺利实现消费支付。除了游客方，旅行社招徕游客的前期促销和国际间的空中交通都带有明显的国际性特点②。饭店产品的不可移动性和生产与消费的同步性等特点，决定了游客不可能实地考察饭店产品质量，因此网络技术成为饭店经营管理中不可或缺的命脉。世界著名的大饭店集团都创立了自己庞大的信息网络系统，而且在不断地投入大量的人力和财力对原有的网络更新换代，以便更好地适应市场竞争的发展，在竞争中立于不败之地。这也正是许多大的国际饭店集团在市场营销、客房预订、财务管理、服务改进等方面的巨大竞争优势所在，是许多单体饭店和小饭店

---

① 杜江. 旅游企业跨国经营战略研究 [M]. 北京：旅游教育出版社，2001：90.
② 高舜礼. 中国旅游业对外开放战略研究 [M]. 北京：中国旅游出版社，2004：325.

集团所难以与之抗衡的重要原因所在①。

旅游业与国内外经济联系密切，旅游业的创汇成本比一般贸易低，因此旅游业更适合进行跨国经营。从目前发达国家的饭店跨国实践来看，许多著名的国际饭店品牌几乎遍布世界各地，这也从一个侧面证明了饭店企业适宜进行跨国经营的特点。我国饭店企业是改革开放后最早与国际接轨的行业，始终在对外交往中起着引领和指导作用，随着我国加入 WTO，对外开放程度的进一步扩大，我国饭店企业应该顺应行业发展规律，吸收发达国家饭店企业跨国经营的有益经验，努力打破目前趋于白热化的国内竞争局面，开拓我国饭店企业国际竞争的新路径。

二、国际旅游的蓬勃兴起是跨国经营的市场动因

国际旅游是我国企业参与国际市场的主要途径，分为入境旅游和出境旅游。入境旅游方面，2016 年中国接待入境游客为 13844 万人次，同比增长 3.5%。外国人入境旅游人数可达 2815.12 万人次，同比增长 8.3%；旅游外汇收入达 1200 亿美元，同比增长 5.6%②。随着国民经济持续快速发展，人民生活水平不断提高，消费升级进程使得旅游行业景气度持续升温。

与入境旅游相比，近年来我国出境旅游的发展速度更快。中国公民出国（境）旅游 1997 年才正式起步。自 1997 年起至 2004 年，中国出境人数累计达 1.11 亿人次；据中国旅游研究院最新发布的数据显示，2018 年中国公民出境旅游的人次已经达到 1.5 亿万人次，中国公民的出国（境）旅游继续保持稳健增长，比 2017 年同期增长了 15%。当前，中国国内居民出境旅游可到达 130 多个国家，1500 多个旅游目的地城

① 张广瑞. 国际饭店业发展趋势的断想 [C]. 中国旅游饭店业协会. 中国饭店集团化发展蓝皮书. 北京：中国旅游出版社，2003；63–69.

② 相关数据来自中国旅游研究院发布的《中国入境旅游发展年度报告 2017》。

市，出境旅游市场保持了较快地增长态势。

在世界上，我国国际出境旅游市场飞速增长，在未来几年，随着"一带一路"倡议的实施，中国出境旅游业将会有巨大的增长。中国旅游者已经准备好进入更多国家旅游，很多目的地国家预测，中国游客在未来几年将成为他们最大的外国游客来源。目前中国的出境旅游规模已经大大超过第一位的日本，成为亚洲第一大客源输出国，也是全球出境旅游市场潜力最大、增幅最快、影响力最广泛的国家之一。目前我国的出境旅游人数在全球名列前茅，根据联合国世界旅游组织发布的数据，作为世界上第四大旅游市场和目的地的中国，已经成为世界上出境旅游消费第一的国家。中国出境旅游市场还将持续攀升，随着越来越多的国家成为中国公民自费出境旅游的目的地，申请签证变得更加容易。在中国公民出境旅游目的地中，俄罗斯、日本、越南、美国、韩国、泰国、新加坡和马来西亚等国家位居前几位，我国公民出境旅行的主要目的地仍然是亚洲。

国际旅游的快速发展，使我国旅游产业链条纵向延伸到了国外，拓展了我国旅游经济活动的空间。一方面，入境旅游的快速发展使我国旅游业的国际地位不断提升，为我国旅游业进行跨国发展提供了良好准备；另一方面，出境游客的大幅增多，推动了我国旅游企业跨出国界，在首先满足国内游客需求的同时，积极为国际客人服务，从而开拓旅游企业的国际市场，提高我国的国际旅游产业竞争力。

三、减少外汇漏出并保持外汇收支平衡是跨国经营的经济动因

内需不足在很长一段时间内成为制约我国经济发展的重要原因。据统计，近年发达国家的最终消费率一般在80%~90%，而我国的最终消费率一直徘徊在70%左右，有些年份甚至下降到70%以下，因此将旅游业确定为新的经济增长点。旅游业是一个重要的出口产业，入境游客直接带来经济的外汇创收，出境游客直接带来经济的外汇漏出。但是出

境旅游的发展，无疑相当于减少了国内需求，扩大了其他国家的内需，导致国内旅游市场相对"缩水"。旅游业是关联性很强的产业，最终会导致更大的总内需外流和就业机会的相对减少。以 2018 年为例，中国公民出境旅游支出为 1200 亿美元，约相当于 8281 亿元人民币。

单纯地限制国民出境旅游是非理性地解决办法，在鼓励我国公民出境旅游的同时鼓励我国旅游企业跨国经营，是平衡这一问题的有利途径。国际旅游具有国别间国民收入再分配功能。对于因出境旅游发展迅速所导致的旅游外汇收支逆差，一方面应通过增强我国旅游国际竞争力、增加入境游客停留时间、丰富旅游产品内涵、实行购物退税等刺激消费政策等措施，来壮大入境旅游规模、提高人均消费水平，增加入境旅游创汇，以规模换规模，以增量换增量，用入境旅游规模的扩张和收入的提高来赢取出境旅游的发展空间；另一方面应大力扶持我国旅游企业跨国经营，通过跨国经营来使出境旅游外汇开支内部化，促成漏损回流，形成闭环结构①。我国旅游企业应该尽快进入中国公民出境旅游目的地市场，利用世贸规则中国民待遇的原则，首先通过与外国旅游企业的竞争，建立以接待中国出境游客为目标的旅游企业，争取回笼尽量多的从境内流出的外汇，然后再着眼于接待来自其他国家的国际游客，更多地提高外汇收入，这是维护我国旅游外汇收支平衡的必然途径。通过我国旅游企业的跨国经营行为，在回流部分旅游外汇支出的同时，使国外旅游消费内部化，带动相关服务和本土产品的出口，拓展旅游经济空间，间接促成就业机会的回流和内需增长。

当然，发展旅游企业的跨国经营也有一定的创汇作用。我国与国际服务贸易强国的差距主要表现在服务贸易结构上，在以旅游为代表的技术与知识密集度较低的一些服务业，具有很大的发展潜力②，但在资金

---

① 徐京. 世界旅游业的发展趋势与中国的相关形势 ［EB/OL］. http：//www. outbound-tourism. cn/Chinese/first/c3. htm. 2006 - 10 - 10.

② 高舜礼. 中国旅游业对外开放战略研究 ［M］. 北京：中国旅游出版社，2004：320.

和技术密集型的服务领域，我国优势有限。多年来，旅游业一直是服务贸易创汇的主力，对于逐步改变单纯依靠商品贸易创汇的被动局面，形成贸易创汇与非贸易创汇并重的新格局，旅游业发挥了重要作用。这也是推动我国旅游企业进行跨国经营的一个重要经济原因。

四、我国政府和行业组织的推动是跨国经营的保障动因

2017 年国家发改委通过了《企业境外投资管理办法》，进一步将境外投资的适用范围放宽到包括工程承包、进出口贸易、研发、劳务合作、旅游、运输、咨询类的境外企业或境外机构，同时下放部分审批权限给省级外经贸主管部门，减少申报材料，简化境外投资行政手续，并在今后网上发证条件成熟后，将批准书由地方外经贸主管部门代发，以进一步推动各种所有制企业的对外投资。

我国政府继续放宽国家政策，在继续增加出境旅游目的地的基础上，使国民出境旅游选择余地越来越大。2004 年欧盟作为一个整体与中国签订了中国公民自费出境旅游目的地协议（Approvecl Destination Status，ADS）。在中国的组织系统中，类似西方行业协会的民间组织缺少传统，但是在市场经济体制转型的过程中，它又是不可或缺的制度安排之一。在相对完善的市场经济社会里，行业协会是政府的公共管理和企业的私人管理之间，或者说政府"看得见的手"与市场"看不见的手"之间的缓冲阀，其作用是双向的①。随着体制转型和市场化进程的加剧，政府对包括中国旅行社协会在内的行业协会管理方式和管理力度都将面临着重大变革，协会的生存和发展目标的实现将更多依赖于协会自身的管理，行业协会等非政府部门已经开始在行业管理领域发挥越来越重要的影响力。

---

① 戴斌．展望新 21 世纪的中国酒店集团［EB/OL］．旅游经理人．http：//www. ctceo. com/Article/Print. asp？ ArticleID = 13316. 2006 − 4 − 4.

第三节　中国饭店企业跨国经营现状

我国饭店企业跨国发展历史不长，从 20 世纪 80 年代饭店企业经营起步，到现在拥有一批国内外知名的饭店集团，我国饭店业用了四十年的时间逐渐形成了具有中国特色的饭店企业经营之路。饭店企业的国际化发展只是整个饭店企业发展历程中的一个阶段，通过梳理我国饭店业的历史脉络，将目前的发展阶段置于广阔的时空背景之中，有利于更好地理解现阶段我国饭店业的历史地位，并为其可持续健康发展指明了方向。

一、饭店企业的发展历程及集团化

（一）我国饭店企业的发展历程

我国饭店企业的发展大致经历了四个阶段：

第一阶段（改革开放初期）：为了配合我国的外交工作、宣传中国的建设成就、加强国际友好往来，饭店企业承担了主要的外事接待任务，这时的饭店实质是"招待所"，政治色彩很浓，几乎不具有基本的"企业"性质。

第二阶段（20 世纪 80 年代）：随着我国经济体制改革工作的全面展开，在"对外开放，对内搞活经济"的方针指导下，我国饭店业逐渐走上了发展的道路。这一阶段是我国饭店业积蓄力量、承上启下的 10 年。这时我国饭店逐步弱化外事接待功能，逐渐加强经济因素，并确认了饭店企业的经济产业属性。但是由于国民生活水平才刚刚起步，整体层次比较低，因此饭店企业仍然被认为是接待国外客人或国内高级客人的场所，多数人认为旅游创汇功能是饭店企业最重要的功能。

第三阶段（20 世纪 90 年代）：随着生活水平的提高和生活观念的

转变，我国国内旅游业迅速崛起，入境旅游迅猛发展。在大力发展入境旅游、积极发展国内旅游、适度发展出境旅游的重要政策指导下，旅游业在增加就业、优化产业结构、扩大内需方面的作用越来越突出。饭店企业进入了高速发展期。

第四阶段（2000 年之后）：进入 21 世纪之后，经营状况良好且具有前瞻视野的饭店企业开始谋求国际化发展。在跨越国界经营之前，通过引入国外的专业人才，或者引入国外先进的饭店系统进行国际化尝试。随着国际化程度的逐渐加深，才真正开始实施"走出去"战略。

（二）我国饭店企业的重要转变

第一，从强制性政府外事接待体系到国民经济中的竞争性产业。这一变化对促进和保护我国旅游业的发展起到了直接而有力的作用[①]。

第二，从封闭性的自我发展到与国际接轨的开放性市场竞争。20 世纪 80 年代初，随着真正意义上的商业饭店的产生，特别是国际饭店管理经验的引入，饭店行业逐步成为相对国内其他行业与国际水平较为接近的行业之一，其主要标志是行业壁垒的消失，以经营管理饭店为职业的专业人员队伍的出现，以及行业内一批企业的经营管理达到或接近国际先进水平。

第三，从计划经济条件下以成本为中心到市场经济条件下以利润为中心。饭店行业也是最先出现了解国际标准的管理者的行业之一，饭店行业在管理理念上的先行不仅仅为本行业成就了大批有效的管理者，同时也为各行各业输送了不少优秀的人才。当前一些活跃在我国政界、商界的成功人士，很多都曾经有过饭店行业的工作经历。

第四，饭店业的迅速发展极大地丰富了人们的物质文化生活，是我国人民认识和了解世界的窗口，同时也成为世界人民了解中国旅游业、了解中国改革开放的窗口。饭店业作为劳动密集型产业，为社会增加了

---

① 戴斌. 展望新 21 世纪的中国酒店集团 ［EB/OL］. 旅游经理人 . http：//www. ctceo. com/Article/Print. asp？ ArticleID = 13316. 2006 – 4 – 4.

大量的就业机会，饭店业具有很强的产业关联性，能够有效地带动上下游产业链的发展。

（三）我国饭店企业的集团化发展

集团化发展是饭店企业进入跨国经营的前提和重要基础。集团化的实质是集约化，是饭店企业时空及经营要素意义上的分散向集约化过渡所必经的道路。从某种意义上说，饭店企业的集团化发展就是我国饭店企业开始跨国经营，逐渐走向国际市场的信号。因此在简要回顾饭店企业发展历程之后，有必要专门对我国饭店集团的发展进行着重说明。

国内对饭店集团化的研究和实践，始于20世纪80年代中期。为了适应饭店业快速发展的新形势，提高我国饭店管理的整体水平，推动饭店企业的持续发展，20世纪80年代初期，在政府的宏观指导下，一些饭店企业纷纷引进外资与外方的管理方式，外国饭店集团开始进入我国饭店管理市场。1982年，我国拥有的第一家中外合资饭店——北京建国饭店，它聘请香港半岛管理集团的人员进行管理，这一事件标志着中国饭店也开始集团化管理。香港半岛酒店集团进入内地后，不仅从理念、管理方法、用工制度、促销手段等方面给我国饭店业带来了新的理念，而且在经营上取得了巨大的成功。此后，希尔顿、喜来登、假日等国际知名饭店管理集团相继进入中国饭店市场。为了积极扶植并有效地引导中国本土饭店管理公司，国务院于1988年批准了国家旅游局关于发展自己饭店管理公司的报告。1990年，我国出现了第一个饭店联合体——中国名酒店组织（CFHO），之后几年，锦江、衡山、凯莱、建国等大量本土饭店集团也纷纷成立。

此后中国自己的饭店管理公司迅速发展壮大。为了促进我国旅游饭店业向集团化规模发展，培育和引导国内饭店管理集团，国家旅游局于1994年颁布了《饭店管理公司暂行办法》。上海锦江集团国际管理公司、北京建国饭店管理公司、广东白天鹅饭店管理公司、金陵国际饭店管理公司等一批具有服务品牌优势的知名企业，一方面吸收国外饭店管理的成功经验和现代科技管理技术，另一方面也结合中国传统文化和现实国情，形成了独特的管理风格和管理理念，并通过收取低廉的费用，稳步参与竞争，市场份额不断扩大。总体来看，我国存在以下四个层次的饭店管理公司①：国家旅游局批准的管理公司；工商局批准但未在国家旅游局备案的管理公司；外国管理公司；港澳及中资外籍公司。近年来，在市场供求规律和政府优惠政策的双重作用下，国内大量的饭店管理公司或集团应运而生。在这些国内的饭店管理公司或集团中，上海的锦江集团、北京的首旅国际酒店集团和北京的凯莱国际饭店管理集团相对实力较强。在国家宏观政策的支持下，中国饭店集团成功地跨越了对外开放、引进和吸收模仿的阶段，从 20 世纪 90 年代后期开始进入了一个新的阶段。

但与国际著名饭店集团相比，我国饭店集团化率只有 15% 左右，西方发达国家已达到 80% 左右。中国本土饭店集团仍处于发展阶段。以 2014 年获得的数据为例，国内饭店由国际饭店管理公司管理的约为 4%，由国内饭店管理公司管理的约为 10%。由于我国饭店集团起步较晚，集团化程度较国外饭店集团存在较大差距，面对著名国际饭店集团进一步加大对我国旅游市场的扩张和渗透，我国需要尽快培育和发展一批具备国际竞争能力的旅游集团，为我国更好地开展饭店企业跨国经营奠定基础。

二、饭店企业跨国经营的基本状况

中国旅游企业的跨国经营始于 20 世纪 90 年代。设立海外旅游企业的目的主要是联系、调查、收集信息、促进销售，随着条件的逐步成熟才开始经营旅游业务；仅有少数旅游企业从一开始就从事跨国经营。20 世纪 90 年代是中国旅游企业开始大量进行跨国经营的时期，在这一时

---

① 中国旅游饭店业协会　上海社会科学院旅游研究中心编．中国饭店集团化发展蓝皮书 1979～2000 年［M］．北京：中国旅游出版社，2002：16－18．

期，我国旅游企业之所以走出去发展，首先是空前的对外开放的吸引力，其次是周边旅游市场的及时兴起。20世纪90年代以来，经营环境和形势逐渐发生变化，市场供求关系是其中显著的变化之一，由此产生的市场竞争加剧迫切需要旅游企业大力拓展旅游市场，包括直接向海外市场拓展。在这种情况下，国家旅游局于1990年3月颁布了《国外旅游管理机构设立管理暂行办法》，明确在国外设立旅游管理机构是为了"通过多种形式的旅游经济活动，调查研究国际旅游市场，掌握旅游信息，宣传营销，开拓新的旅游市场，扩大与外国旅游公司的合作，吸引更多的旅游者来华旅游，创造更多的外汇"。20世纪90年代中期以后，随着中国加入WTO呼声的日益高涨，一些实力强大的旅游企业开始进行跨国经营。经过多年的发展，中国饭店企业的跨国经营显现出以下特点：

（一）跨国经营的饭店企业数量仍然相对较少

相比我国出境旅游人数连年增加的态势，跨国经营的饭店企业数量仍然相对较少。在海外开设的中国饭店企业主要有两类，一是国内旅游企业在海外投资建立的企业，总数不太多，只有个别企业上规模；二是华侨在当地开办的旅游企业，这部分企业数量多，规模小，比较典型的是各种中式餐馆和夫妻店式旅行社。本书主要探讨的是第一种类型，即中国旅游企业在海外的跨国经营。这类跨国旅游企业由于要在国外建造、购买或经营饭店，往往需要较多的资本投入；同时为了更好地经营，还要拥有强大的品牌优势和文化融合能力，这些都需要旅游企业具有较大的实力才能完成，因此导致跨国经营的饭店企业数量较少。另外，由于我国旅游企业跨国经营的主要客源市场覆盖的地域范围主要在东南亚、欧美国家，因此仅有的一些跨国饭店企业也都集中于这些国家和地区，在其他国家和地区，我国跨国经营的饭店企业数量更少。

（二）进行跨国饭店投资的企业类型比较分散

在我国饭店企业跨国投资主体中，一部分是国内的著名饭店集团，还有一部分是具有资金实力的非饭店企业。在国家的鼓励和号召下，传统区域性旅游与饭店资产积极寻求主导产业链的延伸和空间拓展，这也成为目前我国饭店企业跨国经营的一个趋势。例如，2006 年尼泊尔首都加德满都的中国饭店开业，这是由深圳东盟科技有限公司经尼泊尔政府批准于 2005 年 11 月在尼泊尔成立的公司，公司注册资本 110 万元，经营范围包括客房、餐饮等，饭店是完全的中式风格，有正宗粤菜、湘菜和中药保健①。2016 年，中国保险行业的大型集团之一安邦保险买下美国奢侈酒店集团；中国信达资产管理有限公司联合房地产投资信托基金收购了七家曼哈顿酒店②。10 年间，进行跨国饭店企业投资的企业利用资本手段的方式越来越灵活，企业类型也逐渐从实体企业过渡到金融企业。

（三）饭店企业跨国经营的股权结构单一

目前我国跨国经营的旅游企业投资结构大致有两类：第一，在不限制外商投资的国家，我国旅游企业大多是一家投资，往往以国有资本为主。比如法兰克福国际大酒店、汉堡的北方大酒店、中国国航在法兰克福的投资等都是国有投资。第二，在限制外商投资比例的国家，我国旅游企业的投资只限于规定的份额，一般无法控股。但即使在这种情况下，中方投资大部分也是由一家公司出资，股权高度集中。当然，在市场准入非常开放的国家也有合资企业，例如法国康辉旅行社，康辉拥有 50% 的股份，其他则是私人所有。加拿大的中资旅游企业，大多以与当地华人合资的形式出现。我国旅游企业跨国投资经营的现状，在一定程度上反映了国内旅游企业经营的制度问题。海外旅游企业体制也是国内企业制度的延伸。由于跨国旅游企业大多以国有投资为主，股权结构相对单一，这也导致其在海外市场的适应性不强、发展动力不足等问题。

---

① 赵焕焱. 全球饭店要情［EB/OL］. http：//www. Chinavalue. net/Biz/Blog/2008 – 6 – 12/1698701. aspx. 2019 – 1 – 10.

② "土豪""安邦""抢亲"喜达屋意欲何为？［EB/OL］. http：//business. sohu. con/20160320/n441230540. shtml. 2018 – 9 – 9.

（四）跨国经营方式以委托经营和参资方式为主

跨国经营有多种方式，可以对新饭店进行直接投资、联合特许经营、委托经营或并购当地饭店，也可以通过国际合作、资本管理、股权参与、控股等方式成为控股型饭店集团。中国旅游饭店占领海外市场的途径主要有两种：在市场集中度高、行业竞争激烈的地方，寻找当地优势旅游饭店进行并购，快速切入市场；在竞争相对较弱、商业机会较少但发展潜力较大的地方，可以建立新的饭店树立民族品牌。例如首旅的饭店企业在法国、美国、匈牙利基本都以不同的参资比例委托国外著名饭店管理公司管理。无论采用哪种方式，都应以资金和客源这两个因素为首要考虑因素，充分利用国内旅游优势经营跨国旅游饭店。直接投资经营的重点领域应是中国居民出境旅游的主要目的地，如马来西亚、越南、泰国、菲律宾等国。根据区域差异，广东、广西、云南等地的旅游饭店集团应主要投资东盟自由贸易区一带，东北、内蒙古、新疆等地应主要投资俄罗斯、朝鲜和中亚"一带一路"沿线国家。

（五）有意进行跨国经营的饭店企业比较多

当前，各行各业都在探讨如何适应时代要求加快发展的问题。其中，国际化发展已成为企业发展重要战略选择之一。这种认识得到学界和业界的一致认可，许多旅游企业都进行了一定的尝试，试图为跨国经营全面发展做好充分的准备。大量旅游企业开始进行市场调研，并把实施跨国经营作为加快发展的战略措施。目前，我国已经积累了一定数量的专业饭店管理人员，同时也积累了丰富的饭店集团管理经验。通过借助"金钥匙"国际服务品牌，很多饭店基本满足了形成金钥匙饭店品牌联盟的条件，这是培育中国饭店企业跨国集团的好时机。

三、饭店企业跨国经营的主要问题

我国饭店企业的跨国经营总体上还处于发展中期。跨国发展时间相对较短，在国外设立的旅游企业数量相对较少，没有形成专业的投资主体，股权结构也相对单一。因此在海外旅游业中影响有限，国际市场竞争力还有待继续提升。我国旅游企业跨国经营的发展现状，基本符合我国旅游业的总体发展水平，也基本符合旅游市场经营的一般规律和发展阶段。为了有效地推动饭店企业向成熟的发展阶段迈进，首先必须清楚地认识到现阶段存在的问题，从而有的放矢地开展我国饭店企业的跨国经营①。

（一）跨国经营意识不强

我国旅游市场长期封闭，加之目前国内市场客源稳定，因此大大削弱了饭店企业跨国经营的动力。虽然我国饭店业是较早进行中外合资、中外合作的行业，尽管市场竞争意识萌芽很早，但由于受经济实力所限，很多饭店企业管理者对现阶段饭店企业的跨国经营还存在犹豫和动摇，认为有必要等到企业发展到一定规模再考虑实施跨国发展。企业规模的大小固然影响饭店企业的跨国经营，但并不是只有具备足够规模的饭店集团才能够进行跨国经营，两者并不存在完全的正相关关系。在饭店产品同质化和趋同化的今天，个性化服务和差异化服务才是独特的竞争优势，而中小饭店企业因为规模较小，机制灵活，更有利于满足顾客的多样化需求，方便赢得跨国经营中的细分市场。那些"强而不大"的中小旅游企业，它们或者拥有灵活的体制，比如民营、个体、股份合作、股份制，或者是由国有企业改制而成，资产规模一般相对较小，是旅游企业中比较具有活力和竞争力的群体，因此未来非常有潜力发展成跨国经营的企业。

从总体上看，跨国经营意识不强是影响中国饭店企业跨国经营的重要因素，既限制了国内企业走出去，也使刚刚开始海外事业的企业不具备强烈的成功信心，以我国饭店业目前的实力，在中高档、具有自主品牌优势的海外饭店市场领域中较少涉足，缺少坚定的跨国经营意识是其

---

① 中国旅游饭店能"走出去"吗？［EB/OL］. www. hotel520. com/Article/HTML/14698_2. html 20K 2007 - 1 - 17.

中很重要的一个原因。随着经济全球化和服务贸易出口的加强，中国饭店企业应拓宽思路，抓住机遇，提高跨国经营的必要性和紧迫性，积极实施海外抢滩战略，为我国旅游市场最大限度地拓展空间，培育跨国竞争实力打下了坚实基础。

（二）企业竞争力有限

虽然我国旅游业规模较大，但市场竞争力仍然有待提升。目前，我国入境旅游、国内旅游规模已跻身世界前列，但企业规模、企业利润、纳税额、劳动生产率等依然比较低，很多企业都是低盈亏经营。由于我国旅游企业长期以来采用低价竞争的方式，很难形成真正的市场竞争力。而且饭店集团过于重视规模，没有按照科学管理方式组建，"集而不团"，很难在短时间内与国际饭店集团竞争。在旅游企业投资主体单一的问题上，虽然经过多年的改制，有了显著改善，但就旅游业的一些龙头企业来看，其投资主体、股权结构仍然未能实现多元化。以各省组建的旅游企业集团为例，虽然资产规模很大，但在企业结构、企业组织、企业制度等方面仍没有多大变化，大多数是资产的简单组合，不是市场化、科学化的企业重组，因此"大而不强"①。

跨国经营需要雄厚的经济实力作为基础，如果自身实力有限，可以考虑多渠道融资。解决资金短缺问题的有效途径是整合本土华人资源，与不同行业的本土华人企业或海外华人企业合作，形成多元化的股权结构，并建立一套与股权多元化框架相适应的管理机制，这样既能解决资金问题，又有利于加强管理。此外，国内以专业化的管理著称的知名饭店集团，如果能吸引国内烟草、石化、外经贸等资金雄厚的企业集团投资海外饭店业，以优势互补打造规模经济，对加快提升我国饭店企业的核心竞争力，推动其与国际品牌饭店集团进行高层次的竞争具有重要意义。可喜的是，这样的合作现在越来越多并且取得了一定成就。

---

① 高舜礼. 中国旅游业对外开放战略研究［M］. 北京：中国旅游出版社，2004：352 –360.

（三）缺少科学管理的指导思想

正如单体饭店与饭店集团在经营方法上差异很大一样，国内饭店企业与国外饭店企业在经营管理方面也存在很多不同，需要在科学的跨国经营指导思想指引下，有步骤、有计划地进行饭店业跨国经营实践。我国一些服务贸易企业在海外投资中遭受损失的主要原因可能有以下几种情况：一是项目缺乏前期论证，对东道国市场的了解和分析不够，缺乏详细可行的调查研究，盲目进行投资；二是由于战线过长，表现为国内的总部指挥跟不上，国外企业经营管理机制不灵活，财务控制不严；三是用人不当，制度不健全，忽视监管，甚至酿成国有资产流失；四是仅仅熟悉中国的经营方式，对国际标准体系及当地地方法律法规和营销实践缺乏了解，有些甚至出现被当地员工或者业务联系人和有关部门提起诉讼的情况，多数结果总是败诉赔偿；五是国外保护主义趋势明显上升，各种贸易和投资壁垒增多，影响了中国企业的跨国经营。可见，缺乏科学管理是我国跨国企业失败的主要原因之一。

因此，中国饭店企业在实施"走出去"战略时，既要增强专业化管理意识，又要规避跨国经营风险，努力提高应对国际环境、抵御风险的能力，不能盲目为了跨国而跨国，即使跨国经营上的进展慢一些，我国饭店企业也要循序渐进、脚踏实地地推进，避免脱离实际，不遵循科学方法而盲目地扩张。

（四）跨国经营风险增大

随着我国经济实力的增强，国际地位也不断攀升，由此引发了不同的国际声音，致使我国企业在跨国经营中更容易遭受不公平对待，增加了跨国经营的风险和复杂性。根据 2017 年 6 月公布的数据，在我国 20 家央企的百余项海外业务中，约有一半业务形成风险，损失近 400 亿元。究其原因，大致有以下几个方面：国有企业依然是我国经济的主体，旅游饭店集团由于需要大量资金，很多都有国企背景，而意识形态的差异一直以来都是跨国经营审核的重点，因此在东道国遭受不平等待遇的概率也比较大。随着"一带一路"倡议的开展，我国饭店企业在沿线市场上投资的欲望也增强了。"一带一路"沿线国家在宗教、习俗等方面的差异很大，甚至有些国家之家还存在冲突与矛盾，这也导致我国饭店企业"走出去"面临更加复杂的风险。另外，很多国家的投资鼓励政策弱化。近年来某些国家甚至违背世贸组织精神，向我国等发展中国家发起了贸易战，严重破坏了经济秩序。这种贸易保护主义倾向，对我国饭店企业无疑更是一个挑战。

第四章

中外饭店企业跨国经营经验及启示

国外饭店企业的跨国发展在 20 世纪早期就已经开始，经过近一个世纪的实践，积累了丰富的国际发展经验；与国外饭店集团相比，虽然我国饭店企业的跨国经营才刚刚进行 30 多年，但是少数大型饭店集团已经显示出强大的发展实力和扩张潜力，从这些国内领先企业中，也可以得出一些跨国经营的宝贵经验为其他企业所借鉴。因此，本章通过分析国内外著名饭店集团的跨国经营历程，提炼出其在跨国经营过程中富有规律性的战略经验，为我国现阶段准备进行跨国经营的饭店企业制定跨国经营战略提供实践依据。

第一节　国外饭店企业跨国经营的基本情况及经验

国际饭店集团大规模进行海外发展是在第二次世界大战之后。具体来看，促使发达国家战后进行饭店企业跨国经营的主要因素有以下几个方面：首先，战争期间人们饱受战乱的侵扰，战后被压抑的旅游需求需要得到释放，自然而然地萌发了充分享受平静生活到通过战争和媒体而熟知的地方去旅游的强烈愿望。其次，航空交通工具的进步大大缩短了旅行的时空距离。20 世纪 50 年代末期，包机业务使旅游者可以到更远的地方旅游，这标志着人们对包机旅游的大规模需求和在新的度假胜地修建饭店的开始①。再次，第二次世界大战后美国积极推行援助欧洲的马歇尔计划（Marshall Plan），计划实施期间，西欧国家的国民生产总值增长 25%。到了 20 世纪 60 年代，很多接受援助的国家开始形成了所谓的"富裕社会"②，经济的快速发展使这些国家开始考虑跨国经营，期望获得更大的发展空间和经营利润。美国的国际饭店集团是世界饭店业的先驱，欧洲的发展紧随其后，近年来越来越多的亚洲国家也显示了跨国发展的强劲势头，因此后文以美洲（主要谈美国）、欧洲和亚洲主要饭店企业为例，简要介绍国外饭店企业跨国经营的主要历程。

一、国外饭店企业跨国经营的基本情况

从某种程度上说，美国饭店业早期向世界的扩张开始于美国对那些经济欠发达国家的经济发展的强制要求。美国总统罗斯福鼓励许多美国公司到拉丁美洲修建饭店，这也是他对这一地区"友好睦邻"政策的一部分。罗斯福认为通过增加旅游和从美国获得的外汇收入，可以改善拉丁美洲和加勒比地区的国家的经济状况，并且还可以推动他的"半球团结"目标的实现。泛美航空公司（PanAm）作为当时全美最卓越的国际性交通企业，对发展国际饭店业的号召反应极为迅速。然而泛美在国外修建饭店的努力直到 1946 年才获得成功，当时他建成了自己拥有全部产权的子公司，即洲际饭店公司（IHC）。IHC 起到了双重的作用：其一是为国际游客服务，特别是泛美的乘客；其二是为航空公司的机组成员提供住宿。第一座洲际饭店，坐落于巴西的贝伦（Belem），于 1949 年

---

① ［美］朱卓仁（Chuck Y. Gee）著. 国际饭店管理［M］. 谷慧敏主译. 北京：中国旅游出版社，2002：34.
② 李天元. 旅游学概论［M］. 天津：南开大学出版社，2003：30.

收购获得。到了 1982 年，当泛美将这一饭店子公司出售给大都会饭店（Grand Metropolitan）时，洲际饭店已经达到在世界范围内拥有 109 家饭店的规模。希尔顿 1948 年在波多黎各的第一个饭店工程，在某种程度上也是对总统号召支援这一地区的响应。第二次世界大战后，美国饭店业对欧洲经济发展的影响与其对拉丁美洲和加勒比地区的影响极为相似。美国外交政策的重点于第二次世界大战后转变为帮助欧洲大陆重构其饱受战争磨难的经济，并且鼓励美国饭店公司也加入其中。另外，为了更好地满足美国旅游者的需求，欧洲组织考察团访问美国，以便学习和采用美国饭店管理方面的先进经验。所有这些都促进了饭店业国际化的发展进程。

第一家扩张到欧洲的国际饭店联号是美国饭店联号，继在第二次世界大战之后的重建时期进入欧洲的美国跨国制造公司之后。部门间外国旅游委员会（Interdepartmental Foreign Travel Committee）于 1946 年开始考虑旅游和旅游业对新的国际秩序的影响，并且开始关注旅游和旅游业对贸易的扩张、金融的稳定、经济的发展等方面起到的作用。委员会认为，美国旅游业务流可以促进欧洲的外汇收入，消除"美元缺口"；另外可将其纳入马歇尔计划，推进欧洲经济的重振。这种认识促进了美国饭店业向欧洲大陆的发展，且同一时期欧洲的饭店联号也逐渐兴起，如查尔斯·福特（Charles Fort）购买了托拉斯饭店并且创建了托拉斯福特集团；约瑟夫·马克斯威尔（Joseph Maxwell）于英国建立了大都会饭店联号。这些饭店一般都在本国国内进行发展。饭店联号主要自己出资，将饭店建立在发展成熟的国际性的门户城市，如伦敦、巴黎和罗马这些城市。冰岛、西班牙和斯堪的纳维亚半岛的城市，没有在这一方面吸引到多少投资者，部分原因是他们正在发展自己国内的饭店联号；还有一个原因就是，在第二次世界大战后的重建时期搬迁到这些地区的美国制造商很少。

欧洲本土航空交通逐步发展的同时，欧洲饭店联号也逐渐覆盖了欧洲大陆。与美国饭店联号相似，国内游客成为欧洲饭店联号的最大市场，因为这些国内游客更倾向于熟悉的饭店住宿。1973 年，能源危机以及经济大萧条使得欧洲饭店的发展出现了停滞，国际饭店联号在欧洲的发展也逐渐减缓。石油财富逐渐增长，出口贸易逐渐增加，这使得新的资本市场逐渐兴起，人们逐渐将注意力转至中东，并渐渐发展至太平洋流域。20世纪80年代后期，国际饭店联号才逐渐发展至欧洲市场。

由于在20世纪60年代和70年代的第一轮发展时期，欧洲的大多数重要地区都已各有其主，在发展成熟的大城市寻找合适地点就愈加困难。因此，国际饭店经营商为了扩张或再发展，不得不考虑并购现有的饭店。他们积极地行动起来，到另一些城市寻找位置。这些城市要么是靠吸引新技术含量高的产业，要么就是由于成为金融中心而发展起来的。诸如维也纳和布鲁塞尔这样在国际事务中扮演着重要角色的城市，引起了国际饭店联号相当大的兴趣。像西班牙和葡萄牙那样的城市和阳光地带一样，这类地处新兴工业化国家的目的地也得到蓬勃发展。而另外，斯堪的纳维亚半岛国家得到的注意力就相对较少，那里的城市小，其国内饭店公司已经发展得十分成熟，因而可供新的国际饭店发展的场所微乎其微。不仅仅是因为在欧洲的城市购买用地和进行建设的成本一般要比其他地区高得多，多项限制和劳动力的高价位更进一步阻碍了向欧洲市场的进入。非欧洲联号饭店会发现，这个市场比起中东或是亚洲市场要难进得多，因为在欧洲他们不得不面对发展成熟的国内联号饭店这样强大的竞争对手。如今，欧洲占有了世界近一半的饭店客房，其中虽然大多数处于核心城市以外的饭店是私人经营的，家族经营式饭店也并不少见，但是欧洲巨大的客流量及东欧对旅游业政策的开放，欧洲仍然是大型的国际饭店联号的重要市场。

20世纪80年代至20世纪90年代，国际饭店集团中开始出现了以收购兼并为主要形式的整合扩张活动，大批规模庞大、拥有完整的品牌系列、从事多样化经营的巨型饭店集团逐渐形成①。这一阶段的社会发展也出现显著变化：可自由支配的收入和闲暇时间的增加使大众旅游成

---

① 中国旅游饭店业协会. 中国饭店集团化发展蓝皮书2003 [M]. 北京：中国旅游出版社，2003：84-95.

为旅游活动的主体；经济的繁荣与复苏极大地促进了商务旅游的规模；对于利润率的追求成为众多国际饭店集团的自然选择，跨国经营的趋势不断延续；经济的一体化使跨国公司在全球经济中发挥更大作用，由亚洲龙头带动的新兴旅游市场成长迅速，正在崛起为受国际饭店集团青睐的目标市场；旅游者的需求日益多样化和个性化，饭店市场细分更加细致；世界范围内的经济格局持续变化，欧共体经济实力不断增长，美国和日本的差距逐渐缩小，世界经济正向全球一体化发展；企业经营方式、组织结构不断创新、新的饭店企业经营和营销理论与实践层出不穷。

　　进入 20 世纪 90 年代中后期，国际性的饭店集团开始加快在亚洲、东欧、拉美等地区发展，大型饭店集团国际化经营涉及国家的数量也在不断增加。从国际旅游人次比例来看，1950 年亚太地区占世界的比例不足 0.9%，1960 年占 1.1%，1970 年上升到 3.6%，1980 年上升到 7.8%，1990 年上升到 12.6%，2000 年上升到 16.9%。《世界旅游经济趋势报告（2018）》显示，截至 2017 年，亚太地区的旅游总人次增速最快，而欧洲和美洲这一数据出现下降。世界住宿设施的发展状况也大致遵循着同样的轨迹。亚太地区，尤其是东亚和太平洋地区，又是近年来饭店业发展速度最快的地区。20 世纪的最后 20 年，亚太地区的住宿设施的床位数增长了 9 倍，占全球的份额从 5.5% 增长到超过 25%。大本营设在欧美国家的饭店集团纷纷看好这个巨大的市场，争相挥师东进，与此同时，这个地区自己的饭店集团也应运而生，悄然崛起。最初进入东方市场的是以满足商务等高端市场需求为主的高档饭店集团，而现在，一些旨在占据一般大众市场的饭店集团也陆续跟进，使亚太地区饭店业出现了新的结构上的变化。以上情况对亚太地区的饭店业乃至世界饭店业的发展产生了巨大的影响①。

　　日本的饭店发展基本体现了亚洲联号饭店的发展，其主要优势在于廉

---

① 中国旅游饭店业协会. 中国饭店集团化发展蓝皮书 2003 [M]. 北京：中国旅游出版社，2003：63 - 69.

价的劳动力及土地的可利用性。如今经济的增长更加促进了亚洲联号饭店的发展，其中许多联号饭店已经拥有较好的品牌信誉，于是纷纷制定雄心勃勃的海外扩展计划。例如，日本的东京集团（Tokyu Group）继续发展其泛太平洋联号饭店（Pan Pacific），另外两家以航空公司为后盾的联号饭店——日航饭店集团（Nikko）和全日空饭店（ANA Hotel），也正快速扩张。

综观全球范围内的饭店跨国发展，20世纪初至20世50年代，全球范围内饭店的跨国发展主要通过投资饭店及购买不动产进行品牌的发展及扩张；至20世纪六七十年代，其发展形式转换为委托管理及特许经营；20世纪80年代至21世纪初，发展形式综合了委托管理、特许经营、联销经营等。现如今，在市场全球化的推动下，饭店企业的海外扩张趋势日益加强，在充分利用当地的比较经济优势的基础上，国际饭店集团在世界各地区的发展范围越来越广。许多来自北美、西欧和亚太地区的饭店集团逐渐将市场拓宽至全球。与此同时，更多的国际饭店企业进入十几个甚至几十个国家，成为国际化程度很高的跨国公司。图4-1是主要饭店集团的国际化程度统计，表4-1是一些著名饭店集团的跨国发展历程简介。

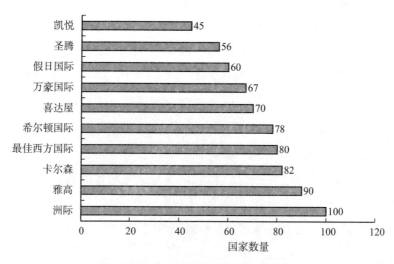

图4-1　著名饭店集团的国际化程度

资料来源：根据2004～2005年Hotels杂志相关资料整理。

表 4 – 1　　　　　　　　　主要饭店集团跨国经营情况

集团名称	集团总部所在地	进行跨国经营的基本历程
假日	美国	1960 年在加拿大蒙特利尔开设第一家分店，1968 年进入欧洲市场，1973 年进军亚洲，1974 年扩展到南美
希尔顿	美国	1948 年由波多黎各出资建立加勒比希尔顿饭店，接下来又在墨西哥城、伊斯坦布尔、马德里进行了发展
洲际	美国	第一家饭店开在巴西贝伦，然后迅速遍及拉丁美洲和加勒比地区
精品国际	美国	1985 年开始向国际市场扩张，先后在瑞典、德国、英国落脚。1986 年在意大利和法国开设分店，同时又在印度和爱尔兰发展。1989 年目标指向日本、土耳、南美和哥伦比亚。其他的扩张区域还有加拿大、欧洲大陆和澳大利亚
欧比瑞集团	印度	20 世纪 60 年代，在加德满都的索帝欧比瑞和开罗的麦那欧比瑞的建立标志公司国际化进程的开始
日航	日本	除日本和东南亚之外，该公司的首家饭店在法国和德国。1985 年，收购纽约埃塞克斯饭店，进入北美市场
新大谷	日本	1976 年首次向海外进军，在夏威夷建立了卡梅纳海滩新大谷，1977 年坐落在洛杉矶的新大谷花园饭店开张

资料来源：根据〔美〕朱卓仁（Chuck Y. Gee）著. 国际饭店管理〔M〕. 谷慧敏主译. 北京：中国旅游出版社，2002：40 – 58.

二、国外饭店企业跨国经营的基本经验

国外饭店企业经过将近一个世纪的国际化发展，已经形成了经营国际饭店企业的丰富经验。伴随着旅游业的全面繁荣，国际饭店企业正在成为世界旅游市场的重要力量。21 世纪是全球经济一体化的时代，区域性经济垄断壁垒被逐渐打破，信息化网络技术的发展使原有的地理疆界变得几乎无关紧要。居民可自由支配收入和闲暇时间的增多，也为人们的国际旅游提供了一定条件。由于国外著名饭店集团有长期以来积攒的

优势，且其企业内部的发展竞争机制相对来说更为完善，因此他们在中国市场的品牌扩张更快、更强硬。在这种情况下，中国饭店企业走出国门融入世界经济，获得更广阔的旅游发展空间已经成为必然，而发达国家的经验无疑将成为我们可以借鉴的宝贵财富。因此，系统的总结国外饭店企业的跨国经营历程，并对其中规律性的跨国经验进行提炼，既是加深对国际饭店经营理解的必要，也为现阶段我国饭店企业跨国发展提供了重要依据①。

（一）管理权和经营权分离

国际饭店管理集团主要实行现代企业管理制度，其核心是所有权和经营权的分离与资本运作和经营运作的分离，以及由董事会领导的总经理负责制。饭店经理应受聘于国际饭店管理集团，业主与管理集团签订管理合同，规定其为业主工作的内容，饭店经理代表管理集团的合法权益。若饭店经理直接受雇于业主，则饭店经理容易放弃经营者的原则转而倾向业主利益。股东可以委托职业经理为代理人负责企业的日常经营。由股东组成的最高权力机构为股东大会，其主要职责是选举产生董事会与监事会，其中董事会委托经理人经营企业，监事会则负责对董事会及经理人实施监督。国外饭店企业的治理结构是一个多极权力相互制衡的控制系统。饭店集团总部的核心职能是向各成员饭店提供智力支持和资金保障，而不是传统的管理和控制。组织设计以流程为依据，倾向于扁平化结构，强调基于科学技术的学习与创造。

与国内饭店组织模式相比，国际饭店组织模式较为复杂，具体体现在规模、所有权、管理及从属关系上。饭店组织模式界限较为模糊且相互混合，大致分为品牌饭店、饭店管理公司、饭店集团、饭店联盟及战略联盟等形态。早期的国外饭店企业主要以不动产为经营投资导向，企业家运营属于自己的个人财产，经营饭店以房地产增值为基础而不是饭

---

① 本节提到的案例及相关内容如没有特殊说明，均引自〔美〕朱卓仁（Chuck Y. Gee）著.国际饭店管理〔M〕.谷慧敏主译.北京：中国旅游出版社，2002.

店的运营管理。饭店所有者经营饭店的目的大多是为了使其财产的市价超越企业的注册资本，然后通过出售饭店取得利润，并利用利润运作其他饭店项目。凯悦是第一家意识到把饭店的基本不动产从经营中分离出来，将更有助于饭店经营的联号饭店。凯悦将其业务划分为饭店的运营及资产两个部分，即成立一家公司专门负责饭店的运营，另外再成立一家公司持有不动产。许多美国联号饭店利用大部分不动产的出售获取利润进行资本扩张，但仍然拥有对饭店的经营权。通过这样的方式，将重心放在绩效较优的资产上，进行资源重新配置并加速集团扩张。

（二）品牌基础上的集团化发展

国外饭店企业跨国经营的主体多是饭店集团，他们注重对顾客群体忠诚的长期培育，围绕着企业定位的市场细分和品牌意识比较强烈。仅仅从规模上看，1999 年按客房数和成员饭店规模排名的全球饭店集团前100 名中位居第一的圣达特酒店集团（Cendent Corp.），拥有遍布全球的6315 座饭店，拥有 524630 间客房规模。而到 2001 年，这一数字已经分别变为拥有饭店数 6624 家，总客房数 553771 间。这些数字充分证明集团饭店拥有单体饭店难以企及的扩张实力与发展潜力。

这些著名的国际饭店集团一般通过连锁经营及关系营销与个性服务等扩大品牌影响力，进而稳定地占有市场。品牌建设的过程实际上就是竞争优势确立、市场地位巩固的过程。从饭店集团的发展过程来考察，它们最初往往是专注某一种品牌，集中于自己最适合进入的一个细分市场。随着集团规模的扩大，集团所进入的地域范围也不断扩展，这些大的国际饭店集团不再满足于适合某一个细分市场的品牌，而是针对不同的细分市场或地域市场，推出多个品牌，形成自己的品牌系列，占据一个特定的市场，从而树立起一个鲜明的形象，建立起牢固的市场信誉[①]。在品牌选择上，假日集团是一个典型代表，这个公司在过去半个世纪的

---

① ［美］朱卓仁（Chuck Y. Gee）著. 国际饭店管理［M］. 谷慧敏主译. 北京：中国旅游出版社，2002：66.

时间里几易其手，因此在集团的品牌上也不断变化（见表4－2）。

表4－2 假日集团品牌分类图

饭店类型	服务对象	饭店数（座）	客房数（间）
假日饭店 Holiday Inn Hotels	针对中等市场中最基本的消费者，为商务和休闲旅游者提供良好的设施和可信赖的服务	1522	294226
假日皇冠饭店 Holiday Inn Crown Plaza Hotels	是假日集团的旗舰饭店，服务于中等市场上的上层消费者。市场是公务旅游者、国际旅游者和小型会议旅游者	67	22865
假日快捷饭店 Holiday Inn Express Hotels	是简化了的全服务饭店，主要服务过路消遣旅游者和比较算计的公务旅游者	98	10298
假日花园饭店 Holiday Inn Garden Crown Hotels	价格低廉的小饭店，大都在欧洲的小城镇。主要服务于追求现代化、符合标准又比较便宜的住宿设施的公务与消遣旅游者	25	3881
假日皇冠度假饭店 Holiday Inn Crown Plaza Resort	为度假市场中的上等消费者服务	4	1016
假日阳光度假饭店 Holiday Inn Sunshine Resort	为度假市场中的中等消费者服务	2	632

资料来源：齐善鸿．现代饭店管理新原理与操作系统［M］．广州：广东旅游出版社，1999：134.

（三）利用航空交通扩大跨国范围

早期的饭店企业主要位于港口、交通要道等地区，随着喷气式飞机在大众旅游中的广泛应用，国际饭店集团开始增强其在世界各个地区的扩展。从1946年洲际饭店公司作为泛美航空公司的子公司成立时起，饭店业与航空业这两种产业就紧密联系在一起了。航空业对饭店业逐渐渗透使得两者之间由单纯的拥有产权和合并转换为部分拥有与业务协议相结合的形态。为了与泛美及洲际并驾齐驱，环球航空公司（TWA）在1967年收购了希尔顿国际饭店公司（Hilton International），美国联合航空则在1970年与最佳西方国际实现合并。在20世纪70年代初，法国航空开办了后来成为子午线（Meridien）的饭店联号。子午线在全世界范围内的50个城市里建立了54家联号饭店，完成了在全球100个城市发展饭店计划的一半目标，饭店扩张的足迹以法航线路为基础。在1976年，子午线开始向北美进军，现在已在纽约、旧金山和其他城市经营饭店，它在美国的经营和管理团队是由法国和美国人共同完成的。而日航（Japan Air Lines）则由此创立了日航饭店联号。

（四）采用网络技术构筑营销体系

在国际饭店集团的国际化发展中，庞大的市场网络体系为其扩展发挥了重要作用。现代化的网络技术应用于饭店集团的预定、分销、联盟等各个方面，大大增强了国际饭店集团的综合竞争力。1958年喜来登开创的"RESERVATRON"成为饭店行业的首个自动电子预订系统。在后期的逐渐发展中，又逐渐成为首家拥有中央计算机预定系统的联号饭店集团，首个为消费者提供800个免费电话系统服务的企业，这些都为喜来登的发展壮大编制了强大的营销网络。再比如美国万豪国际公司，2001年美国万豪国际公司旗下3000名代理商共处理了超过4000万个预订电话，另外其旗下的旅馆、活动预订中心及其他地方的销售办公室共同处理了4800万个预订电话。美国万豪国际公司预订系统与航空公司及旅行社的全球分销系统相连接，2001年，该系统产生近1210万次预订电话且产生了2580万夜预订客访量。当前，万豪国际公司的预定系统已经是世界领先的住宿业网站，万豪预定系统早已成为世界上最大的旅行网站之一。可以预见具有强大电子分销趋势和影响力的饭店，在未来会建立更好的分销策略和整合分销技术，在市场营销和调研能力等方面具有更强的营销竞争力。

（五）寻求政策支持和专业人才支撑

正如在国外饭店集团跨国经营历程中回顾的一样，国际饭店集团最初的跨国经营很大程度上受"马歇尔计划"的影响，正是在国家的鼓励和支持下，美国饭店集团才开始了国际扩张，并逐渐带动欧洲饭店集团发展，形成了饭店集团全球发展态势。国际旅游的发展一直影响着饭店集团的跨国经营，因此发达国家除了督促政府制定有利于企业跨国经营的法律法规外，还致力于与旅游国际行业组织合作，共同为饭店企业跨国经营扫清障碍。例如1985年，经济合作与发展组织（OECD）批准了一项"国际旅游政策报告"，该报告重申了旅游业对政治、社会及经济发展的重要性，同时制定了识别及联合起来消除特定旅行障碍的标准步骤。

另外，国际饭店集团为了得到稳定的服务质量和高素质的专业人才，很多企业都根据自己的需要设立饭店国际人才培养机构。比如，西班牙的索尔集团，为了更好地传播欧洲式服务和氛围，专门成立自己的培训学校。他的绝大多数海外公司经理和主管都曾在那里学习，接受有关公司经营理念与服务标准的培训。还有印度的饭店联号也以其杰出的质量和服务标准而闻名。为了创造一流的饭店业，印度几乎所有的一流饭店集团都有自己的学校和内部培训方案。对培训质量的重视，可以从印度饭店管理人员的输出数量及国际饭店业不同层次管理者大量使用印度人的现象中得到证实。还有著名的万豪国际集团甚至将员工的培训项目扩展到几十种语言，以适应其国际化发展的需要。

（六）依托出境旅游选择目标市场

国际饭店集团的目标市场选择是对当地宏观环境和产业环境等的综合权衡。英国饭店集团主要在欧洲、非洲及加勒比地区开展其业务；法国饭店集团则在欧洲市场及非洲的法语国家；美国饭店集团优势市场集中在亚洲、拉丁美洲及加勒比地区；日本饭店集团多位于北美、亚洲及大洋洲。英国饭店的跨国发展，可以从前宗主国——前殖民地关系中找到答案；美国饭店公司则广泛参与拉丁美洲的发展。近些年，随着经济全球化的发展，那些有稳定的国内和国际商务往来的国家，越来越受到青睐。无论选择哪个国家，国际饭店集团首先要在核心城市树立其品牌，借此向其他城市及度假胜地拓宽。日航公司首家在日本和东南亚之外的饭店是在法国和德国，在这些市场获得经验之后，于1985年收购了纽约的埃塞克斯饭店（Essex House），从而进入北美市场。

不过也有一些饭店集团用特殊的方式选择目标市场，比如2005年排名第一的洲际集团，他的扩张理念是在世界上比较混乱的地区捕获发展机会。在亚洲，洲际饭店是第一家建立在印度尼西亚巴厘岛的饭店。这一选择获得了意想不到的成功，当时对饭店的需求之高以至于旅行者为了得到可靠的订房不得不预定泛美的机票。在20世纪60年代的早期，洲际集团将饭店开在了中东的黎巴嫩，而且迅速建立起它在当地的领导地位。1964年它又开始向东欧进军。20世纪70年代是洲际迅速发展的时期。虽然坐落在世界上很多混乱的地区，但洲际仍然获得了长足的发展。

（七）国际市场进入方式灵活

国际饭店集团多采用管理合同和特许经营方式进行集团扩张，假日集团的凯蒙斯·威尔逊（Kemmons Wilson）开创了饭店集团成长的一大历史时期——特许经营时期。以斯塔特勒（Statler）为代表的直接投资的饭店集团扩张形式，在战后蓬勃发展的大众旅游时代已无法满足企业的规模经济化，不能很好地获取市场的潜在利益。在制造业的特许经营的启发下，威尔逊把这一企业组织制度引入饭店业①。国际饭店集团发展方式较为多样，首先可通过资本积累再投资方式扩张，另外也可通过租赁、收购、兼并等其他方式扩张。例如，美国喜达屋国际饭店集团，通过建立投资信托基金并购入喜来登饭店集团、威斯汀饭店集团迅速扩张；英国洲际饭店集团购入假日饭店集团等迅速发展；美国万豪集团利用对丽嘉酒店集团的控股来拓宽企业规模。但特许经营和管理合同仍是最主要的经营模式，表4-3是国际著名饭店集团所属品牌及经营模式。

---

① 谷慧敏. 世界著名饭店集团管理精要 ［M］. 沈阳：辽宁科学技术出版社，2001：89.

表 4 – 3　　　　　　　　国际著名饭店集团所属品牌及经营模式

饭店集团	品牌	经营模式
[英] 洲际	洲际、假日、皇冠、假日快捷、恒桥公寓、Candlewood	特许经营约占 88.9%，委托管理约占 6%，带资管理及其他 5.1%
[美] 圣达特	豪生、天天、速 8	全球排名第一的特许经营酒店集团，特许经营饭店数占 100%
[美] 万豪国际	万豪、万丽、万怡、丽嘉、华美达、新世界、行政公寓	特许经营占 53.1%，委托管理 42.3%，带资管理及其他 4.6%，旗下华美达完全实行特许经营
[法] 雅高	老沃特尔、伊比斯、墨奇勒、索菲特、佛缪勒第 1、汽车旅馆第 6	带资管理 46.5%；租赁饭店 21.8%；委托管理 15.4%；特许经营 16.3%；"索菲特尔"和"老沃特尔"以委托管理为主
[美] 精品国际	Clarion Hotels, Comfort inn & Quality Suits, Quality Inns Hotel & Suites, Sleep Inn, Econo Loddge, Rodeway Inn, MainStay Suites	特许经营 100%，是位于世界排名第二的饭店特许经营公司，并引入新经营模式：战略联盟
[美] 希尔顿	希尔顿	特许经营约占 23.8%，委托管理约占 3%，带资管理及其他 73.2%
[美] 喜达屋	圣·瑞吉斯；福朋；寰鼎；至尊精选；W 饭店	特许经营约占 41.8%，委托管理约占 28.5%，带资管理及其他 29.7%
[美] 凯悦	凯悦、君悦、柏悦	以特许经营为主

资料来源：国际酒店管理集团的经营运作及其在中国的发展。

　　在权衡股权或非股权介入方式的同时，国外饭店企业也非常重视投融资的方式和领域。以日本投资国际饭店集团为例，尽管直接所有权投资是日本公司进行饭店投资最常见的形式，但是日本饭店企业常常联合起其他行业的投资者，共同进行国际饭店拓展。日本的房地产开发商、建设公司和保险公司是最先渗透进入美国市场的。他们引导了其他的跟随者，一些知名度较低的私人公司、公众公司及非房地产导向的公司和个人，随之开始启动他们自己的投资项目。日本投资者通常将注意力集中于一些标志性的饭店，首先是在夏威夷，然后进入美国本土的主要城市。一旦对这些饭店的业务感到轻松以后，这些投资者开始通过购买整个饭店联号进行重大的跳跃式发展。而同样是直接投资，印度泰姬集团则倾向于购买历史悠久但已在主要的国际市场中逐渐衰退的饭店，首先重新包装这些老饭店，然后按照公司的高标准和服务来运营。

（八）重视与目的地国家的文化融合

国际饭店集团跨国发展中最大挑战之一，就是理解目的地国的政治、社会和宗教等习俗和文化。成功的国际饭店集团，从饭店的建筑设计到日常的管理职能都非常尊重当地文化，在保证本企业顺利经营的基础上，慢慢培养与当地社会和当地企业的业务关系。例如，洲际集团以修复饭店而著称。宫殿、政府大楼、活动房屋都被选为恢复的建筑。他甚至把澳洲悉尼前财政部大楼重建成杰出的饭店，恐怕没有比这更好的例子来说明该公司致力于文化环境。除了关注目的地国家的文化，还要尽可能保留本国文化特点。比如西班牙索尔集团的梅利亚饭店，尽管每家分店都有其独特的与其所处地点相适应的建筑结构，但是来自西班牙的建筑师与设计师仍然参与其中。它在美国的第一家联号店建在迪斯尼附近，被设计成一座花园和湖水环抱的西班牙村庄式连体别墅。

在目前经济全球化的时代，饭店企业的跨国竞争为了获得可持续发展，必须走协作竞争的双赢道路。国际饭店集团在全球化观念的指导下，形成联合发展的趋势。联合方式一般有两种：一种是由两家或多家饭店联号共同开展营销预定并开拓新市场；另一种是以多家独立经营的饭店企业共同营销统一预定的联盟方式。未来的国际饭店集团将充分体现世界性的含义，在处理文化多样性等问题的同时，体现跨国产权和管理方式等全球市场需求。

第二节　中国×酒店集团跨国经营的基本情况及经验

与西方拥有很多著名的国际饭店集团相比，我国饭店企业的跨国经营历程还不长，因此目前不具备大样本的案例支撑。在少数既拥有跨国经营实践，又拥有比较成形的跨国经营战略的中国饭店企业中，作为亚洲酒店排名第一的×国际集团是其中较为突出的代表。因此本节以该国际集团为例，对中国饭店企业的跨国经营进行阶段性总结，希望可以将此个案进行有效推广，提炼出更适合我国国情特点和现阶段产业特征的跨国经营经验。

一、×国际酒店（集团）发展历程

×国际酒店（集团）于1984年成立，其核心产业主要有餐饮服务、旅游客运业等，是目前我国规模最大的综合旅游企业集团之一。该集团注册资本20亿元，且总资产达到180亿元。《HOTELS》2017年数据显示，该国际集团位列全球饭店集团100强中第5名，同时在亚洲排名第一。进行跨国经营的过程中，×集团注重资源整合积累、国际人才培养、集成网络建设和品牌培育创新，形成了具有中国特色的饭店集团跨国经营战略。

×集团是民族品牌成长的缩影，创立至今已经有80多年的历史。1935年，集团品牌的早期载体为上海滩的川菜馆和茶室。中华人民共和国成立以后，以茶室为基础，开始发展饭店。后于1984年成立×集团，至今已成为我国规模最大、历史最久的综合性饭店旅游集团。1987年集团利用长期接待服务的优势，受北京昆仑饭店委托对其进行管理，1989年在Hotels杂志300强中排名153位。1999年该集团与上海华亭集团合并，2003年与新亚酒店重组成立×国际集团。在上海市政府"扬帆起航，走向世界"的战略部署下，×国际集团按照大型饭店集团的要求，坚持产业国际化发展道路，产业规模不断扩大，实现了规模和效益的飞跃。

2000年以来，上海市委及市政府提出加快推进该集团品牌的国际化。政府运用重组—改制—上市这三个步骤，将该集团市场化。2005年，集团开始市场化第一个步骤，即实施资产重组，将大部分饭店资产注入到新成立的饭店。2006 年进行第二步及第三步，即股份制改造及上市。在集团重组和上市的过程中曾出现"先有子公司后有母公司的现象"，后经资产重组成立了饭店母公司。

截至 2018 年 6 月底，该集团总投资及经营了 7129 家饭店，共计715898 套客房，且在全球饭店集团排第 5 位，亚洲排名第一①。酒店分布于全球 120 多个国家，品牌体系实现中高端全覆盖。作为上海外事接待任务的首选之地，该饭店先后完成了 APEC、世博会、G20 峰会等多项任务，向全球更好地宣传了集团品牌。×酒店集团 2018 年上半年净利润为 5.57 亿元，品牌影响力不断提升，连续获得中国饭店民族品牌先锋、中国最具影响力本土饭店集团、中国商标金奖等荣誉称号，是我国饭店集团中较早具备跨国经营实力的主要饭店集团之一。

×集团早在 1999 年就启动了商标的海外注册，并通过创新形象，聘请国际著名公司为公司品牌进行调研，为集团品牌设立良好的视觉形象及管理体系。集团还专门成立品牌战略小组，负责制定管理规则及完善运作标准，并利用电子信息技术对品牌进行专项管理。集团对公司标识进行国内外注册，目前已有 18 个涉及不同名称和样式的商标。同时利用法律手段对其他侵权行为提起诉讼，维护自身权益。品牌既是一种标识，更是一种品质保证。集团以"旗舰"饭店建设为突破，全面推行"酒店核心标准评估管理体系"及"宾客满意度体系"，使品牌的市场影响和核心价值得以积累和提升。为扩大品牌的国际知名度，上海市委、市政府对该集团在政策上给予了大力扶持，鼓励集团到海外上市，加大跨国收购兼并力度，实现资产证券化、资本多元化、产业国际化。×集团陆续与美国万豪、英国洲际等国际品牌合作。与此同时，还通过兼并控股等形式不断壮大公司规模。

×集团于 2004 年接受管理香港的一家大饭店，此为企业进行真正

---

① ×酒店股份有限公司 2018 年中期报告［EB/OL］. http：//www. lvjie. com. cn/company/2018/0928/9221. html. 2019－2－22.

海外发展的预热阶段。该饭店是香港明珠兴业集团投资的星级商务型饭店。×国际酒店管理集团在与其他知名饭店管理集团的竞争中获得明珠兴业集团的最终认可，进而签订了 10 年的全权委托管理合同。从 2010 年开始，×集团分别对洲际进行股份收购，之后又落户菲律宾、韩国、印度尼西亚，再转战欧洲，收购法国酒店集团与荷兰签署合作意向。集团的国际战略发展规划充分利用了我国加入 WTO 的新机遇新挑战，通过到东南亚地区拓展公司市场，积累起丰富的国际化经验。集团内部结合自身资产结构进行调整，积极探索同其他国际知名城市进行饭店资产置换，进而不断加强集团品牌在国际饭店市场的影响力。

二、×国际集团跨国经营的基本经验

×国际集团是我国饭店业中较早拥有跨国经营意识的饭店企业，虽然与海外的国际跨国饭店集团相比，其跨国经营实践还不多，但是作为中国饭店业乃至亚洲饭店业的领军企业，集团在跨国经营战略方面的确显示了超前设计、吸收借鉴、自主创新、勇于探索的卓越精神。因此，我国饭店企业需要积极学习×国际集团在跨国发展中的一系列战略举措，为中国饭店业的整体繁荣和国际竞争力的全面提升做出贡献。

（一）资源积聚战略

面对国际饭店集团的大举进入，加快资源积聚是饭店产业国际化的基础。2004 年从搭建产业快速发展的平台开始，集团上市公司与 18 家股份企业和 1 家分公司资产置换国际饭店管理公司 100% 的股权，从而实现了主营突出、市场提升、回报提高的目的。×国际集团借鉴区域性运作模式，建立了北方、西南、华中、西北、南方、华东等六家区域性公司，形成六大区域战略布局，增强集团影响力，并取得了良好的积聚效益。2010 年开始集团从国际、国内两个市场入手，继续实施快速扩张战略。一方面在北、上、广等国内主要城市扩大控股或拥有更多高星级饭店，进一步完善全国布局；另一方面通过饭店资产置换，并购国际饭店资产管理公司，发展海外饭店管理合同形式，在中国公民出境旅游目的地，拥有了数家投资或管理的饭店。2010 年 × 国际集团参与收购洲际集团，之后又收购了法国卢浮酒店集团及铂涛酒店集团，2016 年收购维也纳 80% 股份，2018 年通过联合收购平台完成对丽笙酒店集团的收购。× 集团一直积极进行海外饭店资产置换，为加快实现核心产业扩张战略，进一步扩大海外影响力而努力。

（二）国际人才战略

只有理念标准和操作规范并不能达到饭店产业国际化，还需要具备服务全球市场的能力，实现跨文化沟通、人才国际化及产业国际化。2004 年，× 酒店国际管理公司在全球范围内招聘高级管理人员，先后有澳大利亚、英国、中国香港等优秀饭店管理专家加盟 × 集团。由具备饭店集团管理经验的经理人担任饭店管理公司高管，进一步实现集团管理的专业化、国际化。2008 年 × 酒店根据产业国际化发展需要，不断优化人才结构，积极实施"个、十、百、千"工程。"个"是拥有几个优秀的外籍管理层高管；"十"是培养几十个关键饭店或地区型公司的总经理；"百"是有几百个中层以上的人才资源；"千"是在管理岗位上招聘几千个应届毕业生，为他们进行完备的职业生涯规划。与此同时，× 酒店还与瑞士酒店管理学院合作，开设酒店中高级管理培训班，主要包括导师培训、服务方式培训等国际化培训项目。企业核心价值观为"追求卓越"，同时提倡"统一目标、统一团队"，提倡不同文化之间相互接纳、相互学习，强调国际化理念的重要性，推动中西文化交融。国际化人才的加盟使得 × 集团国际化理念得到提升，而且对公司品牌、网络运营及管理等多个方面起到了促进作用，很好地支撑产业扩张，提升了产业竞争力。

（三）集成网络战略

国际著名饭店集团的竞争优势之一为自主 csi 中央预定系统，随着网络技术不断发展，利用信息技术的现代饭店分销模式已经逐渐取代传统饭店的分销模式。为提高国际市场客源份额，2005 年 × 国际集团与美国最大的专业饭店网络优化系统管理公司达成合作，共同投资创建了上海德尔互动有限公司，应用先进理念及高端技术开发全球酒店集中订房系统及中央预定系统，为加盟的成员饭店开发预定渠道，以获取增量订单提供支持。2016 年 × 酒店联合多家知名企业，打造基于移动互联的共享经济平台，将产业、互联网和金融资本有效联动。该饭店集团中央系统的特色在于拥有最新无缝网络技术，且在第一时间就可以和对应饭店对接，这也更利于顾客预订 × 酒店集团旗下的任何一家饭店。同时 × 酒店集团加大力度管理公司网站上的预定引擎功能，推出自己的 GDS 系列代码。这项工作全面完善了集团新品牌特色，有力地推动了客户忠诚计划和收益管理计划。× 国际集团还组建了大客户的销售机构，以增强对大客户的销售力度。国际饭店品牌和质量标准的一致性，使宾客通过品牌就可预知即将得到的服务质量，从而加快客户预订和购买的决策时间。× 国际集团不断强化其运作体系，在原有的管理模式基础上建立了国际标准、中国国情和集团特色为一体的饭店核心质量标准、饭店技术服务标准、饭店开业指南、统一会计政策等一系列标准体系。在此基础上，× 集团全面推进网络资源集成，全面启动呼叫中心，同时启动庞大的客户忠诚计划，建成并发展由中央预订系统、公司及饭店电子商务系统和国际销售办事处等组成的高效分销系统，充分发挥网络资源优势，为成员饭店提供客源支持。集团结合多品牌建设，在现有核心质量标准体系和运作体系基础上，不断细化产品标准、服务标准及政策和程序，显著地提高了产品一致性和可预见性。

（四）实施品牌战略

在开放的世界经济中，技术进步和创新突飞猛进，使品牌变得前所未有的重要。× 集团的品牌标识借鉴中国宫殿的飞檐，主标志既具有与汉字品牌内在的密切联系，又易于被国际人士熟记，传递出 × 酒店国际化战略及服务全球市场的理念。主标志的右下角与中国宫殿的飞檐与字母相结合，蕴含了深远的意境，最终形成享誉世界的知名品牌。据估计，该集团品牌价值已超过 300 亿元。2018 年数据显示，×集团已在全球 120 个国家布局饭店，品牌体系实现低中高端全覆盖，海外客房量甚至已经达到 30% 这种输出品牌的战略为其跨国发展做了很好的铺垫；近年来×集团还开拓出汽车业务，承担起外事国宾和世界五百强企业在沪的用车服务。在圆满完成上海世博会、亚信峰会和 G20 峰会等高端重大接待任务的同时，更加成功地树立起我国民族品牌形象。2017 年数据显示，×集团名下的所有商标，按照一标一类一国考量，总注册件数累计已达到 500 件。当前随着我国"一带一路"倡议的广泛实施，×集团又开始着重对沿线重点国家商标注册及品牌的战略布局，目标是尽快通过马德里注册体系。

第三节 国内外饭店企业跨国经营的启示

通过对国内外典型饭店集团跨国经验的总结，得出了很多对我国有待进行跨国经营实践的饭店企业具有指导作用的宝贵建议。利用这些经验，我国饭店企业将加速跨国进程，提高跨国经营水平。具体来说，国内外饭店企业跨国经验给我国饭店业的启示主要有以下几个方面。

一、对亚洲国际饭店发展给予特别关注

我国是亚洲新兴的发展中国家，因为社会制度和国情差异，西方国际饭店企业的跨国经验需要在仔细分析时代背景和企业条件的基础上，批判地进行吸收。比如，第二次世界大战后美国发展跨国饭店企业的一个重要促进因素——马歇尔计划，虽然它为美国本土的饭店企业进行跨国经营提供了政策支持，而且也为欧洲经济复兴和欧洲饭店企业的跨国发展提供了资金支持，但是其实质是一项抑制苏联、缓解本国经济危机的国家政策。亚洲国家因为地缘因素，与我国具有类似的发展环境；亚

93

洲的主体是发展中国家，具有与发达国家差异较大的发展路径；相比较而言，由于地域接近，风俗习惯和心理距离、文化距离都比较接近，这一点对于饭店企业加速文化融合，进行跨文化管理具有重要意义。我国×酒店集团的国际化经营也是从东南亚国家开始的，再积累起一定经验后才开始进行欧洲市场与其他市场。因此深入分析亚洲饭店企业的跨国经营情况，对我国饭店企业初次实施跨国发展具有更大的借鉴意义。

二、充分认识饭店产业规律

饭店企业与一般制造企业的行业特性存在显著差异，因此其国际化进程具有显著的行业特点。首先，由于服务产品具有无形性，而且不受专利保护，因此很难以出口方式进行跨国经营，这决定了饭店企业要想开拓国际市场，必须直接进入目标市场；其次，服务业跨国公司市场进入的渐进性虽然不明显地表现为制造业那样的阶段，但还是要经过一个探索性投资向战略性投资阶段的过渡过程①。许多服务企业在初期往往是跟随客户进入国外市场，即客户的国际化推动了服务企业的国际化。通常饭店企业把本国出境游的主要目标市场作为其国际化进程的第一目标，同时考虑文化距离相近，心理距离相近等市场作为进一步拓展的地域；再次，单体饭店与饭店集团的运作规律截然不同，国内饭店集团与国外饭店集团的经营差异也很明显，对此的认识程度将决定饭店管理者采取不同的国际化经营行为。因此充分认识饭店产业规律，不仅可以制定出更切合产业实际的发展战略，而且有利于合理规避风险，实现饭店企业的可持续发展。

---

① 张诚. 服务业跨国公司与中国经济发展 [M]. 北京：中国财政经济出版社，2006：53 – 54.

三、加快饭店企业集团化进程

在产业特性方面，饭店业为具有高度地域性的零散型产业，这意味着克服零散形成规模经济为其发展的必然趋势。单体饭店经营状态在成本结构上的先天缺陷是难以克服的，因此集团化道路将是饭店产业的主要发展方向。尽管近年来我国饭店集团化势头强劲，仅从扩展速度上看，甚至超过国际饭店集团在全球的扩张速度，但是在绝对数量上，我国饭店集团与国际品牌饭店差距仍然很大。相对匮乏的高端人才、比较单一的融资渠道、多数靠自由产权为主的购买行为等，仍然制约着我国饭店集团化的步伐。通过已经涉足饭店业并购的企业案例可知，重组后的最大障碍是文化的差异和管理的差异，尤其体现在非传统旅游优势企业的并购中。所以，应鼓励优势企业从多个方面开拓市场，突破地域及所有制的局限，使重组后的饭店拥有更好的经营环境，同时要加快饭店现代企业制度的完善。

四、积极进行资源积聚和能力培养

我国饭店企业可以通过能力培养更好地发挥人才资源、信息资源和技术创新资源优势，营造国际竞争力。运用适当方法及途径，树立战略人力资源成本管理观念。实施人力资源成本战略前，需要重新设计人力资源成本管理的规划和流程，着重考虑战略实施的目的，单纯的成本数量的增加或减少并不能作为成本控制措施结果的好坏标准。实施战略的过程中，关注国际环境分析对战略制定的影响，还要注重反馈和评价，为下一轮人力资源成本战略实施改善和提升做好准备。互联网技术的发展使饭店集团越发重视平台建设，用线上线下共同运营的方式提高预定比率。新的信息技术的应用，不仅为饭店开辟了新型分销渠道，而且可以丰富预定系统平台，以技术带动提高饭店集团整体竞争力。

五、重视网络集成基础上的品牌创新

我国早已步入大众旅游时代，饭店业发展的不平衡不充分与普通游客对旅游的美好需求不匹配。考虑到大多数游客认为高级饭店太贵但一般饭店太差，以×为代表的酒店集团及时引进国外经济型饭店经营管理模式，成功开辟了中国经济型酒店市场。1996 年 5 月，×国际集团旗下的酒店投资管理有限公司正式成立，公司主营投资开发经营管理经济型连锁酒店，至此，国内首家经济型酒店品牌问世。这是根据时代发展变化进行品牌创新的一个典范。自主中央预定系统是饭店预订系统的核心，我国饭店集团可以在网络集成预定方面下功夫，利用"大数据"分析客源情况及特点，这也可以作为品牌创新的切入点。

第五章

中国饭店企业跨国经营战略架构

　　饭店企业国际化战略作为引导企业跨国发展方向、应对全球变化的一种举措，高度强调对旅游经营环境的科学研判。从这个角度考虑，饭店企业战略具有必然的旅游企业价值生成作用。目前，我国饭店企业的整体实力还不强，原因固然有多个方面的因素，但面对国外饭店集团大举进入及旅游发展宏观战略环境，开拓国际旅游市场已经成为饭店业无可争辩的战略选择。随着科技的发展，饭店企业已经不是简单的资本密集型和劳动密集型企业，越来越多的信息化技术注入饭店经济之中，这种新经济的内在特征使得饭店企业的战略内涵也发生了可感知的重要变化。因此在经济全球化的大背景下，根据饭店产业国际竞争力思想，将饭店业在宏观经济改革中的发展路径进行提炼，进而总结出我国饭店业国际竞争演进阶段，是实现我国饭店业国际竞争力向高级进阶，制定适合现阶段饭店业发展现状的跨国经营战略的重要途径。

第一节　中国饭店企业国际竞争力影响要素及阶段演进

　　与其他国家饭店企业的国际化相比，中国饭店企业国际化有两个特殊之处。第一，中国依然处于由计划经济向市场经济转变的过渡经济体制。政府和企业为适应市场经济要求都将面临逐渐转变职能的问题。中国饭店企业目前应市场化和国际化并重。一方面，饭店企业的改革需逐渐完善，国有资产减少、经营权扩大需要进一步加强；另一方面，大量国际饭店集团直接涌入我国，使中国饭店企业在我国本土面对国际竞争。第二，我国依然是世界上最大的发展中国家，因而跨国经营过程中饭店企业内部优势构建、国际市场进入模式及跨国运营发展等方面无法完全借鉴国际上发达饭店集团的发展模式，必须结合我国具体国情走特色发展之路。当前，我国旅游经济发展仍处于国际旅游市场的竞争中，发展过程的显著特征为长远性、竞争性、对抗性、系统性，对跨国经营的旅游企业来说，国际旅游供给与需求的变化至关重要，需要及时应对东道国旅游企业及其他国际旅游企业的竞争与博弈。在这一过程中，从跨国经营战略资源及核心能力中发展为国际旅游竞争优势，可能是我国饭店企业国际化经营的可行切入点。

一、饭店业国际竞争力影响要素

国际竞争理论主要分为三个维度，分别为企业国际竞争力、产业国际竞争力、国家竞争力。其中国际旅游竞争力从属于产业国际竞争力的研究范畴。国际旅游竞争力将旅游地的国际旅游业看作整体，考察整体开拓占据国际旅游市场及获取利润的能力[①]。波特的产业国际竞争力国家钻石模型（Michael Porter diamon model），提供了一个产业国际竞争力研究的经济分析范式（见图5-1），一国特定产业是否具有国际竞争力，取决于该国国内生产要素状况（factor conditions），需求状况（demand conditions），相关及辅助产业的状况（related and supporting industries），企业的经营战略、结构与竞争方式（firm strategy，structure and

---

① 黎洁，赵西萍. 论国际旅游竞争力及其阶段性演进 [J]. 社会科学家，1999 (6)：19 – 23.

rivalry）四个因素的组合与动态作用过程（机遇和政府要素对产业国际竞争力虽然产生重要影响，但不是产业国际竞争力的决定因素）。该模型决定了产业国际竞争力的来源、实力和持久性，对我们分析国际旅游产业竞争力具有重要的理论指导作用。

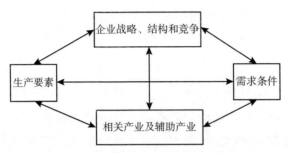

图5-1　产业国际竞争力国家钻石模型

资料来源：迈克尔·波特. 国家竞争优势［M］. 陈小悦译. 北京：华夏出版社，1997.

（一）饭店业生产要素

饭店业生产要素是饭店业所需要各种投入的统称，这些要素有饭店从业人员、资金，以及与饭店管理相关的知识资源等。从广义上讲，饭店业生产要素主要分为资源要素（自然资源、人文资源）、资本要素（资金和专业知识）、人力要素（人力资源的数量、质量）等几大要素。国际饭店业的资源要素，体现的是母国的文化特点和人文素养，因此在饭店的内部设计和整体风格方面需要突出母国特有的文化韵味，在异国他乡为本国旅游者和国际旅游者营造出与国内饭店相似的文化需求。饭店企业跨国经营固然需要大量的资金支持，但是跨国经营的知识与经验也是不容忽视的资本要素。饭店企业跨国经营是一个连续的、渐进的发展过程，这个过程并不是市场范围的简单扩大，而是饭店企业管理者学习、消化有关知识，积累跨国经营经验的过程。这一过程的快慢和程度高低决定了饭店企业跨国经营的步伐。饭店企业的行业特点和产品特点决定了人力要素对其国际竞争力的重要作用，在众多影响国际人力资源管理的因素中，跨文化因素被看作是较为重要的一个。深谙东道国的社会习俗和道德规范，将对饭店企业自身的长远发展和与当地企业建立和谐关系产生积极影响。饭店企业生产要素与当地文化的有效融合，对提高饭店企业适应力将发挥强大作用。

（二）饭店业需求要素

旅游者的需求是刺激旅游活动开展的直接动因，旅游者的跨国界流动是饭店企业开展跨国经营的本质原因。饭店企业需求状况，与国内旅游需求、出境旅游需求等方面息息相关。国际饭店主要存在于国际旅游市场中，但并不是只参与国际竞争，从根源上来看，它的国际竞争力主要来自国内旅游市场的发展、成熟状况及国内旅游需求的满足状况。饭店企业国际化发展实际上是国内旅游市场的延伸，拥有内部优势的饭店企业，在跨出国界形成国际优势方面也将起到很好地促进作用。随着旅游业发展的日益成熟，旅游者的需求逐渐趋于理性。越来越多的旅游者不再盲从于社会潮流，而是更加注重旅游过程中的旅游享受，更加专业地要求旅游企业保障自己的旅游权益。"全球化思维、本土化经营、个性化营销"是国际饭店企业服务于国际市场的一种经营原则。饭店管理者要认识到顾客的消费选择和消费模式不是一成不变的，不同文化背景的客人对产品的期望、态度和敏感性也都是有差异的，需要了解不同客人甚至潜在客人购买产品的决定因素。客人需求的有效满足将为饭店企业赢得国际声誉，而不仅仅是市场份额的增加。

（三）饭店业相关及辅助产业状况

这一产业主要指为饭店业提供原材料等的上游产业，以及与饭店业共用某些技术或者共享某些营销渠道，或者协作服务的产业，如民用航空业等，它们为饭店产业的持续有序发展创造条件、提供方便。现代饭店业通常包含多个关联性的产业，仅就一次完整的饭店体验活动来说，也涉及住宿、餐饮、娱乐、购物等一系列内容。这些服务活动的顺利开展，是众多与饭店业相关及辅助产业共同作用的结果。因此，饭店企业的竞争力是与其相关的产业群互相融通、协作、关联产生的合力，是旅游经济发展总体状况的反映。饭店企业的这种强关联特性也决定了相关及辅助产业发展的滞后会对饭店企业的发展产生"瓶颈效应"，因此提高饭店企业的国际竞争力，要以整个国家实力增长为原动力，利用旅游业的强大带动功能，推动与饭店业相关及辅助产业的发展，最终推动饭店业自身的国际化发展。

（四）饭店业战略、结构和竞争

具有指导性的战略决策、优化的企业结构及良好的竞争局面，是一个产业成熟的明显标志。饭店企业的国际战略规划，以及由此形成的饭店在东道国的组织规模、组织设计、经营策略、发展策略等，无疑对饭店企业的国际竞争力起着重要作用。饭店企业经营战略是经过饭店企业自我积累、自我发展形成的系统战略，不是影响饭店国际竞争力要素的简单相加，它是一个系统整体，每一个要素的变化都会牵动多个要素的连带变化，甚至影响旅游产业国际竞争力的调整，因此需要通观全局，统筹把握。从饭店企业竞争力角度出发的企业战略管理着重考虑以下几个方面：一是基于组织能力的战略，由于组织整体的特殊能力不易形成也不易被模仿，所以凭借组织能力及复制障碍更有利于饭店企业建立优势；二是基于核心竞争力的战略，核心竞争力是饭店企业独特的，且经历长期实践累积形成并内化于饭店管理中的能力，它支撑饭店在长期竞争中获得可持续发展；三是基于整体的战略，这种理论认为饭店企业对外部环境的主动预见性、适应性极其重要，要不断增强以上能力，并且在了解环境的基础上为自己拥有的资源、能力及机会做出合理的评估。

国际重大事件及突发事件对旅游业国际经营造成的影响为机遇要素，偶然性事件的主要特点为非连续性及突发性，其重要性在于改变各个国家饭店企业的国际竞争地位，淘汰不适应新形势的饭店企业，并为适应新形势的饭店企业提供机遇。偶然性事件主要有重大的技术变革、世界性或者地区性旅游需求的高涨及世界金融市场外汇重大变化等。近年兴起的旅游危机处理和应急处理研究就是针对此项问题展开的。政府对饭店企业国际竞争力的影响可以是积极的也可以是消极的，政府行为可在国有饭店企业组织和管理方式、国内市场竞争态势等方面产生重要影响，从而影响到饭店企业国际竞争力的形成。目前中国政府加快授予更多的国家中国公民自费旅游目的地（ADS），同时挑选获得双方政府批准的旅行社负责接待和组织中国休闲游客，就是政府行为对旅游行业及饭店业的支持措施。

二、中国饭店业国际竞争力演变

随着我国经济发展水平不断提升，饭店企业也逐步形成了自身的行业竞争发展轨迹。从战略角度，对我国饭店企业国际竞争力演进规律进行科学的预测，是中国饭店企业国际化经营的重要前提。饭店企业竞争力转变的一个分析视角是饭店企业制度层次的变迁，随着中国旅游经济的不断发展，宏观政策的合理使用逐渐成为增长饭店企业竞争力的有效途径；饭店企业竞争力也受饭店企业的组织形式变化的影响，不同时期的饭店企业有着不同的组织建设，对饭店企业向旅游市场经济主体的转变有巨大影响。因此，本部分主要从饭店企业的制度变迁及组织形式变化两个方面进行探讨，以分析饭店企业国际竞争力的演变。

（一）中国饭店企业制度变迁

企业所面临的制度环境制约着企业的行为选择，制度决定着企业的方向与目标，以及为了实现目标需要采取何种行动。由于我国企业所面临的制度环境有别于他国，因此我国企业开展跨国经营的行为轨迹亦有别于其他国家的企业。

中国饭店业的制度形式最早可以追溯到以接受指令性职责为主要目的的政府外事接待部门。改革开放以前，我国饭店业主要由两个部分构成，一部分为 1949 年前遗留的老饭店，另一部分为 1949 年后兴建的国宾馆和华侨饭店等，这些饭店主要是为接待来访的外国政府官员、华侨和来华工作学习的外国专家而兴建的，其实质就是"招待所"。改革开放以后，旅游业逐渐发展兴盛，也逐渐产生了真正的商业饭店。随着现代管理方式在饭店业中的逐渐推广应用，饭店业的综合管理水平显著提高。20世纪90年代，中国的饭店业开始实行星级评定制度，这是我国饭店业逐渐走向成熟的标志。这一标志事件表明无论在规模等级，还是在科学管理和服务方面，我国饭店业进入到全面稳步提升阶段。而随着国际饭店先进的管理经验逐渐引入我国，饭店企业更明确了自身的国际化目标，并逐渐进行国际化方面的思考和实践。

根据以上发展脉络，我国饭店企业的制度变迁主要涉及以下几个阶段：

第一个阶段主要是由行政事业单位转变为企业单位，饭店成为独立经营的企业实体。20世纪50年代至20世纪70年代，我国饭店业的性质主要是行政事业单位或国企。由于当时我国实行的是计划经济体制，这使得饭店企业只是政府部门的附属品。在政府部门的管理下，饭店的物资统一发放，价格也统一确定，企业没有自主经营的权利，主要职能就是完成一些接待任务，这使得当时的饭店企业无法称为真正的企业。1978年我国实行经济体制改革，此时饭店企业的职能也发生了很大改变。国有饭店企业所有权和经营权分离开来，饭店企业不再是专门为政府部门服务的"招待所"，开始了企业化、社会化、市场化的独立生产经营。政府也不再干涉饭店企业的日常经营，仅承担国有资产所有权职能。饭店企业和政府相对各司其职，政府的负担比以往减轻了，饭店企业加快了发展步伐。

第二个阶段主要是由原有的经验型管理转变为科学管理，饭店企业开始进行现代企业制度建设。在企业经营自主权不断扩大的过程中，饭店企业对服务质量及管理模式等进行了全面科学地思考。1982年，在北京建国饭店管理模式及服务模式的基础上，我国饭店企业开始逐渐接纳并引进外方饭店管理集团。通过同西方饭店合资、合作、委托经营或者直接加入外国饭店集团等方式，我国饭店业服务逐渐趋于标准化、程序化、规范化。从此，我国饭店业的服务水平及经营管理水平也逐渐步入高级阶段。

第三个阶段主要是饭店企业转变为旅游市场经济的活跃主体，这一阶段是饭店现代企业制度的实施阶段。随着饭店现代企业制度的深入实施，旅游企业逐渐开始进行股份制改革和上市经营。国家鼓励并支持社会货币转变为符合宏观产业政策的资本投入，借此契机，我国饭店业逐渐实行股份制，构建多元化产权结构，扩大资金来源渠道，利用吸收法人股、职工股、发行企业债券或发行股票等方式吸纳外部资本，提升企业资本累积。

我国饭店企业几十年的改革之路，也是一条制度变迁之路。中国饭店业已经成为我国促进消费、稳定增长的重要产业。目前已经形成的一批大型饭店企业集团既有意识也有能力进行国际化经营。相信随着供给侧结构性改革和创新发展理念的深入实施，将会诱发更加完备的饭店企业制度建设和创新性的企业制度变迁行为。

（二）中国饭店企业组织形式

随着改革开放40多年的高速发展，中国饭店企业的市场规模和组织形式已经发生了根本性改变，饭店集团已经成为比较重要的饭店企业组织形式。

1984年至1985年，华亭、锦江、新亚、东湖四家饭店（服务业）企业集团在上海相继成立。1987年，联谊、华龙、友谊饭店集团又相继成立。1993年，锦江国际管理公司成立。20世纪90年代以后，饭店集团的组建十分频繁，中粮、中信等其他行业的公司也投资于旅游业，从而形成了一些规模较大的饭店企业集团。其中，凯莱饭店集团就是由中粮公司投资并管理的。另外，陕西、云南、桂林等地相继成立了各地的旅游企业集团。这些旅游集团囊括了大大小小的饭店，形成了大旅游集团下面的小饭店集团①。

我国饭店集团于成立之初就十分重视企业规模，相较于优势资源及核心能力，企业往往更重视资产数量。在这种思想的诱导下，很多饭店

---

① 谷慧敏. 世界著名饭店集团管理精要［M］. 沈阳：辽宁科学技术出版社，2001：32.

集团的组织结构并不能为饭店市场竞争力提供强有力的促进作用。所以，对于我国饭店企业，组织形式效率的提升尤为重要，应从单纯的规模壮大变为切实转换内部机制。

现代企业组织制度中比较完善的一种形式是股份制企业。旅游板块中，锦江股份、中国旅游集团、凯撒旅游等都是以饭店为主营业务的上市企业。在创新体制机制过程中，饭店企业可以考虑多途径多资本形式混合改制，以此深化国有资本的投资运营；利用集团与板块公司和专业公司三级管理控制组织架构形式，加强对董事会的规范。上市的旅游饭店集团在开拓国际市场方面拥有很大优势，专业化的管理、强大的品牌优势、充足的资金支持将转化为国际市场竞争力。股份制饭店集团是产业国际化的先锋，可以引领国内企业更好地实施"走出去"战略。

（三）中国饭店业国际竞争力演变路径

产业国际竞争在不同国家的经济发展中将会呈现出不同特征的发展阶段。波特（Poter）指出，一个国家的产业参与国际竞争的过程有以下四个阶段：第一个阶段即为要素驱动，第二个阶段即为投资驱动，第三个阶段即为创新驱动，第四个阶段即为财富驱动。第一、第二、第三个阶段为产业国际竞争力的增长阶段，第四个阶段则为产业国际竞争力的下降阶段。在不同阶段，一国某产业国际竞争力的决定因素也有所不同。产业国际竞争的阶段性变化不仅在特定产业的国际竞争中体现，也会在一国各产业群及产业总体的国际竞争中体现①。

基于以上理论，结合前面对我国饭店企业制度变迁和组织形式的演化分析，可以将我国饭店企业国际竞争力的进程具体地划分为这样四个阶段：第一个阶段为资源驱动；第二个阶段为管理驱动；第三个阶段为集成驱动；第四个阶段为创新驱动。在资源驱动阶段，饭店企业凭借自身资源要素并利用竞争优势或垄断优势进行跨国经营。饭店企业招徕顾

---

① 金碚.产业国际竞争力研究［J］.经济研究，1996（11）：39 – 46.

客的主要方式之一是餐饮。中国的饮食文化博大精深，充分挖掘饮食文化特色将为我国饭店企业带来其他国家无法比拟的优势。我国饭店企业国际化经营中可以突出中国菜肴的特色，并结合当地菜肴进行饮食文化创新。除此之外，东方文化和雕梁画栋的园林式东方建筑更是我国特有的优势，饭店企业可以借助这些资源优势，不断扩大国际市场。以资源驱动作为主要竞争力的阶段，是饭店国际化经营的初始阶段，这一阶段由于对饭店国际化开发等理论缺乏了解，只能从自身现有特色上进行挖掘。而且和其他产品竞争初级阶段类似，这时候进行国际化的饭店企业更多地把价格作为国际竞争的主要手段。这种"干中学"的摸索是必要的，但是不可否认在这一阶段，我国饭店企业的国际化经营始终处于被动地位，没有形成高级持久的竞争优势。

在管理驱动阶段，饭店企业竞争力的主要来源不再是比较优势和垄断优势。这一阶段中，已经有不少饭店企业拥有了国际化经营实践，并且积累了一定程度的国外管理经验，因此可以据此获得一些我国饭店企业国际经营的规律性认识。在这一阶段，我国个别饭店企业已经在特定市场拥有了支配地位，能够利用阻绝行为阻止其他饭店竞争者对其构成威胁。其他大部分饭店企业经过了前期投资和专业策划，在国外也积累起了一定产品知名度和美誉度，拥有一定的示范作用。因此这一阶段，我国饭店企业重在通过自身专业化的管理获得国际营销渠道和国际人力资本，通过建立国内饭店品牌标准进一步提高我国饭店企业的国际市场需求度。

集成驱动阶段的主要特征是运用现代企业管理制度，用成熟的品牌和现代饭店集团为基础，完善我国饭店国际化的全球布局。这一阶段不再简单用规模集聚方式形成饭店集团。这一阶段的饭店企业，其品牌系统发展较为完善，拥有与本饭店匹配的品牌家庭；国际布局较为合理，从不同目标市场及自身产品特点出发，很好地进行了饭店企业的连锁扩张；饭店企业灵活运用多种产权方式，通过兼并、收购、合资、控股等方式对饭店资源存量进行重组；能够充分利用海外上市机会进行融资，进一步扩大饭店企业国际影响力；灵活选择多种市场进入模式，权衡经营风险，获得较高回报；灵活运用网络化技术且管理经验丰富，具备了一定程度的国际竞争实力。

创新驱动阶段即为我国饭店企业跨国经营的最高阶段。此时，国际饭店企业经过多年的充分实践已非常了解东道国政治、经济、文化内涵，而且能够有效地将自身文化与他国文化相融合。国际饭店企业的管理者充当了世界公民角色，在促进母国与东道国饭店经济发展的同时，能够为世界经济做出贡献。同时，饭店企业的国际竞争优势逐渐在产业体系内外进行扩散，并持续深化。这一阶段，国际饭店企业将在饭店的产品、组织、市场及经营等多方面不断地创新，有中国特色的旅游国际化发展理论已经形成，并推广到我国其他产业国际化的实践中。随着我国饭店业发展的不断深化，可以预见未来还会涌现出更高级的国际竞争力发展阶段，因此创新驱动阶段也只是暂时的最高级别，未来非常有可能出现第五级甚至第六级国际竞争力演进阶段。

当前中国饭店业的国际竞争力演进阶段可以用图 5 - 2 展示。纵观当前我国饭店业国际化发展，已经进入一个总量显著增长，存量不断优化调整的重要时期。这一时期我国饭店不断创新管理模式、不断进行产品研发，同时也不断增强文化自信，积极培育具有民族特色的中国饭店品牌。因此，我们有理由认为，当前我国饭店业国际竞争力已处于第三阶段，并逐渐开始向第四个阶段渗透与过渡。

三、对制定中国饭店业跨国经营战略的启示

随着旅游业不断转型升级，中国饭店业的国际化发展大有可为。大部分饭店集团在进行国际经营前已拥有详细的战略计划，而且会将相关领域的前沿知识和多种管理工具纳入战略制定过程中。饭店企业的国际战略不是一种最终产品市场状态，而是包含多种要素的整合结果。因此，

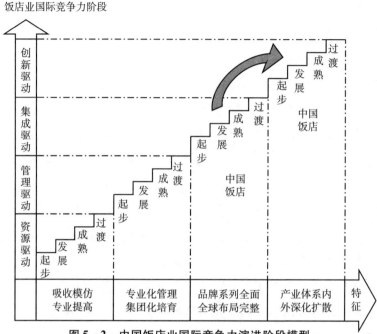

图 5 - 2　中国饭店业国际竞争力演进阶段模型

资料来源：作者整理。

在探索适合我国国情和饭店产品特点的国际化道路，并向高级的国际竞争力阶段演进的过程中，我国饭店企业需要加强跨国战略的学习和应用，突出国际战略引领饭店企业跨国发展的核心地位。因为我国处于管理驱动阶段向集成驱动阶段进阶，因此在制定目前饭店企业的跨国战略时要统筹兼顾两种饭店国际竞争阶段的特点，针对管理驱动阶段需要制定合适的国际饭店成长战略，使我国饭店企业尽快拥有国际经营优势；针对集成驱动阶段，需要制定适宜的国际饭店发展战略，使饭店企业顺利进行跨国经营实践。

　　另一方面的启示是，制度创新、学习吸收一直是中国饭店企业战略发展的重点。饭店企业战略竞争力的演变说明，在走过了一条摸索的制度变迁、组织发展之路后，我国饭店企业的国际化意识已经开始进入饭店经营管理者的头脑中。需要指出的是，每一阶段的演进都是在吸收知识，不断创新的基础上实现的，因此学习和创新一直是推动饭店企业国际竞争力提升的关键。创新，是我国饭店企业始终坚持的核心战略，是优化饭店企业组织结构，进行制度建设的决策基点。当然饭店企业竞争力提升也是现代企业制度建设不断深化的表现，是我国政府全方位支持的必然结果。我国饭店企业要抓住当前难得的发展契机，努力壮大国际化发展步伐，进一步提升饭店业国际化水平。

第二节　中国饭店企业资源与能力分析及与国外饭店比较

饭店业具有的资源和能力水平与饭店业发展阶段密切相关，为了制定更加符合现阶段饭店业发展特点的跨国经营战略，需要首先对我国饭店资源和能力特征进行分析，然后在与国际饭店业的比较中找出我国饭店业跨国经营的差距，从而制定出更加富有针对性的战略。

一、中国饭店企业跨国经营的战略资源

从资源角度看，饭店企业具有异质性资源，这些异质性资源构成了饭店竞争优势的来源和基础。一般情况下，拥有异质性资源的饭店即具有竞争优势，但并不意味着其一定拥有竞争力。如何将我国饭店企业的资源和能力与中国特有的文化制度环境和行业特色相结合，形成中国饭店企业跨国经营的核心竞争力，是进行跨国饭店企业资源能力分析的主要目的。

饭店企业资源既具有普通企业资源的共性，又具有饭店行业的特殊性。为了深入理解饭店企业资源，需要对饭店资源的各项作用进行分析。首先，饭店企业资源是饭店日常生产经营开展的基础，是能够为饭店带来效益的各种资产的总称。饭店资源的这一作用与普通企业类似，

都是企业产生经济效益和社会效益的基本"原材料"。其次，饭店企业资源能够对顾客产生一定的吸引力，进而为饭店企业的正常经营带来稳定的客源。再次，饭店企业资源可以为游客提供一系列的旅游服务，是各种社会因素及其产物的总和，因而是现代旅游活动顺利完成的重要系统要素[①]。这三项作用是饭店企业资源的基础功能，也是对饭店企业资源进行划分的基本依据。

饭店资源分类标准众多，依据不同标准，可以划分不同的类型。按照资源的管理类别，分为饭店人力资源、饭店物力资源、饭店财务资源、饭店信息资源等；按照资源的形态，有有形资源和无形资源之分；按照资源的获得渠道，形成内部资源和外部资源两种。饭店的经营与运作就是对饭店资源的开发与利用，在优化配置资源的同时，显著提高饭店经营效率。当前，信息化技术的发展，为传统饭店资源注入了新的内容。后文将对饭店企业核心资源内涵进行详细解读，希望通过遴选我国饭店企业跨国经营的关键战略要素，能够对核心战略资源进行合理配置和系统整合，从而为中国饭店企业构建跨国经营优势奠定基础。

（一）财务资源

饭店企业财务资源是联结饭店市场供求关系的纽带，通过对财务资源的科学分析，饭店企业可以节约成本、合理定价，最大限度地赢得旅游市场份额。饭店企业的财务管理具有某些特殊性质：饭店业既属于劳动密集型产业，又属于资本密集型产业，因为固定成本较高，日常设备设施又需要定期维修保养，因此饭店业需要如一般制造业一样，做好固定资产管理等基础性工作；其次，饭店企业的主要销售产品——客房，也具有一般产品不具备的特殊性，即客房数在一定时间内是固定不变的。在销售量有限的前提下，饭店企业需要建立一套成本费用指标的归口分级管理系统，以便更好地降低成本消耗，增产增收；再次，饭店企业是一个综合性的服务企业，需要大量的低值易耗品和餐饮商品等物

---

① 郑向敏. 现代饭店无形资源管理［M］. 北京：机械工业出版社，1998：3.

资，为了既保证饭店物资的按时供应，又尽量避免不必要的库存和积压，也需要进行必要的财务分析。

当面对国际经营动态环境时，饭店企业的财务资源管理需要着重考虑汇率、利率和税率等关键影响变量，最大限度地实现现金流量最大化并减少经营风险。东道国的经济状况对饭店企业收益影响最直接，而政治和社会文化因素通过作用经济因素也会对饭店经营状况形成间接影响。饭店企业可以通过加强投融资管理、关注东道国财政金融政策等措施对跨国财务资源进行科学管理。

（二）人力资源

饭店产品的特性使饭店企业人力资源管理问题具有特殊的重要意义。饭店企业日常活动的开展离不开与顾客面对面的交流，尽管"机器换人"的呼声从未停止，也的确有许多工作正在为机器和设备所代替，但是对饭店业来讲，员工的参与永远必不可少。因为人的行为已经内化为饭店产品的一部分，只有加入员工提供的消费辅助性行为才能实现饭店产品的全部价值。因此，饭店企业的人力资源管理既是对饭店产品和饭店质量的间接管理，也是对整个饭店服务流程的系统规划，更是培育饭店企业持续竞争力的重要途径，因此需要格外重视。

作为跨国经营的饭店企业，在解决国际人力资源管理问题时，需要考虑社会文化因素对员工的影响。在开展国际化经营时，不仅要考虑员工的价值观、工作生活态度和宗教信仰等，而且要根据不同国家的人力资源及人力资本政策，制定合适的利益分配机制，最大可能的减少人员摩擦，加快文化融合。

（三）客户资源

现代饭店产品在性能上及质量上的差异越来越小，同类产品价格不相上下，由此饭店间的竞争重点逐渐由产品转为客户资源，从原来的争夺技术转向争取更多的客户。为了摆脱顾客满意和顾客忠诚的瓶颈限制，更多的饭店企业开始着重研究客户关系资源的开发与管理，并逐渐培养起以客户服务及提升客户忠诚度为核心的营销理念。

对客户资源的开发可分为三个层次：第一层次是市场信息的沟通，饭店企业通过建立客户资料数据系统，广泛收集本饭店企业顾客层的信息，建立完整的顾客档案，实行定制跟踪服务，尤其注意与常客建立定期沟通，为维持饭店企业的稳定客源，持续增加饭店企业顾客份额奠定基础。第二个层次为品牌的凝聚。顾客忠诚度的提升能够提高饭店的经营效益，相比新顾客，老顾客对于价格并不敏感，且有足够的消费能力，为饭店企业提供住宿反馈的意愿也相对较高，因此这部分客户是协助饭店提升服务质量及经营效益的重要人群。第三个层次是客户需求的开发。通过分析顾客的个人情况、消费习惯与旅行记录，饭店企业可以制定出更加符合客户消费习惯并适应市场需求的营销策略。

（四）环境资源

环境资源是现代饭店企业新注入的资源要素，这一资源的提出不仅体现了饭店企业系统管理思想的精髓，而且体现出饭店企业在注重自身发展的同时，努力承担社会责任的崇高理念。现代饭店企业强调绿色发展，将经济效益与资源利用和环境保护结合起来，为企业发展树立了更高层次的战略目标。

饭店环境管理系统中，既包括饭店物理环境的科学治理，比如饭店节约能源、使用环保材料、各种设备经济运行等；也包括饭店软环境的理性分析，即对饭店企业各方利益相关者进行综合协调，妥善处理。目前引起学界和业界广泛重视的"绿色饭店"就是企业对环境资源分析形成的主要成果，从饭店建设的环保、饭店设备运行的节约，到饭店物资消耗的降低、饭店产品的安全营养，绿色饭店已成为饭店企业减少浪费，不断提供创新服务的主要载体。环境资源是企业发展的大系统，企业与环境之间不断进行能量转换，两者相互依存不可分割。饭店企业在与系统内、外环境的和谐共处中将寻找到适合自身发展的恰当位置。

（五）技术资源

信息化和网络化催生了饭店企业经营管理方式的转变。大型饭店企业通过建立信息网络系统，在市场营销、客房预订、财务管理、服务改进等方面形成了一般企业所无法抗衡的竞争优势。以信息流为纽带的管理体制的顺利实施，需要保证饭店内外信息流的畅通和信息资源的有效利用，只有这样才能建立起饭店企业的信息化管理平台。

20世纪90年代，中央预定系统就已经被国际饭店集团所采用。当前，互联网技术发展日新月异，饭店企业可以迅速地搭建起覆盖全国乃至全世界的会员系统。"互联网＋"为饭店企业提供了高效便捷的营销平台和服务平台，也使饭店企业的经营方式、促销方式等都发生了巨大改变。如何提升饭店的经营管理效率，同时更加智能地连接顾客与饭店服务，可能成为未来饭店业竞争的一个主要方面。

（六）关系资源

饭店企业在经营管理中要与政府相关部门、客户、社区等建立广泛的合作关系，所有这些影响饭店企业目标实现的群体或个人，统称为饭店企业利益相关者。主要包括传统的供应商和消费者、员工、政府、社区，以及相关的政治、经济和社会环境。饭店企业在进行跨国经营时，更需要将饭店企业的社会责任、科学管理与当地社会风俗文化紧密联系起来。

市场经济条件下，常常有一些旅游企业受短期利益的诱惑，陷入恶性竞争和企业败德行为的怪圈。旅游企业的信誉缺失问题实质是没有妥善处理各利益相关者关系，没有用道德治理约束自身行为。旅游企业之所以能够盈利，主要由于其可以满足人们所需要的旅游产品及服务。达成这一目标，旅游企业自然就会盈利，即旅游企业利益实现的基础为各利益相关者利益的协调实现。近年来，很多旅游企业失信，不诚信经营，实际上是对各利益相关者权益的侵犯。这不仅仅降低了旅游企业的盈利能力，也与饭店长期可持续发展的目的相背离，严重削弱了饭店业的长远价值。

（七）文化资源

饭店企业的文化以饭店服务为依托，通过为客人提供一系列的服务过程，体现本企业独特的文化氛围。就文化资源本身来讲，可以作为文化环境要素纳入环境资源的大系统中，但是考虑到文化资源在饭店企业跨国经营中所起的特殊作用，有必要单独把它划为一类。希望可以借饭店企业对文化资源的开发和利用，一方面起到吸收和传承我国传统文化的作用，另一方面推动我国饭店企业产品向高层次健康发展。尤其在我国饭店物质产品高度同质化的今天，饭店企业以文化为引导进行产品开发，将成为饭店服务创新的一条新路。

饭店企业的文化资源按照一般企业文化的结构划分，也可以分为物质层、行为层、制度层和精神层。物质文化是饭店通过可视的客观物质实体反映出来的文化内涵，饭店的建筑、内部的装饰和设备设施、饭店的餐饮等都是饭店物质文化的主要表现形式。行为文化是通过饭店生产经营过程中的行为反映出来的，员工的服务方式、饭店的宣传和促销手段都是饭店行为文化的重要载体。制度文化强调了饭店工作的程序化和标准化，为饭店工作的顺利开展提供了有力的制度和组织保证。精神文化是饭店企业文化的核心，它决定了前述三种文化的表现形式和发展方向，是饭店企业文化的本质和灵魂。

以上对饭店资源的划分绝不是一成不变的，各个资源之间的分界也不是绝对不可逾越的，每类资源之间可能有交叉，甚至是融合。之所以对饭店资源进行以上分析，是为了通过详细认识饭店资源，识别饭店企业需要着重打造的核心竞争力，进而为饭店企业依据自身优势进行跨国经营优势构建打下坚实的基础。

二、中国饭店企业跨国经营的核心能力

根据饭店企业跨国经营的特点和跨国经营的逻辑步骤，下面从组织能力、品牌能力、进入能力、物质能力和服务能力五个方面对我国饭店企业的跨国能力进行分析。当然，企业资源和能力并不能完全分开，饭店企业的财务资源、人力资源以及文化等无形资源内含于企业能力之中，共同为饭店企业的生产经营发挥作用。

（一）组织能力

组织能力是饭店企业在生产经营过程中运用现代企业制度进行组织管理和决策的能力。长期以来，我国的一些饭店企业存在经营粗放，管理不善等管理瓶颈。现代企业制度将饭店的所有权、经营权与管理权相分离，利用相互持股、民营资本介入、上市融资等多种方式，实现了饭店企业的制度创新。现代企业制度的推行，关键在于机制模式的创新。由原有的计划经济管理转变为市场经济，这不仅仅是观念的改变，更是利益的调整。在市场经济的不断发展下，我国各地旅游行政管理体制也在不断创新，逐渐淡化行政的直接干涉，将旅游行政管理机构及管理程序简化，同时加强旅游行业的宏观调控。在中国饭店行业中存在着大量资产沉淀，这种沉淀将恶化存在自然地域分割特点的饭店之间的价格竞争。应用现代企业经济运行制度，分析饭店资产的运转情况，对无效资产及沉淀资产进行剥离或盘活，最大限度地发挥饭店资产的效益。

（二）品牌能力

品牌意识是饭店业竞争态势和现代服务营销观念的产物。品牌不仅局限于视觉识别系统，比如名字、标记、符号或图案，或者是它们的组合等，还包括用以能够与其他竞争者相区别的产品或服务。在市场竞争日趋激烈的今天，仅仅依靠产品本身已不足以保证饭店的生存与发展。在发育完善的饭店业市场上，饭店经营管理的真正目标是创造并保持顾客。为了实现这一目标，在饭店企业的各种非价格竞争策略中，品牌是扩大市场区域、降低市场营销费用、构建消费者对本饭店产品忠诚度的有效手段。品牌化途径主要可以分为产品品牌和饭店企业品牌两大类。产品品牌既有可以用语言表达出来的口语化部分，又有被认出但不能被读出的部分，即符号、标志、图案、颜色等，如饭店的店徽、店旗、店色等，饭店产品品牌还包括一些精神上的象征。而饭店企业品牌则以饭店名称来构建旅游者和其他饭店产品使用者的选择偏好和对饭店的整体忠诚度。一般来说，单独经营的中小型饭店宜采用饭店产品品牌化成长途径，而大型的、产品多元化经营的饭店集团多适合采用企业品牌途径。

（三） 进入能力

进入能力是饭店企业寻找合适的时机与地点（包括国家和地区）进入新市场的能力。饭店企业在立足现代企业制度，提高服务产品的管理输出能力之后，需要利用国际市场进入能力来选择目标市场，实现真正意义上的饭店企业跨国经营。服务产品的非物质性、生产和消费的同时性，以及饭店企业与客户之间的密切接触特性，使得饭店企业在进行市场选择时要时刻关注顾客的国际化步伐，在我国出境旅游的主要线路和国家进行饭店企业的开发和建设，适度满足国内游客的国外需求后，努力实现国外游客的消费需求。饭店企业的国际市场进入能力受多种因素影响，按照母国和东道国的划分标准，可以分为内部因素和外部因素。内部因素主要有饭店自身产品特性和饭店企业在管理、资金、技术、生产技能和营销等方面拥有的资源等内容；外部因素主要包括目标国的市场规模和竞争结构、目标国的生产要素，以及目标国的政治、经济和社会文化等方面内容。总之，饭店企业的目标市场选择是多种力量共同作用的结果，需要综合考虑各种因素的影响作用。

（四） 物质能力

物质能力是饭店企业的选址能力和所应用的硬件系统建设等能力的总称，能够最大限度地保证为客人提供安全、舒适、便捷的服务。饭店建筑与设施、设备属于"硬件"，是饭店投资的物质载体和重要的经营资源。饭店的空间、环境和服务设施，必须满足客人的工作生活需求。不同性质的城市需要设置不同的饭店，配备相应的空间和设施，才可能满足不同客人的需要。现代饭店不仅要向宾客提供食宿服务，还要提供娱乐、健身、购物等多种服务方式，因此对提供现代服务的设施设备提出了更高的要求。饭店的设施设备是饭店经营成功和提高服务质量的物质基础。现代饭店对设施设备的依赖程度越来越大，许多高新技术成果纷纷运用到饭店中，既增加了饭店产品的多样性，也增强了饭店竞争力的知识、技术含量。其中网络技术服务是最能体现饭店信息化水平的物质能力，需要饭店企业着力培养。

（五）**服务能力**

服务能力是提供高质量服务，确保顾客满意的能力。培养饭店服务能力，首先需要明确饭店产品的内涵。饭店产品是饭店企业出售的，能够满足顾客物质和精神的有形物品和无形服务的总称。根据现代营销理论，饭店企业产品也是由核心层、形式层和附加层三个部分构成。核心层是顾客购买饭店产品的实质和中心，是饭店产品的使用价值和顾客得到的根本利益。具体来说，即顾客满意地享受了整个服务过程，拥有愉快的饭店服务体验。形式层是饭店产品外在表现形式，是产品的外观，也可以理解为是对饭店核心层的展示。包括顾客可以看到的饭店建筑风格、饭店的地理位置、饭店的设备设施等。附加层是对以上层次的延伸，是顾客购买产品时获得的附加利益。比如饭店开展的常客计划等优惠促销活动，以及免费提供当地旅游景点的咨询等等。虽然附加产品已经不属于饭店产品中必不可少的内容，但是一旦有效利用附加产品，将会大大提升饭店产品竞争力，形成产品创新。另外，这里的服务能力是广义的服务，即为了提供使顾客满意的产品，饭店企业所做的所有工作。因此，饭店企业在跨国经营过程中应用的各项日常职能管理能力也包括在服务能力之中。后文中将对具体的管理职能做详细介绍，本部分不做重点分析。

以上五种能力对饭店企业的跨国经营具有重要的战略意义。需要指出的是，这五种能力的排列顺序不是随意的，是与饭店企业实施跨国经营的战略步骤紧密相关的（见图5-3）。组织能力是饭店企业建立现代企业制度的基础，只有真正建立适应市场经济体制的企业实体，才具备参与国际竞争的底线条件；品牌能力是现代饭店企业进行科学管理的纽带，"品牌"与"称谓"不能等同，品牌的确立要伴随市场细分等后续工作，品牌能力是底线条件之后的初级条件；进入能力是企业进行跨国经营的基础能力，饭店企业在拥有一定的内部优势基础上，选择合适的国际市场，开始了跨越国界的生产经营活动；随着饭店企业跨国实践的真正开展,企业马上面临饭店硬件条件和软件条件是否与东道国适应等问题,饭店企业一方面需要对经营环境和建筑装饰等进行精心策划,在符合东道国审美特点和风俗习惯的基础上,融合母国特色;另一方面也要以优质服务为基本策略,满足国内外顾客的需要。当然,能力的培养不是一蹴而就的,更不是按照顺序等级,依次进行的,需要饭店企业根据自身情况灵活分析各种能力在国际化经营中的特殊作用,从而有针对性地进行能力培养,顺利推进饭店企业的跨国经营。

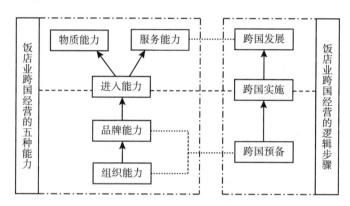

图 5-3 饭店企业国际化能力与跨国经营实施步骤的匹配

资料来源:作者整理。

　　饭店企业的核心能力能否有效转化为企业跨国经营的优势,需要一定的转化条件。在这种转化中,有一个重要的因素,我们称之为"可复制能力"。当跨国经营的饭店企业拥有东道国企业无法复制的能力时,企业就可以保存甚至提高原有的战略资产价值,从而获得国际竞争收益。人们普遍认为特定的历史环境、复杂的社会关系和无形的技术诀窍等是很难复制的。以技术诀窍为例,它的难以复制性不只体现在无形性和复杂性上,由于技术诀窍多是经过长期实践而得到的,因此对它的学习也必须要经过示范、观察、模仿、实践和反馈等多个步骤才能够真正理解吸收,不可能一段时间内被竞争者复制。另外,还有一些根植于饭店企业日常工作和操作实践的能力也难以被外界复制，比如人际交往关系、企业文化等都属于此类能力，这种能力的转移只能通过内部密切的交流，才有可能逐渐获得。按照"可复制能力"的标准划分，饭店企业跨国经营能力中组织能力和服务能力较难复制，进入能力、品牌能力、物质能力都属于可复制的能力。但这并不意味着拥有不可复制能力才有竞争优势，企业关键的能力完全可复制也一样有机会获得竞争优势。例如，企业通过商标、版权、许可证保护其自身的技术和资源。另外，饭店企业的跨国经营能力常常结合起来产生更强大的经济作用。比如饭店企业的物质能力单独的作用十分有限，如果和一定的品牌声誉结合在一起，就可能成为饭店竞争优势的重要来源。饭店企业的服务能力也经常与饭店企业的规模等结合起来，共同作为饭店企业经营决策的重要依据。

三、中外饭店跨国经营特征比较

通过以上对我国饭店企业国际战略资源和核心能力的分析，可以将我国饭店企业与国外饭店企业的国际经营特征进行全方位比较，进而从比较中发现我国饭店企业需要改善和提高的战略关键点，从而逐步缩小与国际饭店集团差距，顺利推动我国饭店业的跨国经营。

在财务资源方面，西方饭店集团经过长期的资本积累阶段，已经拥有了雄厚的资金实力。相比较而言，我国饭店企业缺乏足够的财务资源，融资能力也有待提高；人力资源方面，西方饭店集团很早即建立起专业教育机构和培训组织，人力资源市场相对规范，员工职业生涯规划与企业发展紧密结合。而我国的饭店业高管或者来自政府部门的直接指派，或者曾经有过政府部门的工作背景，具有专业化背景的人才不多。经过几十年的改革和发展，我国饭店业的专业化队伍逐渐壮大，从业人员素质日益提高，个别发展态势良好的饭店集团甚至已经开始引进西方饭店专业人才；技术资源方面，西方饭店集团普遍具有高度发达的网络技术系统，依靠网上预订的市场份额很高。我国饭店企业相对缺乏在线预订的技术和速度，与自主创新的网络化发展还有一定距离；西方饭店集团连锁化程度很高，饭店产品高度标准化，规模经济明显。我国单体饭店仍然在饭店业中占据绝对比重，饭店集团化进程缓慢；在管理体制方面，西方饭店集团所有权和经营权完全分离，经营机构和决策机构各司其职，组织结构方面倾向于扁平式，重视员工的组织学习和文化沟通。我国饭店企业的所有权与经营权分离不彻底，饭店业职业经理人队伍尚未完全形成，组织结构方面科层式仍是主导，决策机制相对滞后；品牌能力方面，西方饭店集团品牌意识强烈，注重顾客忠诚的长期开发和培育，很多知名品牌已经形成了较为完善的企业品牌家庭体系。我国饭店品牌观念有待引导，依然存在着重视品牌称谓和名称等外在形式多于品牌实质的不良倾向；在目标市场选择上，国际饭店集团已经进行世界布局，我国饭店企业主要依托出境旅游市场，在个别地区和国家布点。

中外饭店企业跨国经营特征比较的基本情况见表 5-1：

表 5-1　　　　　中外饭店企业跨国经营主要特征比较

战略资源和能力特征	国外饭店企业	中国饭店企业
财务资源	经过长期的资本积累阶段，已经拥有了雄厚的资金实力	大多数饭店企业缺乏足够的财务资源，融资能力有待提高
人力资源	人力资源市场规范，员工职业生涯规划与企业发展紧密结合	专业人才队伍逐渐壮大，行业素质日益提高，很多饭店集团引进西方饭店管理人才
客户资源	重视顾客的终生价值，通过现代技术手段实现客户关系系统的完善	注重顾客忠诚的长期开发和培育，部分饭店集团开始引入常客计划
环境资源	普遍实行节能和减少污染技术，通过新的服务方式实现饭店企业的可持续发展	已经意识到绿色经营的发展趋势，并开始了积极的实践
技术资源	具有高度发达的网络技术系统，网上预定市场份额比重很高	一部分饭店企业积极进行自主创新网络建设

续表

战略资源和能力特征	国外饭店企业	中国饭店企业
关系资源	强调国际经营本土化	注重利益相关者之间的有效协调
文化资源	非常注重跨文化管理，有完善的跨文化培训和学习计划	意识到跨文化沟通的重要，部分集团开始实施跨文化培训
组织能力	所有权和经营权完全分离，经营机构和决策机构各司其职，倾向于扁平化组织结构	饭店企业改革还需继续深化，饭店业职业经理人群体尚未完全形成，组织结构方面科层式仍是主导
品牌能力	饭店品牌意识强烈，形成完善的企业品牌家庭体系	品牌观念还有待引导，重视品牌称谓和名称等表面内容多于对品牌实质的关注
进入能力	市场进入方式灵活，进行世界布局和扩张	依托出境旅游市场，在个别地区和国家布点
物质能力	现代化物质水平较高，能够很好地融合当地特色	有效兼顾我国和目标国的硬件需求和特点
服务能力	拥有个性化、定制化服务，服务质量普遍较高，并伴有完善服务补救措施	服务质量稳步提高，服务标准化体系有待完善

资料来源：作者整理。

从以上资源和能力特征比较可知，在一些重要的战略环节，国际饭店集团的确具有明显优势，我国饭店企业可以有针对性选择这些关键战略要素进行学习和借鉴：第一，国外饭店集团所有权和经营权彻底分离，使经营层集中于饭店管理，通过扁平的组织结构，提高了饭店企业的决策速度；第二，国际饭店集团的品牌体系完整，注重品牌内涵的挖掘，能够将整体品牌和子品牌有效结合，进行整体的营销和宣传；第三，国际饭店企业的集团化程度较高，拥有强大的规模经济效应，大大降低其在网络技术、国际专业人才培养等方面的成本；第四，国际饭店集团市场进入方式灵活，结合多种方式权衡利弊风险，最大限度地提高跨国经营的成功度；第五，国际饭店集团能够以国际市场本土化的指导方针有效地进行跨文化管理，成功减少跨国过程中的各种障碍。这些关键战略要素与国外饭店集团的跨国经验具有高度一致性，从而再次印证了国际饭店集团在某些方面具有显著优势。

第三节 中国饭店企业跨国经营战略理论框架

通过中国饭店业国际竞争力演进阶段模型可知，我国正处于集成驱动阶段向创新驱动阶段进阶的过渡时期，因此在跨国过程中需要兼顾两种阶段的经营特点。通过将中外饭店企业跨国资源与能力进行对比，可以提炼出我国饭店企业需要着重改进的几大方面。将以上两个部分的内容结合，即把关键战略要点分别融入两种国际阶段就初步形成了目前中国饭店业跨国经营战略的基础设计。后文将从战略制定目标和原则谈起，详细论述总体战略理论框架。

一、战略目标及主旨

（一）分析主体
确定战略研究主体是战略制定的前提。

（1）分析主体

我国饭店行业的连锁化率一直不高，单体饭店至今仍然占据相当大的比重。因此在制定战略时需要考虑单体饭店和饭店集团两个主体。显然，从规模、网络和资本方面来看，饭店集团的跨国经营比单体饭店具有绝对优势。具有一定规模和垄断地位的大型饭店集团客观上开展跨国经营会有很大便利条件。但是必须指出，只要具备能够为国外市场提供服务的能力，单体饭店也一样可以考虑开展跨国经营。长期以来，饭店企业的跨国经营主要关注大型饭店集团，因此形成了"唯集团化"才能进行跨国经营的误解。实际上，跨国经营作为一种形成国际市场的战略选择，任何企业都可以酌情使用。除此之外，饭店集团在服务标准化方面有要求，侧重提供同质化服务。单体饭店在形成服务个性化和差异化方面拥有一定优势，可以很好地进行个性创新，在旅游需求中灵活融入中国饭店的共性和自身饭店的特色，同样可以带来竞争优势。因此，战略研究主体统一考虑饭店集团和单体饭店，既符合当前我国饭店业发展实际，也可以全面调动整个行业的"走出去"的积极性。

随着改革向纵深方向发展，我国政府不断简政放权，市场配置资源的作用不断加强。我国饭店企业由于历史原因，与政府有着千丝万缕的联系。近年来，饭店企业通过政府扶持获得资源的情况日益减少，越来越多的饭店企业从市场中获得资源，积累竞争实力。当资源和能力积累到可以补偿跨国经营的成本时，饭店企业就自然成长为国际化经营的主体了。

（2）战略目标

单体饭店从事跨国经营的较少，一方面，由于国内经营状况良好，单体饭店的跨国经营动力不足；另一方面，单体饭店实力一般弱于饭店集团，资金、规模、预定系统等多种跨国经营依赖的核心资源储备不足。因此，单体饭店跨国经营可以将加盟连锁适当提高行业规模作为首要一步。通过组建饭店集团或联合体，更好地抵御跨国经营风险，增强自身实力，然后再进行跨国经营；同时，单体饭店自身也可以直接进行跨国经营，在充分认识跨国经营风险的基础上，寻找适合自身的国际化细分市场。饭店集团是跨国经营的主要群体，具备跨国实力的饭店集团需要制定出适合本企业发展特点的跨国战略目标。例如，资金实力雄厚的饭店集团，可以考虑聘请当地知名的饭店管理公司进行专业化管理；具有相当品牌优势的饭店集团，可以考虑通过品牌优势拓展融资渠道。饭店集团的跨国经营要重视积累跨国核心资源，在国内优势资源基础上着力培育跨国优势资源。

（二）战略制定原则

饭店业国际市场经营战略既有行业特殊性，又有如制造业参与国际竞争的共性，因此在制定战略时需要突出两点：一是我国饭店企业的自有优势，可以通过战略差异性来表现；二是我国饭店企业重视竞争，更重视合作，需要用竞争性协作来实现现有竞争优势的持久。

第一，我国饭店企业强调战略的差异化，并且立足饭店资源群落寻找发展机会。

发达国家饭店集团提供了一些跨国经营的宝贵经验，我国饭店企业可以有选择地借鉴吸收，更为重要的是，我国饭店企业需要在跨国经营过程中立足我国国情，凸显战略的差异化。饭店企业跨国经营时会面临两个主要的竞争群体：东道国的国内企业，以及在该国经营的其他跨国企业。东道国的国内企业具有对当地市场和当地顾客比较了解的优势；其他跨国公司具有企业声誉、资金实力或者分销体系、管理技巧等优势。我国饭店企业在与这些群体的竞争中，要时刻注意制定适合自己的战略模式。一方面，在价值定位和竞争方式上，饭店企业要明确自己与其他企业的差别，从而对自己可以提供的核心价值和从事的核心活动有更加清楚地认知；另一方面，饭店的资源能力可能会引导企业进入不同的竞争领域，尽管挑战性很大，但有可能使饭店资源生态系统更加富有弹性，不仅有效地满足了市场需求，而且促进了产品创新。

第二，饭店企业在参与国际竞争的同时，注重全球化意识，强调在协作中谋求共同发展。

饭店企业跨国经营是参与国际市场竞争，获得企业长远发展的有效途径。饭店企业必须以一种协作的意识完成竞争过程，在与各个利益主体的相互影响中联结成一种动态、有机的价值创造体系。所谓竞争性协作重点还是在协作，在双赢。饭店企业如果可以与国际合作者形成核心能力互补优势，共享市场和顾客忠诚，将为本企业缔造出难以复制的国际竞争优势。可以通过资产或者非资产实现竞争性协作，可以在同种业务或者非同种业务中实现竞争性协作，本土企业之间可能出现竞争性协作，本土企业与跨国企业之间也同样可能出现竞争性协作。因为合作者有不同的合作动机、机会主义倾向和交易成本，因此选择何种竞争协作方式就对饭店企业管理者提出了挑战。通常情况下，战略联盟和合资企业是饭店经常考虑采用的方式。尤其是当我国企业面临资源弱势，但竞争压力巨大时，战略联盟无疑是首选。

（三）跨国战略主旨

跨国经营对于企业来讲，是利用、发展、创造国际资源的过程。饭店企业在国内经营时涉及到的产品定价、产品差异化、进退壁垒等在国际经营中也都会涉及，所不同的是：跨国经营面临的是"国际资源群落"，只有对国际资源有效整合才能为我国饭店所用，也才能显示出国际经营的意义与价值。

这里提到的资源群落是各种饭店资源聚集在一起形成的广义概念，是饭店企业在国际经营过程中需要利用的物质资源、人力资源、财力资源、关系资源、技术资源等资源的总称，更是饭店企业国际利益相关者和目标国政治、经济、文化、技术等环境要素的集合（见图 5-4）。随着饭店企业国际化经营的开展，会产生一系列与饭店企业国际经营相关的经济行为和经济实体，饭店企业资源就在这种不断交汇和融合中逐渐形成饭店企业的国际资源群落。资源群落本身是一种客观物质，如果不对其进行有意识地引导与整合，一方面会浪费有效资源，另一方面也可能会对饭店发展形成阻碍。通过对国际饭店资源群落的科学分析和管理，将使资源群落产生规模效应和整体效应，并且最大限度地获得经济利益和社会利益。波特（Porter）认为，资源系统非常重要，在某个地域集聚并且形成紧密联系的产业资源集群是形成竞争优势的重要基础。从这个观点出发，饭店企业国际资源群落强调了国际饭店资源的相互依赖、相互合作、相互竞争，通过各种资源的有效配置，共同推动着饭店企业的跨国发展。

对饭店企业国际资源的有效整合是制定跨国经营战略的核心思想。扩展到全球范围的战略环境，其复杂性将显著增强。为减少风险，增加跨国经营的成功概率，饭店企业需要以系统论思想为指导对目标国国际环境进行分析，并在此基础上，对自身经营资源进行有效整合。对饭店

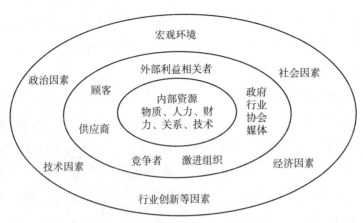

图 5 - 4 饭店企业的国际资源群落

资料来源：作者整理。

资源群落的有效配置，以增强饭店企业国际竞争力为目标。对不适合饭店国际经营的劣势资源要进行修正或者淘汰，对能有效促进饭店国际发展的优势资源要保护或扩充。饭店企业通过动态调整多种资源，将逐步实现国际资源群落的和谐共生。

我国饭店业在国际竞争力演进中处于集成驱动阶段向创新驱动阶段过渡的特殊时期，因此在国际资源群落整合的指导思想下，需要兼顾两种国际竞争力阶段的不同战略要点。基于这一原则，我们将中国饭店企业的跨国战略解析为两个维度（见图5 - 5）：一个是跨越国界之前的战略资源准备；另一个是跨国经营实施之后的国际化运营。跨国成长战略内核重在对跨越国界之前的饭店核心优势进行分析，跨国发展战略则侧重对跨越国界之后的饭店经营重点进行阐释。在两种战略路径贯彻的过程中，大量内外资源进行交互作用：跨国成长战略引致内部资源重组，进而影响外部资源配置；跨国发展战略带来的外部资源又会通过内化的方式形成新的内部资源，进而为内部资源加入新鲜元素，从而使二维度战略路径处在不断修复和提高的战略资源群落循环模式之中。

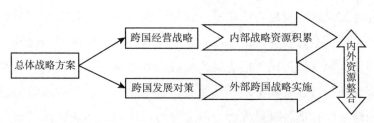

图 5-5　中国饭店企业跨国战略理论模型

资料来源：作者整理。

　　有效的资源整合将使饭店企业形成国际价值网络，而跨国经营饭店企业的价值创造大小就依赖于该网络的完备程度。一般认为，独特的资源和不可模仿的能力是企业最重要的竞争优势。但在跨国经营中，较之前述优势，更为重要的可能是饭店企业与目标国相关企业间资源与能力的互补性。这种互补性构成了价值网的基础，双方文化长期融合后形成饭店国际价值网络资源的不可模仿性，才是跨国经营饭店最核心的竞争优势。通过对国际饭店业资源的整合，可以使价值网络产生协同效应，实现饭店企业整体功能的增强。饭店企业在这种管理思想的支配下，使企业的内外部活动功能共同耦合成企业的整体性功能。饭店企业资源整合与饭店企业价值创造的协同，既可以表现在饭店企业的日常经营管理中，将各项业务有机联系为一个整体，使采购、营销、人力资源、服务接待等环节实现资源共享、成本降低；还可以表现在饭店管理创新上，各项业务活动的协调互补取得的经验，可以推广到连锁饭店中，为饭店产品和管理创新奠定新的基础。这种资源整合方式受限于不同饭店个体，是在一定的组织环境、管理手段下完成的，因此这种无形的协调很难让竞争对手识别，形成的竞争优势也具有模糊性等特点，很难被竞争对手模仿，从而使饭店业的国际竞争力更加持久和稳固。

二、中国饭店企业的跨国成长战略内核

　　确立了对饭店企业国际资源群落有效整合的战略主旨之后，一个紧

迫的任务就是核心战略资源积累，即为了实现跨国经营需要积累的基本能力与条件。通过前面对中外饭店企业跨国特征的比较及国内外饭店集团的跨国经验可知，国外饭店集团在饭店管理体制、品牌建设及集团化规模等方面具有显著优势。与其他经验和优势相比，这些战略关键点更侧重于跨国经营准备阶段方面。饭店业的跨国发展不能脱离于国内优势的培养，只有首先具备了参与国际旅游市场的实力，才可能顺利实施跨国经营实践。否则一旦盲目跨国，只能疲于应付出现的各种问题，不但不能很好地拓展国际化发展，而且很可能削弱国内的竞争实力。因此，基于以上战略要点，衍生出我国饭店业的国际成长战略命题：饭店现代企业制度的建立、饭店品牌的培育、饭店集团化发展。

命题一：现代企业制度的真正实施，是我国饭店企业有资格、有能力参与国际竞争的第一步。

与发达国家比较，我国饭店企业的发展既受到市场经济发展不完善的制约，又受到体制机制改革的制约。尽管饭店企业的性质并不是跨国经营的决定性因素，但受传统计划经济影响，以往饭店企业中经常出现所有者缺位、效率低下、高管多为上级指派等产业自身问题对其参与国际竞争起到很大的阻碍作用。

制度问题导致的最大困境就是产权障碍。针对饭店企业来讲，产权障碍重点指具有国企性质的饭店，其所有者与不同代理者之间的定位模糊，以及受此影响造成的国有资产低效率运行、资源配置失衡且产权市场流通受阻。这种产权现状严重损害了饭店业的竞争能力和国际化成长。长期以来我国饭店业中监管者与被监管者之间公私不分明、出资人不到位、产权不清晰、法人治理结构不健全，严重阻碍了饭店企业提高自身竞争力。在这种情况下，饭店企业无法甚至无力进行跨国经营。因此，对于我国饭店国际化经营，先要练好内功，完善产权和公司制改革，建立起真正的现代企业制度。这一战略部署将为饭店企业参与国际竞争提供基本的制度保证。

命题二：品牌建设是我国饭店企业跨国经营的纽带，是推进饭店集团化进程，加速跨国经营步伐的核心步骤。

由于服务产品的特殊性，决定了品牌对于饭店企业跨国经营具有特殊的意义。饭店产品的主体是服务，服务具有无形性、不可移植、不可储存等特性，而品牌则可以向顾客展示出饭店的档次、服务水平及可预期的服务结果，使宾客在多种饭店产品中挑选出适合自己的服务。西方饭店集团发展历史较长，产品种类众多，品牌数量也很大。通过统筹规划，国际饭店集团可以根据不同情况使用不同的品牌结构，从而形成一系列和谐的品牌组合。

企业品牌可以体现企业价值观，强大的品牌优势对整合内外部资源具有巨大的帮扶作用。我国饭店企业在品牌战略中要突出文化的作用，提高饭店产品的文化内涵，增加中国饭店产品的独特魅力。从本质上说，现代饭店产品带有精神消费的色彩。所以在饭店产品的国际营销主题中，使其附加相应的人文精神内涵有助于塑造成功的饭店品牌形象。最后需要指出的是，饭店品牌在真正确立之初，需要大量的市场调研。对饭店企业跨国经营而言，除非原有的国内品牌足够成熟可以直接应用，否则需要根据目标市场的实际情况，重新进行品牌策划，那么前期的投入情况将直接决定饭店品牌能否成功建立。

命题三：大型饭店集团的科学组建，是提高我国饭店企业知名度、抵御跨国经营风险、积极参与全球竞争的重要途径。

全球至少有一半以上的饭店隶属于某个饭店集团。饭店集团可以为成员饭店提供品牌、营销、网络等全方位的服务，是推动饭店产业跨国经营的有效组织形式。具体来说，饭店集团除了具有规模优势和品牌优势外，网络优势、文化优势、整合优势等都很强大。规模优势是饭店集团最基本的优势，通过集团化发展不仅可以最大限度地获得资金等物质财富，而且可以摊销成本费用，取得规模效应。品牌优势是成员饭店通过长期的品牌维护和培养，形成的具有一定社会影响和认同效果，可以为集团饭店赢得一批忠诚的客户的企业优势。网络优势主要体现在饭店集团对大型预定系统等网络的开发，通过网络优势，饭店集团可以实现信息的高效快速传递，提供全球资源共享。文化优势作为增加凝聚力、增强核心竞争力的手段，依托于饭店物质实体等有形资源，为饭店企业形成竞争对手难以模仿的竞争优势发挥了重要作用。

根据我国对饭店集团的认识程度及现有国情特点，在饭店集团的组建过程中，需要国家的正确引导和大力扶持。饭店企业的重组和产业结构优化等重大措施是培育饭店集团的主要途径，只有通过我国政府的大力推动才可能将这些政策落到实处。因此政府的行政支援是形成具有我国特色饭店集团的基本支撑点。我国正处于经济转轨和市场经济完善阶段，政府部门和旅游行业组织的支持是饭店企业成功实施跨国经营过程中的重要保障系统。为了扩大某些目标国的本国游客流量，饭店企业需要借助政府的力量做好宣传促销工作，比如中国政府持续增加中国公民自费出境旅游目的地（ADS），为饭店集团开拓目标市场指明了方向。另外，来自全球或地区的旅游组织或多边协定对饭店企业的跨国经营影响也在日益增强。比如国际饭店和餐馆协会（IH&RA）致力于保护饭店企业免受不公平待遇的侵犯，世贸组织（WTO，World Trade Organization）、世界旅游组织（WTO，World Tourism Organization）已经提供或颁布了有关全球饭店实践的规章制度等，这些措施都有利于我国饭店企业在跨国经营中获得平等公平的竞争地位，为顺利实施跨国经营提供了良好保障。

三、中国饭店企业的跨国发展战略内核

在进行充分的跨国准备之后，就需要考虑实际的跨国发展问题。虽然饭店企业的跨国经营同国内饭店经营拥有几乎一样的职能：财务、营销、人力资源、运营、行政和研发等，但是由于巨大的环境差异，这些在国内曾经驾轻就熟甚至拥有优势的职能活动很难轻易向目标国家过渡。为了保证饭店企业跨国经营活动有序开展，需要对跨国发展的关键战略要点进行分析。与跨国成长战略内核类似，利用前文对中外饭店跨

国经营特征的比较及国内外饭店集团的跨国经验，可以将我国饭店企业国际发展战略命题定位为：目标市场选择、国际市场进入方式及与东道国的文化融合。按照饭店企业进入国际市场的逻辑顺序，首先对饭店企业目标市场选择战略进行分析；然后针对选择的国际市场，挑选适宜的市场进入方式；最后对影响饭店企业各项国际经营活动的跨文化管理问题进行阐释。

命题一：以我国公民出境游主要流向为依据，饭店企业可以选择主要出境游目的地作为跨国目标市场，将与我国地理距离、心理距离、文化距离较近的国家或地区作为跨国经营首选。

随着我国旅游者出境旅游规模的不断扩大，我国饭店企业必然会在世界不同地点为国内旅游者提供境外的住宿服务。因此以我国游客出境旅游的主要流向为依据，可以作为初次选择饭店企业跨国目标市场的第一步。

饭店企业在进行跨国经营目标市场选择时，需要对东道国的宏观环境进行详细分析。因为政治、经济、社会文化和科技水平可以为跨国企业提供优越的海外扩张机会，另外也可能带来如政治风险、经济束缚、文化差异等威胁。我国是一个发展中国家，国民经济整体水平仍然有待提高，饭店业的发展或多或少受到现有经济条件的制约。对于同发达国家处于不同发展阶段的中国饭店业来说，饭店组织的发展演进在中国必将表现出不同的特点和趋势。同时，中国正处于转轨经济体制之中，在从计划经济向市场经济转变过程中，计划和市场两种手段同时发生作用，制度变迁因素对于饭店企业的发展将会产生重要的影响①。这些特点决定了我国饭店企业应该尽量避免到经济环境迥异的国家进行跨国经营，而应该选择经济水平与我国相当，能够相互理解、相互协作的国家作为跨国目标市场。

另外，目标市场的选择还要以"距离"为依据。比如在其他条件类

---

① 秦宇. 论我国饭店集团发展过程中的几个误区 [J]. 旅游学刊，2004（2）：55 – 59.

似的情况下，大多数游客为了节约时间和旅行费用，倾向于寻找距离本国尽可能近的国外旅游目的地。不过，目前由于在客运航空结构、空中运输类型、商务和度假旅行发展及国内市场的成熟等方面发生了全球性变化，传统的地理距离纽带已经被大大削弱了。与制造业跨国经营目标市场选择倾向于资源依赖或者技术依赖不同，饭店企业选择目标市场重在文化依赖和心理依赖，因为作为典型的服务类企业，在与顾客面对面进行服务传递的过程中，文化和心理因素起到决定服务成败的关键作用。如果目标国与我国文化接近，或者基本认同我国文化，就会减少很多不必要的冲突，促进饭店企业跨国融合的步伐。因此，除了地理距离外，文化距离和心理距离也是饭店企业在进行目标市场遴选时不可忽略的重要因素。

命题二：市场进入方式以非股权安排（特许经营、管理合同）为主，根据跨国经营主体不同，以及拥有的核心优势不同，酌情选择其他进入方式。

企业的国际化发展是一个渐进的过程，具有阶段性等特点。在跨国经营初期，为了获得相关的市场经验，克服国际环境中潜在或实际的不确定性，通常采取风险规避的进入方式；随着跨国经验的丰富，为了获得高额的市场回报，企业会逐渐向高风险高回报的进入模式转移。目前饭店企业跨国经营比较流行的管理趋势是带资管理合同，即饭店管理公司参股饭店，成为联合投资者。一些饭店管理公司在和饭店业主签订管理合同的同时，购买饭店的部分股权。这种方式的优点在于将管理公司和饭店业主捆绑到一起，防止饭店管理公司做出不利于业主的决策。同时，饭店管理公司可以在饭店的战略计划制定过程中起关键作用，减少战略决策失误给业主和管理方带来损失的可能性。20 世纪 90 年代，兼并收购成为跨国饭店企业进入国际市场的主要方式。由于这种方式可以迅速进入目标市场，而且可以获得目标企业战略资源，因此很受饭店集团欢迎。现实中，很多国际饭店集团采取各种进入模式的混合体形式经营，一方面，因为每种模式各有利弊，需要选择性地引入；另一方面，各个模式之间也会有交叉，不是截然不同地进行区分的。我们还应该认识到，跨国饭店企业的市场进入模式选择，与地域文化存在紧密关系，受当地人偏好的影响。例如北美饭店公司更倾向依据合约（管理合同或特许经营）拓展业务，亚洲公司则寻求权益投资，欧洲公司更喜欢连带至少一定量的股权参与的管理合同。

目前，我国饭店企业还处于管理经验积累的国际化阶段，在进行跨国实践时，应多聘请当地著名的饭店管理集团进行非股权投资。同时，松散的跨国网络组织也比较适合我国饭店企业的经营现状。可以通过加入一个或几个饭店联盟获得营销和预订方面的支持，而饭店企业完全由投资者来进行管理和经营，比如加入世界一流饭店组织（Leading Hotels of The World）、世界小型豪华饭店组织（Small Luxury Hotels of the World Ltd.）等饭店联盟。采取这种模式不仅支付的费用远远小于加入某个特许经营联号系统，而且饭店企业自身可以保持相当的独立性，满足我国饭店企业所有者既愿意保有资产又愿意保有经营权的投资偏好。

命题三：跨文化管理是跨国企业无时无刻不面对的问题，作为有着几千年文明传统的中国，在跨文化管理中要充分利用我国深厚的文化优势，创造出具有独特跨文化理念的中国饭店管理形式。

跨文化管理的目的在于，在不同形态的文化氛围中设计出切实可行的组织结构和管理机制，在管理过程中寻找超越文化冲突的企业目标，以维系具有不同文化背景的员工共同的行为准则，从而最大限度地控制和利用企业的潜力与价值。全球化经营企业只有进行了成功的跨文化管理，才能使企业的经营得以顺利开展，竞争力得以增强，市场占有率得以扩大。即使是拥有优秀企业文化的国际饭店集团，其企业文化也并非在所有地方都适用。跨文化管理重在如何有效地将母国文化与东道国文化融合，而不是盲目地企图将一国文化强加给另一国。国际饭店集团还要具有平衡的经营哲学，既与当地保持适应性，又能有效地维持本公司的企业文化，凸现企业特色，在培养和利用文化协同作用的同时，建立高效的运营体系，从而满足不同市场需求。

　　文化差异是既存事实，我国饭店企业在跨国经营时要保有一种理性的文化管理态度，既不互相指责，也不进行文化炫耀。要深入领悟中国本土文化与东道国文化可能存在的文化相通之处，在尊重他国文化的基础上，建立促进跨国饭店发展的文化促进机制。在进行跨文化战略制定和执行之前，要对我国文化特性进行研究。中庸文化、阴阳文化、整合文化、包容文化等都是我国文化精髓，有效地利用这些民族文化可以形成多种具有我国特色的跨文化管理策略。比如，利用阴阳平衡的思想，在强调全球化发展的同时，注重行为的本土化，本着"思维全球，行动本土"的原则进行跨文化管理；利用文化包容思想，形成文化相容的跨文化管理策略，减少"文化摩擦"，突出文化共性和不引起双方冲突的文化部分等。

第六章

中国饭店企业的跨国成长战略

根据饭店企业跨国战略规划的设计，饭店企业国际成长战略和国际发展战略分别从国内优势培养和国外经营发展的角度，为我国饭店企业尽快融入国际市场提供了帮助。在国际成长战略维度中，针对现阶段饭店企业的实际情况，以谋求差异化战略和竞争性协作为原则，提出饭店现代企业制度建设、饭店企业品牌培育及饭店集团化发展的战略命题。本章以此为线索，分别从这三个方面详细阐述我国饭店企业的国际成长战略。

第一节　中国饭店企业的现代企业制度建设

尽管中国饭店企业开放较早，但是在市场经济转轨过程中，仍然保留有计划经济的痕迹，从而影响现代饭店管理活动的顺利开展。科斯（Ronald H. Coase）指出："企业存在的理由，是为了代替市场机制节省交易成本。"市场和企业是资源配置的两种可以互相替代的手段。在市场上，资源的配置由市场调节工具价格机制来实现，而在企业内部，相同的工作则通过企业领导者来完成。可是当这一论断应用于中国饭店业时，就不得不考虑其特殊性了。我国很多国有饭店的成立是源于政治因素，尽管作为经济组织具有一定的生产能力，但因为政治因素的先天影响，企业在后天的经营中不可避免地陷入窘境。产权关系的不明确导致的所有者主体权益的虚化和风险责任的规避，是饭店现代企业制度缺损和在竞争实力上很难同国际接轨的原始诱因。饭店现代企业制度建设是我国饭店企业成为真正市场经济主体的基础，更是跨国经营饭店企业的必要保障，因此我们将饭店现代企业制度建设作为跨国成长战略的关键命题首先提出。

一、中国饭店企业的现代化特征

现代企业制度首先要保证产权明晰，在此之上研究发展公司治理结构，同时注意经营权和所有权分离、建立委托代理机制及激励约束机制。饭店的现代企业制度建设既有助于保证饭店企业的科学管理，也为饭店企业的国际化发展奠定了市场基础，是中国饭店企业跨国成长得以实现的制度保证。针对饭店企业跨国经营的内部优势构建，以下几点特征需要优先考虑。

（一）产权制度清晰

市场化的现代饭店企业必须以清晰的产权制度为根基。构建现代企业制度和优化市场运行环境，是中国旅游产业发展进程中一项基础性的工作，比资金、技术、品牌等饭店集团化要素更为重要，这一观点更深层的含义即是旅游住宿市场发展进程中的企业主导观①。

我国饭店业与国际饭店业的显著不同就是走了一条特殊的发展道路。1949 年后，国家将旧中国遗留下来的设备设施较好的饭店变成了行政事业单位，归属政府的机关行政事业管理部门，将其他的饭店变成了

---

① 戴斌. 展望新 21 世纪的中国酒店集团 ［EB/OL］. 旅游经理人 . http：//www. ctceo. com/ Article/Print. asp？ ArticleID = 13316. 2006 - 4 - 4.

国营企业，归属政府的商业系统。无论是作为行政事业单位，还是作为国营企业，那时的饭店都具有大致相同的属性，即饭店的生产资料属于全民所有，饭店是国家行政机关直接领导的接待服务单位①。"无自主经营权、无财务支配权、无人事权和管理权"，在这种"三无"状态下，饭店企业没有科学地提高管理水平和规范、系统地提高服务质量的要求，更没有自我发展的条件和动力。建设新饭店也完全靠国家指令性计划投资，保障服务质量完全靠高度的政治要求。虽然后来随着我国经济体制改革工作的全面展开，饭店企业走上了推行标准化、提高服务质量、明确权利和义务的发展之路，但是由于当初政府主导意识的根深蒂固和现阶段企业改革的某些现实困境，饭店的企业化和市场化地位并没有真正建立起来。另外，由于饭店高层管理者多是上级领导任命，注重考核当政期间的政绩，对于企业长远发展等问题缺少责任感和自主意识，也客观上阻碍了饭店企业产权改革的步伐。既然没有把饭店当成独立的经济法人实体来看待和运作，饭店作为企业的性质就被改变了，产权的边界自然也没法界定。

在市场经济体制逐步完善的今天，产权清晰是中国饭店企业进入市场化轨道的前提。只有具备了参与国际市场的资格，才能够继续讨论如何跨国和怎样跨国的问题，否则不但无法实现成功地跨国经营，饭店企业本土化发展都将举步维艰。只有经过激烈的市场竞争，靠企业自身实力赢得了旅游市场中的一席之地，饭店企业现代化经营才有发展前景。如今国外饭店集团打入中国市场，我国饭店企业谋求内部竞争优势，开发国际市场的思路绝没有错，但是即使是高远的目标也需要从最基本的步骤做起，为了饭店企业的长远发展和国际化战略的顺利实施，理顺饭店企业的产权关系，所有权、经营权彻底分离，才是饭店建立现代企业制度的首要步骤。

---

① 齐善鸿等著. 现代饭店管理新原理与操作系统［M］. 广州：广东旅游出版社，1999：29.

(二) 经营管理专业

专业化管理是国际饭店集团能够在世界上不断扩张的主要原因。企业家拥有资产且需具备管理能力；只凭借个人能力而无资金支持的管理者将成为职业饭店经理人；只有资金而无管理才能需借助外界专业人士帮助自己经营饭店。在通过管理合同等方式进行国际饭店管理的企业中，通常职业经理人只负责企业的经营运作，甚至将资本运作都交给饭店所有者，即经营者只承担在经营过程中产生经营毛利润这一阶段之前的责任，至于饭店业主对因投资饭店所负的债务是否有偿还能力，与企业经营无关，不需经营者负责。在这种明确分工下，饭店管理者完全专注于企业经营管理，因而获得专业化的经营管理经验。

所谓"专业化的饭店企业"包括内部专业化和外部专业化两个方面。内部专业化主要包括业务优化、流程优化及企业优化。当饭店企业按照业务水平分类优化时，业务活动不再由同一部门所有，需要多个部门协助执行，可能引起各个部门各自为政。因此企业需要将饭店的生产经营流程看作一个整体，尽快进入流程优化。饭店企业管理者在进行专业化管理时，不能忽视管理大环境而盲目进行行业专业化。比如国际饭店集团往往将通行于其他行业的管理方法灵活地嫁接于饭店企业中，客户关系管理（CRM）、业务流程再造（ERP）、供应链管理（SCM）、六西格玛（Six Sigma）及产品生命周期管理（PLM）等，虽然这些管理方法并不是完全基于饭店业特性设计的，但是引入饭店业后经过适当改造，完全可以为饭店企业经营带来便利并显著提高收益。目前，不少饭店着手实施企业级优化方案，综合发展跨公司各项业务。通过整合本企业业务，取消重复业务模块，实现企业内部资源优化，形成以绩效为衡量标准的网络"联盟"。外部专业化强调的是战略合作和行业网络化。通过与精选的业务伙伴开展合作，利用全球化信息平台共享信息、降低成本，获得饭店价值网的价值升值。

饭店企业是人们日常工作中经常接触到的领域，但是它的经营管理同其他行业一样，也需要专业化培训才能胜任。尤其是目前饭店企业面临跨国经营的重大挑战，原有的国内经验并不一定适用于跨国发展，这对饭店企业的跨国专业管理提出了更大的挑战。饭店企业需要在内外专业化目标的指导下，有效进行专业管理技能的提升，只有这样，才可能在动态的国际环境中降低经营风险，更大程度地保证跨国活动的顺利进行。

（三）技术设施匹配

科学技术的发展正强烈影响着饭店领域，同时也改变着饭店管理人员的战略思维和日常管理活动。在众多的技术设施中，网络信息技术对饭店业的经营管理发挥着越来越重要的作用。国际著名的饭店集团几乎都创立了庞大的信息技术网络，以便更好地适应国际市场竞争的需要。20世纪90年代中期以后，信息技术开始运用于饭店集团中，从应用领域来看集中于以下三个方面：饭店内部管理系统、饭店市场推广与营销系统及饭店成员间的连接系统[①]。内部管理系统主要对财务管理、服务改进等方面进行信息技术管理；市场推广与营销集中在客房预订、饭店宣传领域的信息化；成员间连接是形成饭店联合体的重要手段。利用信息技术合作的根本原因在于网上销售，既可以使旅游者更加迅速和方便地获得信息、预订客房；又可以将分散在世界各地的饭店客房"虚拟"地集中在一起，从而在扩大市场份额的基础上，增加国际饭店集团的凝聚力。长期以来，我国饭店企业更为重视内部服务和人力资源管理，对于信息技术普及重视程度不够。当今时代是信息技术的时代，随着经济全球化的发展，功能强大的网络技术势在必行。

信息平台的营造正在成为饭店集团获得竞争优势的重要源泉，而且作为需要雄厚资金持续投入的项目，已经成为饭店企业的市场进入壁垒。国际饭店集团以集中的研发和智力服务，对社会技术资源敏捷地做出反应。信息技术在饭店业中的重要作用是以舒适、快捷、方便、安全

---

① 戴斌. 展望新21世纪的中国酒店集团 ［EB/OL］. 旅游经理人. http://www.ctceo. com/Article/Print. asp? ArticleID = 13316. 2006 – 4 – 4.

为宗旨，以为客人提供完善的质量服务为目标，如高速网络接入、无线技术。安全是饭店和客人关注的首要问题，安全技术包括使用生物测定、蓝牙技术、网络门锁系统及全屏监视"电子眼"。另外，饭店的技术程度也是提高外部交易效率，降低交易成本的重要手段。广泛使用大规模网络宣传和预订，成为饭店集团主要优势之一，如假日集团就是依靠其领先的预订技术获得长期的特许经营优势。目前，各大集团正在不断改进技术，使技术的应用更接近于顾客需要。例如，采用多语言的集团网站信息等。另外，以 PMS（Property Management System，物业管理系统）为主要内容的管理信息系统，对改善内部经营管理，提高效率起了很大作用。例如 B2B、B2C、电子采购技术等①。

二、构建现代饭店的指导思想

（一）专业化的战略思维

构建现代饭店企业首先需要具有专业化的战略思维，这是由饭店企业的特性决定的。与一般制造企业的行业特性相比，饭店业具有明显的行业特质。第一，饭店业既是资本密集型又是劳动密集型产业，需要兼顾两种产业类型特征进行战略设计；第二，持有饭店资产的业主并不一定具备管理才能，而拥有才能的职业经理人并不一定拥有饭店资产，所以饭店业主通常聘请职业经理人或专门机构来管理饭店，于是形成了饭店业所特有的饭店管理公司；第三，饭店行业竞争激烈，服务产品创新的精髓很难被竞争对手复制，具有特殊的产业推动力和不确定性；第四，饭店业受季节等外界影响大，因此具有独特的供需条件，需要应用某些技术管理方法和营销策略进行经营；第五，单体饭店与饭店集团的运作规律截然不同，国内经营与跨国饭店经营方式差异也很大，对此的

---

① 中国旅游饭店业协会. 中国饭店集团化发展蓝皮书 2003 ［M］. 北京：中国旅游出版社，2003：84－98.

认识程度也决定了饭店管理者采取不同的战略行为。正是由于饭店企业具有以上特殊的行业特征，使得企业在构建现代饭店的过程中要以专业化的战略思维为指导。

（二）全球化的经营视角

现代饭店企业的国际化与客源流向密切相关。中国出境旅游业近年增长迅速，中国游客"越走越远"，公民自费出境旅游目的地（ADS）制度也为中国公民的出游开辟了更大市场。出境旅游目的地不断开放，以及我国旅游人次持续增长，都预示着中国公民出境旅游市场必将对包括饭店业在内的中国旅游企业战略产生深远影响。而那些中国公民的主要出境旅游目的地无疑是中国饭店企业国际化经营最可行的战略发展空间。中国饭店企业需要依据出境游的客源流向，从全球化经营的视角建立现代企业制度，不只着眼于本土化的竞争，更要开辟国际旅游市场，在全球化竞争中占据一席之地。

（三）绿色经营的长远思路

饭店企业的可持续发展被广泛认为是制定战略决策和发展规划应该考虑的重要部分。20 世纪 80 年代"绿色饭店"理念开始流行，绿色饭店将环保放在首位，规定饭店企业必须在法律法规限定内，在建设和运营中注重节能、环保、卫生、防疫、安全、规划等业内标准运行。绿色饭店的厨房需要完备各种材料的采购、检查、验收记录，以及匹配相应的食品控制和保障制度；绿色饭店审核标准并非终身制，每四年需重新评定等级，到期的饭店需再次考查。对于已评定等级的饭店每两年复查一次。安全、健康、环保的绿色饭店理念与我国建设节约型社会有着许多的契合点。中国的饭店在硬件设施建设方面已经基本达到了世界先进国家的水平，需要在"软件"和饭店企业的长远发展上继续深入思考。绿色经营理念的贯彻落实将是现代饭店企业为实现行业可持续发展和全人类可持续发展作出的新的贡献。

（四）产业互动的发展模式

现代饭店企业需要以系统思维模式构建产业价值链，不仅通过纵向一体化或横向一体化的联合形成大型饭店集团，而且通过现代市场经济和企业运作制度的灵活掌握，扩展现代饭店企业的发展范围，结合旅游、物业、金融及证券多产业联合发展，注重市场创新和管理创新，运用资本手段、设立品牌、网络营销、人力资源培训等多重手段推动创新。虽然目前我国饭店企业在跨国经营方面经验还不够丰富，但近年来跻身 Hotels 杂志 300 强的饭店集团日益增多，以锦江、首旅如家和华住为代表的我国饭店集团，2017 年已有 35 家企业进入"全球酒店325"排行榜。这些企业很多是大型跨国企业集团，不但拥有雄厚的资金而且拥有广泛的营销网络，如何通过系统的产业资源整合，形成饭店企业与这些已经具备跨国实力的产业互动与联合，是饭店企业应该考虑的跨国发展模式之一。对于中国饭店企业来说，加强饭店集团之间及饭店集团与非饭店业集团之间的资产融合、法人持股、人员派遣、市场契约等方式的联合，在证券、基金、金融等市场平台上，寻求与民用航空业、交通运输业、房地产业之间的产业互动，以相互持股、战略联盟、共用网络等方式形成产业集群，从而在产业互动过程中加速饭店集团的生长与发育，是构建现代饭店集团的重要思路①。

三、现代饭店建设中的制度创新

现代饭店企业的特征和建设指导思想表明，除了明确的战略导向意识、科学严谨的建设思路和坚持不懈的自身努力外，中国饭店企业的跨国经营还必须依赖政府强有力的支撑和扶持，不断改善的宏观政策环境将为饭店企业国际化营造良好的发展条件，提供重要保障。就目前全球化情势下对于饭店企业的发展挑战而言，我国的旅游管理制度还需要利用整合观念进行制度创新，为饭店企业跨国运营提供良好的制度保障。

---

① 戴斌. 展望新 21 世纪的中国酒店集团 ［EB/OL］. 旅游经理人 . http：// www. ctceo. com/Article/Print. asp？ArticleID = 13316. 2006 – 4 – 4.

（一）简化对外投资审批程序

成熟的市场经济是按照"无形的手"来协调企业运行的，我国处于市场经济转型期，因此饭店企业跨国经营需要国家从宏观上进行政策引导，避免对外投资造成损失，提高国际竞争力。目前我国对外投资的管理秩序还需规范，"部门多、手续繁、效率低、周期长"的问题还时有发生，需要持续进行改进提升。2017 年，国家发改委通过了《企业境外投资管理办法》，就简政放权和减少审批等问题进行了管理改革，对指导企业更好更快地"走出去"提供了大力支持。随着"一带一路"倡议的实施，相信我国政府会继续加快完善对外投资相关法律法规的步伐，旅游企业也要抓住这一机遇，逐步完善我国旅游经济国际化发展过程中的政策环境。

（二）完善财政金融等配套改革

饭店企业跨国经营可通过建立新饭店、联号特许经营、委托管理或收购兼并当地饭店等直接方式，还可利用国际合作、带资管理、参股、控股等手段，打造控股型饭店集团。为了鼓励饭店企业国际化经营，政府要在简化审批程序的基础上，进一步完善财政金融等配套改革。为强化企业资金积累，需要对企业的国外收入实行阶段性免税；利用优惠贷款或者适当放宽信贷额度的方式，增加企业流动资金；还可以考虑适当放宽对企业海外融资的限制，通过兼并、收购、参股和投资等方式，控制子公司和关联企业等改革方式[1]。同时，支持饭店企业对外投资所获利润进行二次投资，尝试建立海外投资保险制度，降低投资风险。

（三）组建大型饭店集团

我国旅游产业对经济发展的带动作用体现在多个方面：扩大外汇收入、平衡国际收支、回笼货币、增加政府税收、提供更多就业机会、增加目的地经济收入、带动有关行业的发展、地区经济发展趋于稳定等。

---

① 中国社会科学院工业经济研究所. 中国工业发展报告（1998 年）［R］. 北京：经济管理出版社，1998：133 - 135.

然而，伴随着我国旅游市场不断快速发展，旅游产业对我国国民经济的发展产生了巨大推动作用，成为国民经济的重要组成部分，仅仅追求旅游业创汇功能的外部环境已不再可能。我国旅游业发展应在经济发展层面之上兼顾经济和社会的双重效益。旅游产业的宏观目标应该逐渐向关注贸易摩擦缓解、内需拉动及国民素质和生活质量的提高上转移[①]。以我国现有的饭店企业规模实现旅游业高层次发展相对比较困难，利用组建产业集中度高、规模经济和竞争能力比较强的大型饭店集团将会更大程度地减少阻碍，增大国际化经营的成功比率。

（四）优化饭店产业结构

民营资本以强劲的发展势头不断进入我国饭店业，为经济发展带来了双重影响，一方面可作为固定资产用于投资，另一方面可以利用高档饭店的号召力，很好地带动周边地区房地产市场发展。例如位列国内民营高星连锁饭店集团前列的开元酒店就是优化产业结构的典范，于2013年在香港上市，上市的资产包括开元旅业的房地产、饭店及饭店管理等主营业务，当时是全球第一个中国饭店的房地产投资信托基金。从全国范围来看，外资饭店、私营饭店在数量和市场份额上不断提高，其创造的经济效益也越来越显著。因此在推动大型饭店集团建设过程中，应重视并鼓励其他投资主体形成跨国经营，营造多元推动、综合发展的跨国经营格局。旅游需求的差异化与多样化是中小企业跨国经营的重要市场条件。在满足个性化服务方面，中小饭店企业具有相当的市场灵活性，有利于在国际旅游市场中突出我国优势，寻求市场空缺。目前我国饭店业已经拥有国有及国有控股、股份制、中外合资合作、民营、其他等多种产业形式，相信随着原有国有资产的逐步退出和调整，饭店业产业结构将进一步优化。

---

① 杜江. 论中国旅游产业功能与产业政策的转变［J］. 北京第二外国语学院学报，2005 (5)：1 - 6.

第二节　中国饭店企业的品牌建设

从中国饭店业品牌化发展的过程来看，大体经过了品牌引进、品牌模仿、品牌创造、品牌融合四个阶段。目前我国饭店企业的品牌建设已经基本跨越了品牌创造中的细分时期，正在向品牌融合阶段演进。品牌不仅代表了企业的核心竞争力，同时也是一个地区乃至一个国家经济实力的代表。对于我国饭店业而言，品牌已绝非饭店国际化经营过程中的简单任务，而是一个事关我国饭店业持续发展的战略性命题。国际知名饭店集团之所以打入全球市场设立品牌，一方面其资金实力雄厚，拥有专业优秀人才团队，更重要的是国际饭店集团拥有饭店品牌这一难以复制的竞争优势。一个品牌含金量的重要评判标准在于品牌国际化地位，即这个品牌在国际市场上影响的宽度和广度。因此加快发展培育我国饭店企业的品牌，推动中国饭店业实施品牌战略，是饭店业健康持续发展的必经之路。

据国家旅游局与国家统计局统计，截至 2016 年底中国有酒店类住宿业约 28 万家，其中星级饭店约 1.16 万家。追求星级意味着渴望品牌被第三方所承认，由此我国的星级饭店是具有品牌意识和品牌行为的典型代表，这一类饭店按照 2016 年的数据仅占我国旅游住宿设施总量的4.1%。这说明在饭店品牌培养的发展道路上，我国饭店企业还有很长一段路要走，这也是本书注重对此进行论述的主要原因。

一、饭店品牌支撑要素

饭店主要依靠品牌魅力吸引旅游者购买饭店服务，基本职能是把本饭店的产品和服务同其他饭店区分开来。但是，现代品牌发展趋势超越其基本价值，知名品牌拥有更深入的企业形象和企业文化。因此，品牌的核心是其价值、文化和个性，这也是现代饭店品牌的实质。饭店品牌凭借其历史底蕴来吸引游客，旅游者通过查阅饭店品牌信息来选择所需的饭店及配套的产品服务。在饭店营销模式中，饭店品牌是获取竞争优势的有力手段。

我国饭店品牌建设是从 20 世纪 80 年代逐步发展起来的。20 世纪 80 年代初期，由于改革开放的正确引导，国民经济获得了持续稳定的增长，我国饭店业市场处于供不应求的阶段。那时的饭店"存在即为品牌"①，基本不需要专门的宣传和营销。随着我国第一家中外合资饭店——北京建国饭店的建成开业，国外先进的饭店管理经验开始逐渐引入中国。处在多年的摸索和经验管理中的我国饭店业，为了更快地自我发展，开始进入了盲目引进品牌的时代。20 世纪 90 年代后期，我国饭店企业经营水平逐步提高，在产品质量、管理模式、服务水平等方面展开了全方位的竞争。饭店业的整体竞争力越来越强，品牌意识也日渐清晰，开始了品牌创造的探索阶段。而今创造阶段日趋成熟，品牌融合的大发展初见端倪。在一系列品牌发展阶段中，饭店品牌最基本的支撑要素也在顾客需求的引导下不断改变。

（一）产品质量

质量是饭店品牌培育中的底线要求，也是饭店品牌最基本的支撑要素。无论品牌的设计如何精巧、理念如何先进，顾客选择饭店品牌主要依据仍是饭店的产品质量。只是在不同的阶段，饭店产品质量侧重点不同，略有差异。比如 20 世纪 80 年代，饭店企业重视有形产品的质量，将关注点放在饭店的内部装修等方面。90 年代之后，我国饭店在硬件设施上已经基本具备同国外饭店相抗衡的实力，于是将质量的关注点逐渐转移到无形服务上，在满足顾客的日常需求外，着重对顾客服务体验进行开发，以此提高饭店的服务质量。2000 年之后则侧重不同主题饭店的开发。

---

① 魏小安. 中国饭店业品牌化发展的战略及思路 [J]. 饭店现代化，2003（3）：20－24.

ISO9000 族标准就是国际标准化组织（ISO）指定、颁布的国际系列标准，对于饭店来说，2000 版的 ISO9000 族标准增添了对饭店质量的说明和要求，成为饭店业质量发展的一个重要依据。ISO9000 族标准是饭店"星级评定标准"的有利补充，对规范控制饭店质量管理行为起到重要作用。面对世界旅游业的交流与发展，面对来自不同国家、信仰、职业各不相同的宾客，ISO9000 族标准提出的一系列在质量管理方面可能遇到的问题及有效的解决方法，客观上实现了用统一的国际化标准进行国际竞争的目标。

（二）服务补救

近年来饭店产品日益同质化，随着市场细分的专业化和精细化，在产品类别上创新已经越来越困难了。如何在现有饭店产品类型的基础上，形成本企业的特有优势，服务补救成为企业获得差别化竞争优势的重要方法。

（1）饭店服务水平不断提高，服务范围也日益延伸

随着饭店产品质量的不断提高，服务水平成为顾客挑选品牌的重要依据。各大饭店品牌凭借自身服务品质的差异展开竞争，这种竞争不仅体现在"人无我有，人有我优"上，更在服务范围上有更广的延伸。饭店服务是与顾客面对面接触时产生的，但服务的无形性、同时性、易消逝性等特点，使"零缺点"服务在现实中并不容易实现。饭店企业可以根据第一次服务的效果，酌情采取第二次服务，根本原则是持续提高饭店服务质量，巩固与客人的良好关系。相关资料显示，对服务复原处理满意的客人会比原先更满意，而不满意但没有抱怨的客人则有更高的重复购买倾向。

（2）品牌传播水平不断提高

品牌宣传的目的是依靠塑造品牌形象来推广产品。在品牌推广的过程中，需要高度重视客人的口碑。服务的无形性将使新的消费者在购买前对服务质量的评定主要从消费经验、个人心理偏好和渠道宣传三个方面考虑。其中人际关系（如朋友介绍）和非人际关系渠道（如广告促销）是渠道宣传的重要途径。广告等非人际关系渠道对于建立饭店知名

度具有重要意义，人际关系渠道对于增加饭店的美誉度也十分有帮助。一般来讲，口碑是消费者在选择饭店时最为信任的一个因素，通过大众点评网或者亲朋等告知的服务质量，会直接影响对饭店服务的购买选择。服务产品的无形性还会导致客人对服务质量的评价存在主观性问题，而且其他客人的不满评价会起到不良影响，从而导致客人做出服务质量不佳等评价。

（三）产品创新

创新是推动事物发展的原动力。品牌竞争如果一味停留在模仿阶段将失去持续发展的根基，只有不断进行产品创新，才能使品牌的价值不断提升。

服务产品创新使品牌得以持续发展。通过不断创新饭店产品，从而满足不同顾客的更多需求和更严格的标准，饭店服务水平才能改善，迈上新的阶梯。这里存在一个专业化服务的问题，产品创新不是简单的改变，原本满足一般商务客人需求的饭店，可以将服务向纵深方面创新，不是一定要满足度假客人或其他客人才可以称之为产品创新。另外，产品创新将扩大市场占有率。创新使饭店企业开发出更多具有特色的产品，自然优于原来一成不变的服务模式，必然吸引更多的顾客前来感受服务，享受体验。因此，利用品牌扩大市场份额是产品创新的一个重要方面。依据客人的需求进行产品创新，通过不断满足客人高质量的服务需求，进而提供比竞争者更完善的服务；饭店企业也可以自行进行市场细分，通过满足需求不同的差异化市场，来不断提高整体的市场占有率。最后，产品创新也会带来品牌的个性化和差异化。除了原有的商务饭店、度假饭店、会议饭店等反映饭店类别的概念形式外，在区分高端市场、中端市场和低端市场的同时，可开始明确各种各样的饭店类别。比如国外已经出现了一些个别的案例：冬天用冰建成的饭店、建在偏远地方的饭店、监狱饭店、海底饭店等①。

---

① 张润钢. 透视中国饭店业 ［M］. 北京：旅游教育出版社，2004：132－133.

二、饭店品牌竞争力的提高

如今中国饭店品牌在国内市场占据重要地位，品牌竞争实力不断加强。虽然目前我国进行跨国经营的饭店企业数量相对较少，但是大多数饭店企业已经对这一趋势形成共识——饭店企业必将从简单的创汇阶段进入跨国创牌阶段。品牌竞争力的提高将关系到我国饭店企业能否在世界旅游经济中占据一席之地，因此我们需要从现有的创造饭店品牌提升到经营饭店品牌、融合饭店品牌的更高级阶段，在国际竞争中制定适合我国饭店企业的品牌战略，进而提升我国饭店的国际竞争力。

（一）以竞争性合作为基础

尽管目前国际饭店集团优势明显，但是我国饭店企业与国际饭店集团的竞争不会减弱，而且将日趋激烈。在这种国际性竞争中，竞争型合作将会成为主流。世界经济是广泛协作的经济共同体，没有哪个国家的发展能够独立于其他国家之外，只有互补共赢才能获得共同增长。因此，要想在竞争中获得生存和发展，我国饭店企业必须注意借鉴国际上的先进经验，并注意寻求与国际饭店集团的合作。这种合作包括与国外运营商的合作、与国际饭店集团建立战略联盟和饭店联合体等多种形式，通过合作既可以有效地降低市场进入风险，也能够快捷地学习国际饭店集团的品牌运作经验。跨国饭店企业要秉承"品牌国际化、行动本土化"的原则，首先保持品牌标识、品牌定位全球一致，然后考虑各地服务产品需要与文化背景的有效融合①。另外，饭店企业在国际化合作中，要提高饭店品牌的市场营销能力。在网络经济时代，饭店企业的服务网络建设、预定网络建设等方面都要逐步完善。饭店业本身虽然不能称之为高新技术产业，但是作为与国际接轨较早的行业，一直是利用新

---

① 王新玲. 我国家电品牌国际竞争力——形成过程及影响因素分析 [J]. 管理世界，2000（4）：78-85.

技术的前沿阵地。因此，在努力加强与国际饭店集团合作的同时，要尽快学习饭店网络信息经验，为我国饭店企业通过自身高技术的网络化服务提高品牌国际化地位，奠定坚实的物质基础。

（二）以品牌核心价值为依托

确定饭店品牌的核心价值就是对饭店品牌进行定位。品牌定位的目标是，找到一个能够为企业带来较高利润的卖点，整个卖点既区别于竞争品牌又对目标市场具有较大吸引力。因此，确定品牌的比较优势或核心竞争力是品牌定位的关键，也是一个关系企业长远发展的战略性问题。一般来讲，如果一个饭店集团使用同一个品牌，它的质量应该基本处于同一个档次，客源也应该比较接近；在装修装饰风格上，成员饭店保持较为显著的共性，在服务产品的提供方面和服务质量方面，一般也存在较多的一致性。这些都是构成饭店品牌基本内涵和要素的重要方面[①]。我国饭店的品牌价值在满足品牌的基本要素条件下，要尽量与中国特有的文化内涵相融合，突出东方韵味和神秘色彩，着重从文化底蕴上深入挖掘饭店品牌价值。管理上的中国情结也可以构成独特的品牌文化，学习传统问题，在饭店管理过程中融入传统文化情感要素。这种品牌定位不但避免了国际市场中的重复竞争，而且也形成了我国饭店产品的难以复制的差异性。当然，饭店企业在确立品牌的核心价值时，也要综合考虑自己的财力和技术水平等多方面条件，以便更好地将品牌价值落实到饭店的建筑装饰和日常服务等各个方面。品牌若没有核心价值就失去了竞争基础；品牌若没有在日常运营中体现就失去了品牌的意义。

（三）以品牌忠诚为营销重点

饭店品牌忠诚代表了消费者对饭店服务的认可，目前，由于国外饭店集团大举进入我国，中国饭店品牌面临着品牌忠诚的极大挑战。首

---

① 张润钢. 对现阶段中国本土饭店集团发展之路的再思考 [EB/OL]. http：//guanli. Very East. Cn. 2005 - 9 - 23.

先，国际饭店集团市场细分明确，几乎囊括了各个领域的饭店产品，同时国际化饭店拥有全球网络化预订系统和很多高科技服务技术，凭借其强大的营销能力、集团价格优势及完善的服务系统可以在国际市场占得先机，我国的饭店品牌难以在价格和服务水平上突破竞争。我国饭店企业必须调整原有的品牌营销思路，不盲目打价格牌，努力通过创造并保持顾客忠诚来形成企业优势。其次，随着我国国民经济水平的持续提高，旅游休闲已经逐渐成为全体国民的需求。面对国内游、出境游市场的繁荣，我国饭店企业唯有进一步扩大跨国旅游市场份额，才能进入竞争的高级阶段。维护品牌忠诚的基础是饭店产品的质量可靠，优质的服务永远是品牌的根基。饭店产品服务水平的提高和忠诚度的构建，可以从以下几个方面着手：第一，重视服务修复和服务补救，把服务范围扩展到各个环节；第二，不断进行服务产品创新，根据顾客的个性化需求，不断开发满足新的项目，全方位保证顾客满意；第三，提高服务产品的标准化程度。虽然服务产品具有难以衡量等特殊性质，但是为了最大限度地保证服务产品高水平的一致性，必须尽快对饭店行业制定切实可行的服务标准。只有不断朝着标准进行改进和提高，才能不断完善饭店品牌，进而获得顾客的长久忠诚。

三、饭店品牌延伸

饭店品牌延伸（brand extension）是成熟品牌的"辐射"能力的体现，当产品品牌知名度和品牌地位日益提高时，一些强势品牌不仅通过改善服务提高自身市场地位，并且依靠已形成的品牌效应，逐步向饭店领域进行扩展。品牌延伸的目的在于加强饭店的综合竞争能力；一个强大的品牌延伸出的系列产品，凭借自身的市场效应将很快得到市场的良好反馈。品牌延伸突出显示了饭店品牌的强大市场开拓能力，是品牌竞争力的重要表现形式。目前许多国际饭店品牌已进行了品牌延伸与扩张实践，例如万豪酒店集团（Marriott International）在短时期内迅速扩张，主要得益于购买独立的中小著名饭店品牌，有效进行品牌延伸的策略。目前在其麾下的核心产品包括万豪、万丽、万怡、丽嘉、华美达、新世界和行政公寓等。目前国内的一些著名饭店集团或管理公司，在品牌扩张及延伸方面也取得了一定的成绩，例如锦江品牌延伸出"锦江之星"等。

饭店品牌的成功建立有助于维持品牌明晰、增加深度与强度，同时有助于研发"次生产品"来满足市场需求。可以说品牌延伸是响应变化的人口特征、市场需要、生活方式及消费者行为的策略。进行饭店品牌延伸的主要原因有很多：当原有市场趋于饱和，饭店集团希望开发其他市场区域，例如万豪的庭院（Courtyard）系列，假日的使馆套房（Embassy Suite）都属于此类原因；还有的是为了减少高昂的建筑成本，在改造更新旧饭店时，也考虑采用新品牌的方式。如拉马达的复兴饭店（Renaissance Hotel）系列及假日的皇冠广场（Crown Plaza）系列；另外有些公司利用品牌延伸，把一个连锁集团区分成不同质量档次的饭店。如假日集团把它的资产分成五种饭店：传统型（假日饭店）、经济型（汉普顿旅馆）、全套房型（使馆套房）、博彩型（哈拉斯）及豪华型（皇冠广场），通过价格与服务来区分它的产品，延伸它的品牌。凯悦（Hyatt）服务多个市场区域，但几乎都面向豪华市场：凯悦丽景（商务与度假）、堂皇凯悦（会议，商务与度假）、园林凯悦（欧洲风格饭店接待追求宁静、轻松环境的商务与度假游客）及凯悦300（全套房饭店，位于郊区，接待追求宁静、轻松环境的商务与度假游客），而凯悦饭店（传统饭店）则比较老，尽管定价偏低但仍然面向豪华市场。喜来登集团严格区分各种品牌，分别针对中档市场，高档市场及豪华市场。

总体来说，品牌延伸可以带来饭店价值增值，产生品牌效应，具体包括聚集效应、扩散效应等①。聚集效应，是饭店品牌吸引顾客的重要

① 陈顺. 旅游饭店品牌延伸战略研究 [J]. 边疆经济与文化, 2004 (7): 35-38.

依据。名牌产品的"示范效应"为消费者搭建认识该产品的桥梁。有助于降低新品牌营销经费，节约投资成本，通过无形资产品牌达到低成本高效益的目的。扩散效应可以通过饭店规模效应部分体现。国际饭店集团在全球扩张最基本的模式是统一品牌下的数量增长。截至 2016 年，喜达屋（Starwood Hotels & Resorts）在全世界 80 多个国家共有 700 家饭店，旗下有众多世界知名饭店品牌。品牌价值为饭店产品带来的经济效益远远高于投资品牌时的成本，实现了投资放大效应。

（一）品牌延伸中的观念更新

当今社会普遍认同品牌一旦创建且具有一定的知名度和美誉度，即意味着品牌存在延伸优势。这样的品牌延伸观念其实不完全正确的[①]。

第一，品牌延伸决策应先于品牌创立。随着品牌创立，品牌的进一步延伸必将受到原品牌的影响。经济全球化背景使得仅从地理上拓展品牌，已经变得越来越困难，只有对品牌的核心价值深入挖掘，超前进行品牌延伸，才有可能获得品牌成功。

第二，品牌延伸过程中要注意战术层次和战略层次的结合，也就是即期利益和远期利益的协调。从战术上来看，品牌延伸是否被市场认同、是否降低品牌资产是判断品牌延伸成败的标准；从战略上来看，品牌延伸是否加速实现企业的战略目标，有利于企业的长远生存和发展则成为判断品牌延伸成败的又一标准。例如，饭店企业的绿色经营从整个国家或世界的角度来说，会减少能源等资源的消耗、减少污染，最终降低全球的环境成本，但是对于单体饭店或饭店集团来说，在短期内可能意味着增加投入、加大成本、减少利润。这就需要饭店管理者不断增强责任感，主动地采取措施，为实现可持续旅游发展做出本企业应有的贡献。

第三，品牌延伸在推出新产品的同时，主要使命仍是为品牌自身服务。所谓延伸，即在原有品牌的基础上对品牌的扩展，延伸不是目的，仅仅是品牌发展的一个手段而已。通过品牌延伸，饭店企业可以持续进

---

①　朱德武，陈培根. 品牌延伸需要彻底的观念更新［J］. 管理世界，2004（5）：147－148.

行产品更新，保持品牌生命力，使品牌资产不断升值。品牌也有其自身发展的生命周期，也存在发展、壮大直至衰退的特征，而品牌延伸可以保证品牌的生命力，不断推陈出新。

第四，品牌延伸可以作为"先头部队"，承担起改变品牌核心价值的使命。品牌以其核心价值为起点，伴随市场环境的改变和企业的成长，原有的品牌核心价值可能会落后于企业发展或者不适合企业继续应用，这时如果盲目改变企业品牌，有可能发生"釜底抽薪"的巨大动荡。延伸产品是品牌的一个载体，也是品牌核心价值的体现途径，通过延伸品牌的渐进改变，将使顾客在不知不觉中适应饭店企业的核心价值调整，而且也没有威胁到品牌主体形象。

（二）品牌延伸的作用

品牌延伸有壮大品牌资产、进行新市场渗透等多项作用。品牌延伸的附加值还体现在为消费者提供认知新产品的捷径，增加新产品成功的概率。目前消费者日趋理性，企业的市场细分化程度也越来越高，这对确定品牌在各细分市场上的差异提出了更为严峻的挑战[①]。如表 6-1 所示，很多国内外集团在发展之初仅有单一品牌，只关注于某一领域的市场，随着集团发展壮大，品牌种类日益增多，品牌延伸的触角越伸越广，体现出这些优质品牌的强大扩展能力。

表 6-1　　　　　　　　著名国内外饭店集团品牌延伸情况

饭店品牌	最初产品	延伸产品
假日集团	Holiday Inn	Holiday Inn Garden、Holiday Inn Express，Holiday Crown Plaza
雅高集团（Accor International）	novotel（诺富特）	豪华 Accor Sofitel， 中档 Accor Novotel， 经济型 Accor Mercure，Accor Ibis 等多个品牌延伸

---

① 黎洁. 我国饭店企业品牌营销刍议［J］. 旅游学刊，1998（2）：24-28.

续表

饭店品牌	最初产品	延伸产品
精品国际 （Choice Hotels International Inc.）	Quality Inn	Clarion，Comfort Inn，Hotel & Suites，Econo Lodge，MainStay Suites，Quality Inn，Hotel & Suites，Rodeway Inn，& Sleep Inn
锦江饭店集团		锦江之星经济型酒店

资料来源：作者整理。

（1）品牌延伸有助于丰富品牌形象，开发创新产品

品牌延伸可以创造新产品，但是这种创造不是完全的创造，是在原有品牌的基础上进行补充或改变。品牌延伸是对核心品牌的有益补充，使核心品牌不断趋于完美。在扩大新推出产品的知名度和吸引力的同时，形成以核心品牌为中心的全面的品牌谱系。比如，精品国际（Choice Hotels International）最早起源于以中等价格提供高质量服务的品质客栈（Quality Inn）连锁集团。伴随舒适客栈（Comfort Inn）品牌的开设，精品国际开始快速发展。在相继收购了 Clarion、Rodeway Inn 和 Econo Lodge 之后，又对 Sleep Inn 和 MainStay Suites 进行了革命性的改造，通过全面扩展自身业务领域，从经济消费转向高消费，从基础服务项目转向高档娱乐体验，服务种类涉及各个方面，满足了不同社会阶层人士的需求。

（2）品牌延伸有助于降低营销成本

由于品牌延伸可以利用原有品牌的"示范效应"，因此在新产品推出后，不必像刚开始铸造核心品牌一样投入大量的宣传成本，就可以直接获得一定的知名度。另外，饭店企业天然地具有国际性，与航空交通的发展密不可分，很多饭店企业据此与航空公司合作，饭店扩张的足迹以航线为基础，获得了很好的延伸效果。为了进一步加强互惠，获得更大的发展，一些与航空公司相联系的国际饭店企业之间也会寻求合作。比如，由法国航空公司（Air France）成立的子午线集团（Meridien）与

汉莎航空公司（Lufthansa German Airlines）的子公司凯宾斯基（Kempin-ski）饭店形成战略联盟，使两家公司同时能和80余家饭店合作，实现了完美的双赢。

（三）品牌延伸的灵活政策

品牌延伸要想获得成功，需要综合考虑多个方面的条件，在饭店企业生产、营销、财务和人力资源等状况的基础上进行延伸战略设计。

第一，品牌资产可转移，沿用到各个连锁饭店之后，顾客看到品牌即知晓饭店的质量和价值；第二，同品牌的不同品类可以一起促销，既可以节约营销成本，又可以强化同类品牌的共性和差异性；第三，品牌延伸要能够增强核心品牌价值。品牌延伸的过程中要妥善处理好延伸品牌与核心品牌的关系，延伸品牌既不能损害原核心品牌的良好形象，也不能模糊核心品牌的明晰地位，更不能改变现存的品牌关系①；第四，品牌延伸是一个战略问题，应考虑延伸的合理性。要以提高市场识别度、扩大市场影响率为目标，实施全面的品牌建设和管理，形成系列品牌谱系；第五，品牌延伸要与资本经营进行有效耦合，谨防在品牌发展的过程中出现投资缺位等问题。同时也要防止过高估计资本经营效益，使品牌延伸被边缘化，导致饭店资本经营不良推进。

第三节　中国饭店企业的集团化发展

饭店企业的集团化发展在我国已经讨论多年，从开始时的要不要培育我国民族大型饭店，到后来对集团化发展的可行性路径进行讨论，再到大集团主导战略等内容，可以看出，我国饭店企业在集团化发展问题上的认识不断深化。目前，我国早已经摆脱了初期对发展饭店集团的犹豫和不决，进入了如何科学发展中国饭店集团的深层次战略研究。集团

① 黎洁. 我国饭店企业品牌营销刍议 [J]. 旅游学刊, 1998（2）: 24 - 28.

化发展不是简单地规模上的积聚和集合，不是单纯的战略口号，对集团化内涵的深入理解和领悟，将有助于使我国饭店的集团化战略落到实处，对饭店企业跨国经营起到强有力的推动作用。

一、中国饭店集团的发展现状

随着饭店企业的多年发展，通过借鉴全球各国饭店经营的成功理念和经验，在我国政府的大力扶持下，中国饭店集团迅速成长壮大。尤其是近几年，随着对饭店集团认识的深化，我国饭店集团在数量与质量上均产生了质的飞跃。在 2018 年评选的全球饭店集团 325 强中，锦江等三家国内饭店集团保持行业前十。

我国本土的饭店管理公司或集团大致分为饭店联合体、委托管理的饭店管理公司、投资管理的饭店集团三种类型①。饭店联合体是通过模仿国外"单体饭店联合体"模式组成饭店集团，这样的单体饭店联合体，共同秉承不改变所有权，不改变管理权，不改变品牌的经营理念，相互推荐客源、交流经验、拓展市场、促销品牌、预定客房，形成松散的饭店集团经营模式。委托管理的饭店管理公司是以模仿国外"托管"模式为主的"饭店管理公司"，这些饭店管理公司主要是通过管理合同方式接管国内的单体饭店，并组成管理权与经营权相分离的饭店集团。如上海锦江、南京金陵、广州白天鹅等，这种饭店集团模式占据我国较大市场份额，主要以输出管理经验为主，不需较高成本。投资管理的饭店集团是以模仿国外"投资产权所有形式"模式为主的管理集团或饭店公司，这些管理集团或饭店公司以直接投资、收购兼并、参股控股等资本联合形式进行集团化管理。本土发展起来的饭店集团或管理公司凭借其自身的优势，在我国内陆城市和沿海中小城市逐步占领市场份额，巩固自身市场地位，从而使中国内陆和低星级饭店进入现代化管理模式。

---

① 黄震方. 饭店管理概论［M］. 北京：高等教育出版社，2001：79.

然而，受体制、规模、范围的制约，我国饭店集团的发展还很不完善，规模较小，抵御市场的风险能力相对较弱。这种非集团化的倾向曾一度使中国饭店集团化管理进程严重受阻。与此形成鲜明对比的是，那些国际饭店集团，不仅定位于中高端市场和大城市，而且还将目标市场锁定于中低端市场和内陆中小城市，直接威胁我国饭店集团的生存与发展，致使中国饭店集团处于内外夹击的困境之间。

市场机制下饭店集团化可以用收购和股权参与方式组建集团，或者用输出品牌和管理的方式组建集团。具体来看，目前国际大型跨国饭店集团的运作模式大致可以分成三类①：第一类是完全以资本为纽带，称为资本运作饭店集团。这种饭店集团只拥有一定数量的饭店产权或股权，但并不直接参与饭店的经营管理，而是交给专业的饭店管理公司管理，饭店集团的收益为成员饭店共同形成的利润总和。第二类是以饭店运营为纽带，不持有饭店资产的饭店集团。这类饭店集团以连锁品牌作为经营基础，只对接管饭店输出管理。一般来说，这种饭店集团的品牌多为知名的成熟管理品牌。比如国际知名饭店品牌——凯宾斯基则是典型的专司饭店经营管理的集团公司，完全靠"知本"赢利。近年来，随着饭店管理模式的持续演变，很多此类饭店集团已经开始有意识地持有部分饭店资产，于是形成了第三类饭店集团。第三类是以资本和专业化的管理机构共同为纽带形成的饭店集团。与前两种类型相比，这类饭店集团既拥有一定数量的饭店股权，同时又拥有饭店管理公司，是一种资源和能力都比较全面的饭店集团。就中国本土饭店集团而言，绝大多数都倾向于采用以资本纽带和管理机构并举的形式。

我国的饭店集团发展模式相比较国外饭店集团而言存在较大不同。很大一部分是在政府推动下形成的。利用政企分开，将脱钩的饭店合并在一起；或者是为盘活存量资产，将经营不良的资产无偿划拨或授权给

---

① 张润钢. 对现阶段中国本土饭店集团发展之路的再思考［EB/OL］. http：//guanli. Very East. Cn. 2005 - 9 - 23.

成功企业经营。例如北京旅游集团就是以这种方式形成的。一些饭店集团是跨行业并购而成，通过与利益相关者建立联系，比如与饭店业相关的房地产商、航空公司建立联系，再利用收购、投资新建等方式组建饭店集团。另外，比如锦江、金陵等饭店集团，是利用无形资产有形化组建的饭店集团。用著名品牌、商标等无形资产优势，盘活存量资产，再用委托经营、租赁、特许经营等方式最终形成饭店集团①。

二、我国饭店集团存在的问题

经过多年的探索和实践，我国饭店集团已经进入蓬勃发展的阶段。但是时至今日，我国饭店集团仍不具备全面与国际大型饭店集团抗衡的实力。因此，需要对我国饭店集团存在的问题进行深入剖析，为促进饭店集团产业成熟，加快我国饭店集团跨国发展扫清障碍。

（一）认识误区

饭店集团在观念与体制上的转变已经变得尤为紧迫，内资饭店的很大一部分源于国有资产，归地方政府或国有集团所有，而大部分饭店的经营与运作都是任命制管理模式，这些管理层的思想观念还有着传统的计划经济痕迹，市场观念不足，并不完全以企业经营好坏为首要考察目标，主要依靠管理人员的事业心、责任心或良心。另外，在饭店集团的组成上，一直以来，始终停留在资产数量和企业规模的积聚上。无论是从"集团"的含义上理解，还是从国际饭店集团的发展实践来看，规模化发展都是企业集团所必须的。但是需要指出的是，规模化不是饭店集团的唯一特征，更不是饭店集团的本质属性。如果把饭店集团当作是小企业的归并，就会陷入集团化发展的"盲目乐观"状态，满足现有的经营状况，对未来发展缺乏必要的规划，更没有建设现代饭店集团的

---

① 邹统轩. 入世后我国饭店企业参与国际竞争的步骤与方式［J］. 世界经济与政治论坛，2000（4）：17－21.

长远目标；如果把饭店集团当作政府直接干预的结果，就会混淆所有者和代理者的定位关系，导致饭店企业的地方保护主义；如果把饭店集团当作纯粹的资本丰沛的大型企业，就会因不良借贷形成较大风险，把集团化发展当作是资本买卖的游戏。尽管这几年中国饭店集团在国内外市场竞争中的实力日益增长，但远远没有达到现代饭店集团所要求的程度。加深对饭店集团本质含义的认识，是构建现代饭店集团的基础性工作，也是科学提高我国饭店集团竞争力的根本。只有认清这一点，才能使我们的集团化建设逐渐摆脱各种误区，转移到现代企业制度和专业品牌建设的理性道路上。

（二）管理误区

这里的"管理"主要包括两个方面：一方面是硬件的信息管理，另一方面是软件的制度管理。随着知识经济的到来，信息技术在饭店集团发展中占据着越来越重要的地位。我国饭店集团一直比较重视通过一线员工的优质服务提高产品质量，在饭店营销方面多采用人员促销方式，对通过硬件手段提高饭店服务水平和市场认知度的重视不够，因此至今没有完全形成国际饭店集团所拥有的强大网络营销工具。国际上著名的饭店集团一般都有自己的预定管理网络，例如喜来登有 Resratron、希尔顿有 Hilhot、华美达有 Room finder、雅高有 Prologic。尽管我国饭店集团在网络化建设上的投资日益增加，但力度还远远不够，因此在投资、市场拓展或者产品创新等方面都无法得到有效的技术保障。管理制度是饭店集团有效运作的基本保证。成熟的饭店集团与其说是靠人，不如说是靠制度来运作的①。受计划经济影响，我国饭店企业的经营管理长期以来存在着泛政治化倾向，人权与事权没有有效分离，饭店高级管理者由上面领导直接任命，只升不降，只进不出。在这样一种行政干预较强的管理方式下，饭店集团很少加强软性的管理模式和管理制度的学习。但

① 邹统钎. 入世后我国饭店企业参与国际竞争的步骤与方式［J］. 世界经济与政治论坛，2000（4）：17–21.

是，饭店中的每位员工都有各自不同的行为特点，需要用统一的管理制度保障饭店企业形成一致的管理风格。科学的企业管理可以形成难以复制的管理优势，从而为饭店集团的输出管理奠定基础。

（三）人才误区

对一个国际性饭店的评判，最终取决于它的服务水平和员工的专业化素质。现代饭店集团需要的人才要具备综合性和复合型的知识与经验，而从目前我国饭店企业管理人才培养机制来看，距离这个水平还有一定差距，并未建立完善的培养人才的思路，培训内容也几乎仍然沿袭过去的惯性思维，对服务员、领班、主管直到总经理序列规范培训机制没有很好地建立起来。然而西方发达国家饭店集团已建立起适合市场发展和大规模扩张的管理人才培训机制，可以通过专业学校、专业学院进行规范学习，同样饭店集团也拥有自身的培训中心，为培训成员提供了良好的培训实习场所，这将有助于学员在实践中总结归纳，真正意义上实现自我提升。在我国，专业人才培养的滞后主要体现在以下两个方面：从职业教育上看，走的是"低端路线"，以培养基层服务人员为主；从高等教育角度考虑，以培养高层管理人才为目标，造成学生虽掌握理论知识却缺乏实践，专业能力较差，导致难以承担实际工作。我国饭店企业对高层管理人才有较大需求，劳动市场供不应求，饭店企业需设法吸引国外优秀管理人才，更需注重国内管理人才的培养，搭建一个稳定的人才金字塔结构，培养出技能过硬和素质良好的优秀管理人才，为未来饭店企业发展提供人才储备。

（四）品牌误区

品牌建设是现代集团的重要标志，如果说饭店的资本管理是以资产为纽带，那么饭店的集团管理则是以品牌为纽带。一直以来，人们习惯去探寻品牌发展的一般性规律，却没有过多关注其特有规律，甚至忽略了我国饭店集团在当今市场发展下的连锁品牌经营的独特模式这一关键问题。目前我国饭店业内管理人员整体营销意识仍待加强，不能仅仅注重与会议公司、旅行机构的合作。如果意识不到全面品牌营销的重要性，就会导致很多市场人员无从了解也无从展开全面的营销策划模式。主要体现在饭店企业在整体销售策划、销售的执行计划、销售渠道、品牌或媒体支持等方面能力的不足，例如现在几乎看不到国内饭店业的宣传广告，即便有大部分也是西方或合资饭店的广告，而铺天盖地的旅游业广告群体主要集中在旅游公司的广告上，使人产生饭店业是旅游公司附属品的错觉。

由于我国的饭店集团在形成的过程中出现一些利用行政手段急于扩张的倾向，因此导致多数现有集团品牌"集"而"不团"，不但没有处理好整体饭店品牌与多个子品牌的关系，而且造成了品牌结构的严重混乱，模糊了顾客对于饭店形象和饭店产品的认知。国内饭店在品牌上最根本的错误来源于对品牌建设缺乏战略高度的理解和重视，认为对营业收入等的关注才是"正业"，品牌永远处于"辅业"的位置；其次，将品牌与称谓等同，CIS 设计只是饭店品牌建设的手段和表现形式，绝不是饭店品牌的全部；再次，由于曾经受形象工程和口号工程的"毒害"，某些饭店企业为了避免只注重外表不注重内涵的错误发生，人为限制品牌工程，觉得只有把精力全部投入到饭店质量提高上才是经营的关键。以上错误认识均导致我国饭店集团品牌化建设滞后。

三、我国饭店集团的发展对策

饭店集团化是进行跨国经营的重要基础，现代饭店集团是融现代企业制度和科学品牌建设于一体的综合性企业组织，从某种意义上说，现代饭店集团的发展历史就是中国饭店产业由幼稚逐渐走向成熟的历史，在经济全球化的发展浪潮中，我国饭店业如何进行战略转型，为中国饭店业争得国际市场中的一席之地，是饭店集团发展必须解决的问题。

（一）规范集团化发展路径

随着我国旅游业市场不断发展完善，原本借助行政垄断力量推动饭店集团发展的集团化发展策略应该让位于市场自身的利益驱动。我们可以通过投资、购买、兼并等方式建立母公司对子公司的控股和参股，从而进行饭店集团的资产管理。具体发展模式可以由国有资产管理部门授权，使原本国家投资建立的成员饭店的国有产权授权集团公司持股，从而保证集团公司对成员饭店的母子公司关系；可经出资人允许，由国有饭店集团母公司持有其他国有饭店的股权，使之成为国有饭店集团母公司的子公司。政府行业主管部门或地方政府还可以将其所辖的国有饭店，通过行政划拨的方式并入饭店企业集团，作为全资子公司由集团公司进行持股和管理；对于独立的饭店，可以鼓励购买饭店集团的股份，对集团母公司参股，以股东的身份加入集团；可以鼓励母公司把承包、租赁、委托经营饭店变成子公司，所得的收益留在子公司里；可以将债权转换成产权，使母公司直接取得控制地位；或者将母公司的某些部门完全独立出去，使其成为自主经营的全资子公司。比如饭店的某一幢楼或某一项业务，都可以剥离出去。

针对目前中国饭店业的具体情况，还需要特别指出的是，无论是聘请国际管理公司，聘请国内管理公司还是聘请自然人或投资者自行管理饭店，效益差异主要来自不同管理方式在专业化水平上的差异[①]。管理对业绩的作用是直接的，体制的作用是间接的，饭店企业的发展能否获得较好的经济效益和社会效益，更重要地体现在管理模式而非体制影响上。因此，我们不应再一味纠缠体制问题，而应把注意力更多地集中到提高我国饭店集团化管理水平上，集中到形成科学规范的现代饭店集团上，集中到规范优化集团化发展路径上。

（二）建立集团化科学管理体系

在科学认识饭店集团本质内涵和形成方式后，需要采用科学的管理方法将集团化战略落到实处。

第一，饭店集团要建立起最能突出品牌形象的品牌店或旗舰店，旗

---

① 张润钢. 透视中国饭店业 [M]. 北京：旅游教育出版社，2004：45 – 46.

舰店是其他连锁饭店的标杆，引领着本系统饭店的管理前沿。例如上海锦江国际集团曾提出实施"旗舰"带动区域发展战略，在华东、西南、西北、华中等地设立地区性公司，通过参股、控股、收购、资产置换等不同方式，扩大集团在中国各大地区的业务。当然要拥有一流的旗舰店，需要充分的前期准备，聘请专业的投资和策划机构对各项内容进行周密设计，投入大量的人力和财力进行系统分析。

第二，要拥有完善的销售预定系统和控制系统。强大的预订网络将使中国饭店的集团扩张空间剧增。预订网络一定程度上控制着客源流向，而且集团内相互预订也可以带来信息共享。销售网络将饭店与旅行社、行业协会、会议策划者、航空公司、大企业等相关者集成起来。信息网络不仅要求饭店集团在多种媒介建立信息网页、发送服务信息，还要求饭店集团对供应商、旅行商、客户及顾客个人建立信息档案①。控制系统是网络技术的保障，信息系统越发达越要防止因此而出现的危机，在享受网络技术带来便利的同时，要对可能的故障等问题开发应急和制动系统，起到保障饭店集团正常经营的作用。

第三，饭店集团在优化管理模式时，要注重建立相应的匹配系统，包括财务、销售、预订、信息、人才五个方面的支持系统。这是普通业务流程中的必需系统，只有日常管理工作科学到位，才能保障集团的长远发展。饭店集团的成功不是一蹴而就的，需要强大的后方支持，各种系统的有效运转和协调一致，将使集团化效果最优。

（三）形成集团化专业人才储备

为了确保服务达到理性的专业化水平，饭店集团需要挑选高素质的人才担当管理人员。饭店集团在选拔优秀管理人员，尤其在选拔高级经营管理人员时，避免局限在本集团范围内。在全世界范围内挑选和发展高级经理人这一环节，将决定我国饭店集团跨国经营是否能够成功实

---

① 邹统钎.中国饭店企业集团化战略发展模式与政策导向［J］.旅游学刊，1999（3）：13－18.

现。当然从长远来看，我国饭店集团的人力资源建设还应该注重中国本土职业经理人队伍的培养和专业团队的组建。在这一目标的实现过程中，要充分借助国外成熟的饭店专业人才市场，从质量和结构上规范专业人才的任用，将饭店集团的人才培育、甄选和任用与国际发展战略目标相结合，为饭店集团的跨国发展提供人力资本支持。

饭店集团人才培养方法可以采用"校企"合作模式，建立集团化人才中心进行订单式培养。这种方法的典范是希尔顿管理集团，1969年该集团向休斯敦大学捐资开办饭店管理学院，一方面将该集团的管理模式作为专业教学内容；另一方面休斯敦大学也把该集团作为实习基地。企业通过校企合作模式，提前参与大学生培养方案的策划，校企双方通过定向培养、择优录取、职业技术培训等多种合作方式，为饭店提供实用性较强的复合型人才。对国内的饭店集团来说，通过中外合作办学，从中国的实际出发，又引进国际饭店管理学院先进的办学理念和办学模式，从而实现优势互补，培养学以致用的国际化饭店管理人才，不失为一条"捷径"。自2003年起，上海锦江国际集团开始和全球排名前三的瑞士理诺士国际酒店管理学院合作，设立"锦江国际理诺士饭店学院"。该学院是我国首家中外合资饭店管理学院，也是我国首家具有企业背景的饭店学院，国内的饭店人才将有更多的渠道跻身于"国际人才"之列。

最后需要指出的是，对于饭店集团的人才培养要重在执行和保障。如果不能将计划贯彻落实，没有建立一套完善的保障制度和执行体系，专业人才培养机制是难以奏效的。为此需要加强集团化培训模式与体系的设计，对绩效评估体系和晋升评估体系进行建设，注重社会化的薪酬管理导向和人力资源体系的战略提升。

（四）落实集团化品牌战略

品牌的确立有三大要素：媒体形象的传播；建筑物、色彩、厅堂、客房的布局形象；管理的标准化。饭店连锁品牌的基本内涵和要素主要包括：使用同一个品牌的饭店群应该基本处于同一个档次，有着接近的客源层次；成员饭店在装修风格上存在着较为明显的共性，在服务产品的提供方面有着较多的一致性，在服务质量方面也非常类似①。国内饭店集团的品牌定位应该走国际化的道路，具体措施包括：（1）品牌名称、形象标识物的设计应符合国际市场的惯例；（2）与国际知名品牌饭店集团开展国际化合作，以特许经营、管理合同、产权置换等多种方式实现国内饭店集团在国外饭店市场的扩张；（3）在品牌营销方面应重点加强对主要在华外国游客市场的宣传促销力度，以抢占高端市场份额。

在品牌结构定位上，应该逐步从单一品牌战略转向多品牌定位战略。单一品牌战略，容易造成集团品牌模糊，顾客很难识别饭店集团的不同系列产品，因此不能有效占领细分市场。而多元化战略通过对其生产经营的不同细分市场的产品冠以不同的品牌名称克服了以上弊端。多元化战略主要有以下三种类型：独立产品品牌组合，即饭店对其经营范围内全部产品都设立各自独立的品牌；分类品牌组合，即饭店首先对其经营的饭店产品进行分类，然后再对每一类别的产品冠以各自独立的品牌；母子品牌组合，即用"母品牌+子品牌"的形式设立品牌，母品牌传递公司经营理念，代表的是集团形象，同时母品牌也可以为子品牌提供信誉保证；子品牌主要起到增加活力，丰富内涵，提升价值支撑的作用②。

另外，将品牌与管理联结起来，也是将无形资产有形化、实现饭店集团低成本扩张的有效方式③。两种方式可以实现这一目标：一种是用饭店的品牌与管理推动股权融资和债权变股权，即通过资本经营将无形资产转化为有形资产；另一种是利用饭店的无形资产盘活社会上的存量

---

① 张润钢. 对现阶段中国本土饭店集团发展之路的再思考［EB/OL］. http：//guanli. Very East. Cn 2005－9－23.

② 马勇，陈雪钧. 我国饭店集团发展的战略定位选择［EB/OL］. http：//www. 126hotel. com/XXLR1. ASP？ID＝338. 2006－2－24.

③ 邹统钎. 中国饭店企业集团化战略发展模式与政策导向［J］. 旅游学刊，1999（3）：13－18.

资产，实现资本扩张。比如可利用品牌效应、销售网络或者管理优势等无形资产盘活社会上有市场潜力、硬件设施较好，但管理不善的亏损饭店。逐步实现无形资产有形化是实现以资产为纽带的母子公司体制的重要手段。

第七章

中国饭店企业的跨国发展战略

中国饭店企业的跨国发展战略是相对于前面的国际成长战略而言的，国际成长战略侧重于为了谋求跨国经营，中国饭店企业需要重点进行的国内准备；跨国发展战略侧重于中国饭店企业走出国门后的跨国经营。与国际成长战略关注于跨国经营优势培育的三个主要维度类似，跨国发展战略也着重从三个角度阐述中国饭店企业走出国门后的国际化发展，它们分别是目标市场的选择、进入方式的选取、我国饭店企业与目标国的文化融合。下面分别对这三个维度进行相关论述。

第一节　中国饭店企业跨国目标市场选择

我国是发展中国家，依然处于经济体制改革的转型期。尽管伴随着中国旅游市场在世界旅游经济中的作用日益壮大，越来越多的中国饭店集团跻身国际知名饭店行列，但是就整体而言，我国饭店企业的发展成熟度与国外发达国家仍然存在较大差距，因此并不能简单以"互为母国和目标国"的方式作为跨国经营目标市场选择的依据。我国饭店企业目标市场选择在宏观层面上需要遵循一般目标市场选择的理论，在微观层面上需要以我国目前的政治环境、经济状况及旅游业发展趋势等为依据，只有在综合权衡各方面条件的基础上，才可能选择出比较合适的目标市场，从而成功进行饭店企业的跨国经营。

一、国际市场进入观念演变

国际饭店集团的跨国经营至今有近百年的历史，在长达半个多世纪的全球扩张中，国际饭店集团形成了几种主要的目标市场选择观念。一般将其归纳为以下四种：国际化意识、扩张意识、全球化意识和跨国意识。

跨国企业在国外经营中所扮演的战略角色经历过一系列的演变过程，这些战略角色的转变都以当时所认同的全球化内涵为依据[①]。虽然每种观念受制于当时的宏观环境，必然带有一定的历史局限性，但是不可否认，正是由于全球观念的不断发展演进，才带来了今天饭店企业跨国经营的繁荣。

（一）国际化意识

在跨国经营的最初阶段，跨国公司是与早期工业化国家的工业化进程相伴而生的。为了扩大国内生产线的销售量，为国内生产经营活动供应原材料或零部件，许多跨国公司倾向于把海外经营业务看作支持国内母公司的前哨基地，海外业务被当作保护公司国内市场的一种手段。比较经济优势在饭店业的海外扩展中发挥了重要的作用，相对于生产资料和资本，发达国家对发展中国家的土地和劳动力更感兴趣。

（二）扩张意识

由于第二次世界大战的爆发，跨国公司在海外直接投资难以推进，不利于海外设立跨国公司的分支机构。随着跨国公司逐渐发展成为适应

---

① ［美］克里斯托弗·巴特利特（Christopher A. Bartlett），［美］休曼特拉·戈歇尔著（Sumantra Ghoshal）. 跨国管理：教程、案例和阅读材料（第二版）［M］. 大连：东北财经大学出版社，2004：11.

当地环境的全国性公司，一种更加切实可行的扩张战略应运而生。拥有扩张意识的企业认为，国外的运营单位各有差异，由于不同国家有着不同的市场和运营环境，需要以各个国家的不同特征为出发点，进行自我产品升级和管理实践，同时给予这些国外机构独立经营的权力。

（三）全球化意识

与扩张意识"个性大于共性"不同的是，全球化意识主张"共性大于个性"。巴特利特（Bartlett Christopher）和戈歇尔（Ghoshal Sumantra）曾经指出："全球化战略意识的根本假设在于，不同国家的习俗和偏好其共同之处大于相异之处，或者说……过去形成的国家之间的多样性习俗和偏好逐步趋同。"西奥多·莱维特教授（Theodore Levitt）也曾指出，未来属于那些制造和销售各地适用的同样产品的公司。在这一时期，服务业中的跨国经营发展迅速，并且标准化观念开始盛行。

（四）跨国意识

拥有跨国意识的跨国公司，既没有将核心活动和资源集中在母公司（总部），又没有过分分散在东道国（企业在母国之外经营业务的国家），每个子公司都能因地制宜地进行生产和经营。响应当地市场要求和发挥全球规模竞争效能两类要求同时存在，即将标准化和个性化服务和谐地融合在一起。在这一阶段，西方主要的跨国公司开始以收购和兼并的投资方式为主要拓展方式，新建企业的数量有所降低，说明其跨国发展理念日益成熟，跨国经营方式日益多样化。

表 7-1 总结了各种跨国经营意识的主要内容：

表 7-1　　　　　　　　四种跨国经营意识的比较分析

比较项目	国际化意识	扩张意识	全球化意识	跨国意识
观念取向	母国取向	东道国取向	共性化全球取向	个性化全球取向
形成时间	早期，可以追溯到 19 世纪中叶	第二次世界大战期间	第二次世界大战后到 20 世纪 70 年代后期	20 世纪 80 年代后期

续表

比较项目	国际化意识	扩张意识	全球化意识	跨国意识
制度背景	欧美发达国家完成了初步的工业革命	卡特尔制度盛行,开始出现经济危机	科技革命对社会经济发展产生了重大影响	亚洲和拉美新兴工业化国家经济快速发展
经营方式	主要是对外贸易	跨国并购活动增长较快	直接在东道国建立生产基地	跨国合作和战略联盟等各种灵活的跨国经营方式
国外管理者遴选	懂得外语或以前在国外居住过的国内人员	使用东道国的独立企业家	要求事业部经理人员拥有全球责任心	要求管理者拥有联系、协调、维持竞争有效性与经济性思想方法
国外企业的地位和分布重点	具有某些外国附加机构的国内公司	世界各地广泛分布子公司	面向全球,将生产集中在几个效率很高的地区	资源和核心活动被分散化而不是专门化
战略意识	以不同方式支持国内母公司发展	开始承认和强调不同国家的市场经营环境的差异	把全球当作分析单位	维持全球化效能的同时对当地需要做出灵敏反应
公司导向	国内	主要国内	国外	跨国

资料来源:作者整理。

通过以上对跨国经营观念的演变分析可知,"跨国扩张"和"跨国经营"并不是完全一致的概念。跨国扩张重在企业规模的扩大,在对利润追求机制的永恒驱动下,企业扩张具有时间上的不可逆性[①]。企业规模的扩大还要与既有资源相匹配,在实际需求的引导下,扩大市场份额可以降低交易成本,提高企业效率,增加盈利能力,进而促使企业继续扩张。但上述过程并不是自然而然实现的,需要采用先进的国际管理方式不断提高跨国企业的经营水平。如果说扩张的实质还在于为母国公司

---

① 戴斌.现代饭店集团研究 [M].北京:中国致公出版社,1998:16.

谋取利益，那么经营的要义则重在公司的健康成长。因此当跨国公司以国际化意识和扩张意识为指导思想时，一般认为这时企业还处于扩张阶段，而当跨国公司以全球化意识和跨国意识指导企业时，多认为跨国公司步入跨国经营时代。也许这种归并过于简略，但是它至少表达出这样一个事实，即市场的扩大、企业的扩张是饭店企业跨越国界的最初动因，跨国扩张属于企业国际化的初级阶段，跨国经营则属于高级阶段。

当今时代是全球经济的时代，国际旅游意识空前高涨。随着现代信息技术的发展，原有的地理疆界正在被人为消除。跨国旅游企业越来越意识到，企业不但必须了解全球的整体需求并做出及时反应，而且更要了解特定的或细分市场，以满足多样化的顾客需求。今天的饭店企业旨在全心全意地为所有重点市场的顾客服务，其价值体系更具普遍性。本国的特点与公司的开拓或全球性品牌化，将进行更为有效的融合。朱卓仁（Chuck Y. Gee）教授对此的评价是："很少有公司学会用这种方式运作；但毫无疑问，这是一种发展趋势。"

二、影响饭店企业国际市场选择的因素

国外学者多从产业角度研究总部选址问题（Vanessa Strauss – Kahn，Xavier Vives，2008）。一些学者构建出制造业总部选址和公司生产力之间的关系模型，并利用 1992～1997 年的实证数据做样本，通过研究发现，制造业总部选址有其自身特点，即不仅考虑当地服务的便利性和当地其他公司总部的规模，而且更重要的是要在地理上接近其工业企业；该研究还发现，制造业总部选址似乎更倾向于那些能为他们提供外包服务的国家（J. Vernon Henderson，Yukako Ono，2008），这也为总部经济和服务外包之间的研究提供了一个新的视角。尽管每个国家的国情不尽相同，在选择目标市场时需要关注的特征也各有差异，但是从整体来讲，仍有许多因素是进行饭店企业目标市场选择时全球所共有的。通过研究这些共性因素，将会最大限度地减少因不可抗力造成的跨国经营损

失，为我国饭店企业顺利实施跨国发展增加保障系数。按照东道国和母国的环境变化，可以将饭店企业目标市场选择的因素分为外部因素和内部因素。外部因素包括东道国的宏观环境、产业环境和职能环境；内部因素主要包括饭店的行业特点，以及有关旅游业和一般企业跨国经营的相关政策。

（一）外部因素

外部因素是饭店企业进入东道国后面临的主要外部环境特点，包括宏观环境、产业环境和职能环境。这三种层次环境由外而内，层层深入地评估出目标国的全方位状况（见图 7 - 1）。

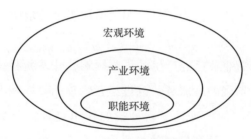

图 7 - 1 目标市场选择的外部环境

资料来源：作者整理。

（1）宏观环境

宏观环境是饭店企业跨国经营过程中东道国的政治、经济、文化、科技等宏观背景的总称。当我们选择目标市场时，当地政府的稳定性和它对待企业的态度和政策往往是最先需要考虑的，这可能是最具差异性的宏观因素。如果没有认真考虑这个问题，很可能导致与当地政府的关系不融洽，从而阻碍企业今后的发展。

东道国经济是衡量能否在该国进行市场扩张的一个重要标准。各个国家的经济发展水平存在差异，导致它们在居民收入水平、消费水平和需求结构方面不同，进而使各国的市场规模和类型有显著差异。与此同时，各国的社会基础设施、信息服务水平等市场运营状况也受经济的影响，导致企业以不同的经营运作方式进入市场。国内生产总值的增长和基础设施是应该考虑的核心因素，还有一些必须考虑的因素是与旅游相关的因素，如国际游客的接待量和接待收入，以及东道国旅游主体居民的家庭收入和可自由支配收入等。

受国家文化和社会环境的影响，不同国家居民在人生观、价值观、宗教信仰、商业习惯和人际交往等多个方面存在较大差异，因此当地购买者对外来产品和外国投资者的进入会出现不同的反应。同时这些因素还对跨国企业人员的管理方式、企业经营信息成本和企业资产盈亏有着不同程度的影响。当饭店企业发现在不同的国家和地区，顾客会有比以前更多的产品和服务需求时，饭店企业需要进行详细的人口统计和生活习惯等文化背景分析，从而为自己制定适应当地环境的长期战略确定基本的依据。

新科技对饭店企业已经产生了重要影响，开发新科技的优势至少体现在两个方面：增强顾客服务；改进经营管理的效率和效益。在饭店业中，由于服务产品的特殊性，新科技的作用也日益明显。GDS预定系统、数据管理系统、计算机辅助培训系统在给饭店企业的经营管理带来便利的同时，也极大地促进了饭店利润的增长。由于我国饭店企业的网络化发展和共享平台建设还不完备，因此在进行目标市场选择时，需要考虑目标国的信息技术水平，以便于很好地合作。

上述差异因素的存在，表明所谓国际市场并非一个匀质的统一体。依据这些差异，选择不同的国别市场，就是跨国经营决策中最基本的任务。

（2）产业环境

产业环境主要着眼于饭店企业在东道国的利益相关者因素分析。与国内经营类似，饭店企业需要对顾客、供应商、竞争者、政府和管理者、当地社区、激进团体、媒体、协会及财务仲裁机构等外部利益相关者进行详细分析。尤其需要特殊指出的是产业环境的供给者方面，饭店企业必须对原材料、资本和劳动力资源进行研究。融通资金是饭店企业跨国经营经常需要遇到的问题，饭店业既是劳动密集型产业，又是资本密集型产业。因此，饭店企业在进行跨国经营时需要与有助于接近当地金融和劳务市场的供应者建立良好关系。那些对饭店有影响的规制者和贸易团体主要包括政府、世界组织、行业协会、保险公司和激进团体。国际金融公司（IFC）的国外投资咨询服务和世界银行的多边投资担保机构也能提供投资建议，并通过保险来担保在海外高风险地区的投资①。例如，当雅高（Accor）在 1995 年计划通过一个境外实体在越南的主要城市开设饭店时，为了确保金融安全，它加入了多边投资担保机构的一个协定，以确保其投资免受主要的政治风险不确定性的影响。

（3）职能环境

职能环境指企业自身的财务、营销、人力资源、运营、行政和研发等活动，这些平时在国内熟悉的日常活动因为跨国经营而变得与众不同。饭店企业需要结合目标国的各种行业规范进行市场过渡，才能够保证各项管理职能顺利开展。任何两个国家在法律规则、行政程序和政策措施方面都有一定的差异。政治法规体制上的不同，不论差异多么小，也可能会为企业带来迥异的经营环境。企业选择进入国际市场，必须对不同国家的政策法律体制仔细研究，深入了解各个国家控制他国准入和经营的法律和政策界限。

综上所述，饭店企业在进行跨国经营时，要综合分析进入国的宏观体制，产业环境和职能定位等因素。政治、经济、文化、科技因素既能给饭店企业的跨国发展提供可选择的机会，同时也可能带来威胁。如果不加分析盲目进入目标国，就可能会产生不可估量的损失，导致资源浪费、成本上升，甚至产生投资亏损等恶性后果。为了更好地与当地和国际集团竞争，我国饭店企业还必须对即将面对的各种外部利益相关者进行细致分析，详细了解国内外供应商的资信和实力，努力从世界资本市

---

① Michael D. Olsen，Eliza Ching - Yick Tse and Joseph J. West 著. 饭店与旅游服务业战略管理［M］. 徐虹，王妙主译. 天津：南开大学出版社，2004：352 - 355.

场和金融机构中获得贷款，与当地的行业组织和协会建立友好关系，针对顾客的个性化需求进行市场细分，为饭店企业营造公平友好的产业竞争环境。饭店企业的职能环境是与跨国日常经营联系最为密切的外部环境，对于跨国饭店企业可以在财务资源、人力资源、物质资源、组织资源等职能资源的分析基础上，重新设计业务流程，这对于更快地融入东道国，顺利开展跨国业务具有重要意义。

（二）内部因素

饭店企业在选择目标市场时，除了受到东道国环境的影响，还受到母国环境的影响。有关母国内部因素的影响因素，既包括我国有关饭店跨国经营方面的相关政策和法规，也包括饭店企业自身的内部产品和资源状况。关于内部环境的详细论述已经在饭店企业跨国成长战略里集中分析过，这里只对重点问题简单进行概括。

（1）饭店企业及产品因素

在进行目标市场选择时，饭店企业需要对自身的发展目标、发展规模等进行统筹规划，企业是否具有灵活的资金融通能力，是否具有高素质的专业化管理团队，是否具有灵活处理突发事件的应急能力，是否具有良好的高科技产品开发能力，这些都是必须考虑的自身内部情况。由于饭店服务产品是无形的，可贸易性比较低，很难像普通产品一样通过本地生产异地销售的方式满足国外市场需求，因此需要具有很强的动力来进行跨国经营。关于产品因素对饭店目标市场选择的影响，主要从以下两个方面考虑：

第一，产品的密集度。饭店产品既是资本密集型产品又是劳动密集型产品，不能简单地套用"劳动密集型和资源密集型产品主要以具有丰富的廉价劳动力和自然资源的国家为进入目标，而资本密集型产品宜以发达国家为目标"的规则。需要综合考虑旅游者的出境流向、地域差异等多个方面的因素，兼顾两种产品密集度的特点，灵活地进行选择。一般情况下，饭店企业的目标市场是采取文化依赖路径和市场依赖路径，而不是制造业的资源依赖或技术依赖。

　　第二，产品的差异性。与标准化产品相比，高度差异化产品具有更大的优势。如技术性能、造型设计等往往不易模仿，或产品已有专利保护。饭店产品主要是以向消费者提供食、住、娱等为目的的产品，因此在满足一般消费者需求上具有标准化产品的特点。但同时还应该看到，随着旅游市场细分，顾客需求日益多样化，饭店产品的差异化也越来越明显。因此，在选择目标市场时在以标准化产品为主要目标的同时，需要把亮点放在差异化的部分，即挑选对中国文化特别感兴趣而且乐于、易于接受的国家进行跨国经营。

　　（2）旅游产业政策

　　国际市场上存在一定量的客源需求是饭店企业跨国经营的保障条件。从旅游产品的流通与消费特征来看，与一般制造业产品不同，在旅游市场上，旅游者要实现消费过程，必须以从常住地到旅游目的地的空间位移来实现，也就是说旅游产品的流通过程表现为消费者趋向生产者，而不是像一般产品那样通过产品的空间位移来实现，或者是生产者趋向消费者①。另外，从发达国家的经验可以看出，旅游企业的跨国经营与其本国公民的出境旅游流向密切相关。因此，在跟随出境客源进行目标市场选择的同时，加强对本国出境旅游市场的开拓就成为持续扩大旅游企业跨国经营市场的重中之重。

　　近年来，随着供给侧结构性改革的深入，旅游业逐渐成为我国培育新动能的新经济形式，要更好地发挥旅游业对其他产业的关联带动作用。同时要积极学习国际先进的经营管理经验，鼓励组建专业化的旅游企业集团，发挥管理优势和品牌优势，实现网络化规模经营；要大力推进全域旅游和"旅游＋"战略，促进三次产业融合发展；要积极探索建立境内外旅游产业基金。

　　公民自费出境旅游目的地（ADS）制度仍在实施当中。根据这个制

---

　　① 杜江等．中国旅游企业经营的国际化——理论、模式与现实选择［M］．北京：旅游教育出版社，2006：97．

度，中国在双边协议的基础上，批准特定国家和地区接待中国自费休闲团客。截至 2018 年 3 月，我国可以正式开展组团业务的出境旅游目的地国家（地区）已达到 129 个。另外，中国游客出国旅游的地理分布，绝大部分都是亚洲的其他国家和地区。就市场而言，中国游客"越走越远"，出行覆盖的区域越来越广。《中国出境旅游发展年度报告 2018》显示，除特别行政区之外，中国游客于 2018 年的出国目的地排名分别为：泰国、日本、越南、韩国、美国，中国饭店企业可以据此作为我国目标市场选择的重要依据。

（3）跨国经营政策

国家、地区与地方等不同级别政府的参与和支持，对旅游业的发展至关重要。国家的经济实力、资金供应情况和外汇储备是一国企业进行跨国经营的最根本的条件。饭店企业进行跨国经营时必须考虑我国在海外直接投资方面的宏观管理政策，其中包括外汇管制、税收、行业进入及资金运用等方面。要分析与评估政策的含义与导向，充分利用与其相关的优惠政策[①]。政府的各职能部门应尽快梳理并出台一系列相关的政策法规，制定出可操作的细则。对饭店企业跨国经营提出具体的步骤，进一步简化旅游企业对外投资项目的审批程序，持续健全我国对外投资促进和保障机制，尽可能地为企业跨国经营"减负松绑"，给企业一个宽松的政策法规与经营环境。旅游企业人员的出国促销和经营审批程序逐步放宽简化，审批工作一次完成，同时出国审批制度一年内多次有效，各级旅游人员出国促销可个案报批，重点旅游项目贷款实行贴息政策，支持优秀骨干旅游企业进入资本市场，在境内外证券市场上市融资，这一系列举措都有助于推进旅游企业国际化，将有效推动旅游企业的跨国经营。

---

① 杜江等．中国旅游企业经营的国际化——理论、模式与现实选择 [M]．中国：旅游教育出版社，2006：104.

三、中国饭店企业跨国目标市场选择模式

迈克尔·波特（Michael. E. Porter）在《国家竞争优势》（1998）一书中用区域集群理论对跨国公司目标市场选址进行了初步分析。该理论认为，企业要谨慎选取地点设立总部；企业选取的地点要集聚挑剔的客户、重要的供应商、不同的竞争对手，更重要的是还要具备生产要素的创造机制，比如是否存在可以提供技术支持的重点大学或者科学研究实验室。目前大部分的产业集群都在城市中心或者经济发达的城市蓬勃发展。由此可见，区域集群理论主要是中心城市区域经济理论的延伸和扩展。法国经济学家弗朗索瓦·佩鲁（Francois Perroux，1950）提出以中心—外围模型分析总部地区与周边地区之间关系的增长极理论。该理论发现，长期来看人类从事经营活动的规律，"并非所有地方同时出现增长情况，在一些地区会不同程度地表现出增长点或者增长极，随后不断扩散，从而对整个经济产生不同影响，但不同扩散形式产生不同的影响效应。"该理论表明，经济条件较好的少数地区或发展较好的部分产业可以推动区域经济发展，因此需要将少数条件较好的地区和部分发展较好的产业作为重点，培育其成为经济增长极。利用"极化效应"和"扩散效应"推动区域经济发展。在初期阶段，极化效应是主效应，随着增长极发展到一定规模，人口活动趋于密集，导致交通拥挤、环境破坏、地价上涨等不良现象，此时扩散效应将变为主效应。根据以上理论，结合影响饭店企业国际市场选择的内外因素，以及饭店产品特性和我国旅游业发展特点，将我国饭店企业跨国目标市场模式归纳为以下几点，企业可以根据自身条件灵活应用。

（一）路径依赖

这里的路径依赖是指，根据中国公民出境旅游的线路及流向选择跨国目标市场。近年来，随着中国与各国间合作交流活动日趋频繁，我国人民生活水平有了很大提高，各种出国审批手续不断简化，各类出国人

员数量不断增加。根据中国旅游研究院发布的信息，2018 年我国公民出境人数达 1.49 亿人次，比 2017 年增长了 14.7%。以 2005～2014 年十年间为例，我国公民的出境旅游市场保持近 20% 的年均增长率，我国也成为全球旅游经济体系中增长最快的客源地之一。这部分游客在海外的住宿需求构成很大一部分旅游市场份额。根据西方发达国家经验，饭店企业跨国发展首先是以满足本国出境旅游者需求为第一目的的。因此，中国饭店企业可以在旅游旺线上选择布点，进行饭店企业的跨国发展。

路径依赖的选择依据不可避免地会涉及饭店企业与航空公司的合作。出境旅游多以飞机为主要交通工具，因此饭店企业可以向后延伸产业链，与航空公司建立伙伴关系。旅客选住航空公司提供的饭店可以按里程减免机票，或者旅客选乘饭店提供的航空公司班机可以获得饭店的常客计划优惠，通过这种协作实现饭店业和航空业的联合双赢。

（二）制度依赖

国情特点是我国饭店企业进行跨国发展过程中不可忽视的重要因素，从不同国家的经济、制度角度出发，进行目标市场选择，统称为制度依赖。

东道国的经济制度环境是最基本的分析要素，政治制度带来的风险和经济因素造成的束缚，会严重阻碍跨国饭店企业顺利实施国际经营。虽然国际饭店集团已经大举进入我国市场，但这是以其强大的资本优势、品牌优势和管理优势为基础的，我国饭店企业尚不具备直接与国际饭店企业抗衡的条件，因此不建议盲目选择发达国家市场。我国是发展中国家，依然处于从计划经济向市场经济转轨的过程中，我国饭店企业应该尽量避免挑选经济环境迥异的国家作为跨国目标市场，而应该选择到经济水平相当，能够相互理解、相互协作的国家进行跨国经营。当然也有特例，特殊时期欧美发达地区也可能成为我国跨国经营的主要目的地。比如 2009 年开始的欧债危机使欧美的酒店资产处于低位，我国敏感地捕捉到这一机会，对欧美部分酒店进行抄底收购。所以理解制度依赖不能过于绝对，也要根据具体情况酌情调整。

饭店业作为一个资本、管理和劳动力多要素密集的行业，既有很高的投资风险，又有很高的运营风险。目标国的经济状况、通行的会计准则，以及当地政府对外国投资的规章制度、汇率等，都会影响饭店经营。因此，我国利用制度依赖途径挑选目标国时，首先要考虑目标国的社会和政治稳定性，而且还要充分考虑目标国在金融、饭店投资、饭店运营等方面设置的壁垒，通过评估政治性或商业性风险，减少可能出现的损失。

（三）文化依赖

文化是人们在改造客观世界、协调群体关系、调节自身情感的过程中所表现出来的时代特征、地域风格和民族样式等。文化依赖指饭店企业以文化传统同宗同源或者互相具有高度的文化认同作为选择目标市场的依据。

文化模式理论，最初是由美国文化人类学家克罗伯（A. L. Kroeber）和克拉克洪（C. Kluckhohn）在 1952 年提出的。他们提出这样一种观点：文化是通过不同的外显和内隐行为因素影响并形成的，而这些行为模式又是通过符号习得和传播的。饭店企业跨国发展意味着跨越国界、跨越民族、跨越地域，在异域文化环境中，饭店企业需要构建统一的价值观、道德准则和行为标准，使来自各国不同文化差异的人员团结一致，并把提升公司经营战略服务作为共同目标。文化差异导致人们产生不同的经营观念和管理模式，甚至会带来文化冲突。因此，在重视跨文化管理的前提下，饭店企业需要把目标市场定位于能够进行有效文化融合的国家，最大限度地减少跨文化障碍。

旅游过程中经常伴随着购物，文化对人们消费活动中的理念、方式、行为等也起着重要作用。因此，文化依赖启发饭店企业在跨国经营中可以围绕旅行者的需求链选择目标市场。比如，在我国出境旅游高购物消费的国家布局酒店，或者是在与我国政府和企业经贸往来密切的国家布局酒店。

（四） 战略依赖

根据国家的倡议或饭店企业开展战略合作的范围和方式作为选择跨国目标市场的依据，称为战略依赖。饭店企业根据"一带一路"倡议进行跨国布局就是国家层面很好的例子。企业层面的战略依赖以天津滨海泰达航母旅游集团为例。天津滨海泰达航母旅游集团一直致力于开发跨国战略，因此开展了与联合国工业发展组织的合作。该项目是目前由联合国工业发展组织在中国提供资金援助和技术支持的唯一旅游业合作项目，对推动中国旅游产业领域的国有、私营机构在集团化、产业化及国际化方面的发展，尤其在产业项目群的前瞻性规划、多元化设计、项目筹资、资本项下的并购重组及推动国际间经济文化交流合作等方面起到重要作用。当饭店企业制定海外上市或者跨国并购等战略决策时，也可以利用这种战略契机进行跨国经营。作为集饭店、度假村管理与旅游房地产投资开发为一身的天津滨海泰达航母旅游集团，已经通过这种战略思想，利用反向收购等手段在美国成功上市。

并购作为资产重组的有效手段，是一种受内在规律支配的商品经济特有的经济活动，包括兼并和收购两个部分。兼并指通过购买导致被兼并企业法人资格丧失，从而获得被兼并企业产权；收购指保持被收购企业的法人地位，通过并购方式优化企业资源配置，实现经济增长。我国旅游企业早期的跨国经营很多是建立全资子公司，这种方式遭遇的贸易壁垒较多，成效有限。并购方式不仅可以规避一些贸易壁垒，而且有利于我国饭店企业参与全球资源分配。因此，在我国国内并购或者跨国并购都值得期待，而跨国并购更有助于推进我国饭店行业的国际化发展。

此外现代信息经济学的发展也给饭店企业跨国选择提供了另一个视角。作为跨国公司（MNCs）设在国外的重要决策和管理部门，需要大量的信息支持才能对国内外经济、政治形势及变化趋势精确定位，提高管理效率。随着信息技术、大容量通信及数据平台处理技术的迅猛发展，推动了信息、指令的传递及监督功能更好更快的完成，有助于跨国经济全球化发展。由此可见，高度化、多样化信息集聚的地方更受跨国饭店选址青睐。威廉姆斯（Williams，1967）、帕克斯（Parks，1969）、戴姆萨（Dymsza，1972）在20世纪六七十年代的研究中，对美国跨国公司在欧洲设立地区总部的案例进行了充分的分析。莫里森和罗思（Morrison & Roth，1992）的研究发现，地区总部与区域内子公司的日常联系，主要靠信息交换来实现，因而对信息通信手段要求很高。巴特莱特和戈沙尔（Bartlett & Ghoshal，1989）、高桥（Takahashi，1998）的研究发现，利用网络，可以有效节约总部和制造工厂分离所带来的空间成本，吸引银行、集团公司以及地区总部的落户。日本学者青木昌彦（2001）将信息分为标准化信息和意会信息。前者仅是数码信息，容易获得，传递成本不高。后者则与地域紧密相关，受本土语境和文化影响很大。而且物理空间越大，成本越高。比如不同国家会有不同的市场潜力和资源要素禀赋，这就是很典型的意会信息。因此，跨国战略要以更多地占有意会信息作为关键。

以上几种目标市场选择的依赖模式各有侧重，饭店企业在实际经营中需要根据本企业的现状，灵活使用一种或多种方式，在充分考虑跨国经营战略环境的基础上进行战略决策。

第二节　中国饭店企业跨国市场
进入流程及模式

饭店企业的跨国市场进入流程与其他行业类似，但因为行业特点，在具体实施内容上存在一定差异。饭店企业的跨国市场进入方式比较复杂，初期阶段国际饭店集团的扩张方式（如希尔顿、喜来登等）多是购买不动产，到20世纪五六十年代，委托管理和特许经营的扩张方式逐渐开始盛行，之后越来越多的饭店集团通过这两种模式发展起来。20世纪八九十年代，以技术资源支撑的饭店联盟及联销经营模式又迅速崛起，与其他市场进入模式一起被饭店集团交错使用。中国饭店企业因为管理制度、管理经验等方面与国际饭店集团差异很大，因此在选择国际市场进入模式时需要根据不同的进入类型特点，在我国现有国情下权衡风险收益，灵活选择跨国市场进入方式。

一、国际市场的进入流程

在明确了目标市场选择的影响因素之后，就需要将战略思想转化为战略行动，开始实质的进入实施步骤。饭店企业的国际市场进入流程大体包括以下几步：第一步，制订切实可行的短期、中期、长期计划；第二步，制定旨在实现这些目标和为经营决策提供指导的政策和策略；第三步由总公司进行资源分配，也就是在不同职能区域和战略经营单位调配人力资源、技术、资本及其他资源；第四步是设计合理的组织结构以适合子公司的经营战略；第五步是指派关键领导实施战略，各海外机构或职能部门之间组合和调配资源是执行这一步的关键。应该说作为企业的一种，饭店企业的跨国经营与其他企业的跨国经营无异，但是因为饭店行业的特殊性质，即使实施同样的国际市场进入流程，其意义和作用也是大相径庭的。为了更加突出饭店企业的特点，这里将主要对饭店企业的职能管理和组织结构问题进行主要说明。

（一）经营目标

在饭店管理中，时间是一个决定性的因素。饭店产品中的有形部分，比如食品、饮料等具有易腐蚀性，需要在一定的时间内销售；另外，作为刚刚跨出国门的企业，饭店企业需要设置一个合理的时间段以确认企业的生产经营处于适应状态，为后续的完善跨国经营，开展进一步的战略和管理做好准备。因此，这里的管理计划不完全以提高生产效率为目标，重在尽快适应全新的发展环境，在企业确认日常经营已经步入正轨之后，再以提高企业运营效率为目的重新进行管理目标的设计。

（二）日常经营管理

所有运用于饭店经营中的管理活动和职能，大致可以归纳为以下七种[①]：

（1）计划工作是为了完成饭店的使命确定的目标或目的，主要任务包括收集相关信息，对饭店的客房出租率、平均房价、收益、成本等进行预算。

（2）组织人事是雇用当地和外籍员工、保持薪酬计划和奖励计划及跨文化培训等内容。

（3）协调包括协调内部日常事务、协调饭店改造、扩建等特殊项目及协调外部事务等。

（4）指导和沟通是鼓励员工之间的合作、在多元文化背景中为员工创造一种和谐共处的氛围，从而激励员工并提高员工士气的活动。

（5）控制指对成本、存货、生产过程，以及质量和内部安全等的控制。注意需要根据东道国法律向地区或跨国公司总部提供月度、季度、年度预测或预算报表、市场营销报告、员工计划和企业战略计划。

（6）评估竞争及经营环境的变化，利用市场信息系统和 SWOT 分析（优势、劣势、机会、威胁），改变原有的和制定新的战略和战术决策。

（7）代表，作为跨国饭店，企业除了需要设立内部代表作为饭店的代言人，处理与内部各利益集团的关系，还要设立外部代表，处理与东道国外部各利益集团的关系，例如，与政府官员、社区居民、金融机构、供应商、旅行社、客人及一般公众的关系等。

（三）根据核心工作进行资源配置

跨国饭店企业战略得以合理实施的标志是资源得到最佳配置。饭店企业的核心工作是企业的对客服务，发生在顾客与员工之间的服务传递

---

① ［美］朱卓仁（Chuck Y. Gee）著．国际饭店管理［M］．谷慧敏主译．北京：中国旅游出版社，2002：380－384.

是企业战略行为的关键点。要成功地将企业的服务有效地传递给顾客，必须依赖于企业的日常管理系统、营销系统、生产系统和文化系统等，人力资源和财务资源是以上工作的保障系统。

饭店企业为了提高对客服务的质量，降低服务失败的风险，需要对日常的资源系统进行有效整合。根据奥尔森（Michael D. Olsen）等学者的分析，业务运营系统、营销系统、生产系统和文化系统主要服务于消除或缓解服务交易过程中与生产产品和服务有关的不确定性。其中，业务运营系统资源的重点是会计、预算、计划、控制及公司所开展的协调活动。文化系统资源用于组织企业所建立的理念和价值观，使它们在全部交易中保持稳定。生产系统资源包括将原材料转换成最终产品过程中涉及的全部技术。营销系统资源则是根据顾客期望获得产品和服务的方式为顾客提供信息和预期，从而降低不稳定性。同时，该系统在某种程度上还有助于消除饭店与旅游服务企业经常发生的工作流程的不稳定性。人力资源和财务资源是持续发展的重要支撑系统资源。获取熟练的当地劳动力资源和丰沛的资本资源在国外环境中非常重要。企业必须持续进行动态的环境扫描以发现威胁获得新的竞争优势。

（四）组织结构设计

战略目标和意图要靠组织完成与实现，战略实施中的重点是建立一个合理的组织结构。活动、职责及与战略需要相吻合的相互关系需要精心安排，未经筹划的组织结构有碍于结构与战略实施之间的协调，这将导致效率低下、方向出偏、沟通不畅和一盘散沙式的行动。朱卓仁（Chuck Y. Gee）教授指出："确定国际性饭店中组织结构的重要性，其实与饭店国内运营类似，管理者和员工都要清晰地了解权力层级结构及责任分配。在组织结构上，国际饭店与国内饭店大多数情况下没有什么本质的差别。主要是受制于东道国的地区文化及与在该文化下权力关系的影响。"

（五）关键领导人及团队配备

对一个国际级饭店的评判标准，最终取决于它的服务水平和员工的专业化素质。为了确保服务达到理想的专业化水平，跨国饭店企业需要在饭店集团内部，将高素质的、经验丰富且适应性强的经理从一个饭店调到另一个饭店。这种调动对经理个人和公司来说都是一个很大的挑战，由于不能很好地了解东道国的文化和法律法规，管理者常常不能做出很好的判断。为了尽快使公司走入正轨，跨国饭店企业多考虑聘请当地的管理人才。

外籍经理经常扮演饭店企业重要信息渠道的角色。在很多情况下，饭店经理的角色很像一位大使。他必须具备能够胜任代表人才引入国际饭店企业利益的能力，并做一个饭店所有者、投资人、员工、社区、当地政府和饭店企业之间的协调人。本地经理在处理饭店企业与当地供应商、企业、社区和政府部门的关系时也要具备优势，尤其在新饭店开业前的筹备和组织过程中，外籍经理将起到重要作用。

总之，跨国饭店企业要有意识地做好跨文化高层管理人才的遴选和团队储备。在选择一定时期聘请一些东道国的专业管理人才基础上，提前配备好法律、财务、投资、文化等各方面的专业人才，尤其要加强东道国的法律法规研究。通过岗位轮换等方式，确保母国的员工能够得到必要的培训和经验，从而形成"国外培养、发展本国管理人才"的人力资源培养机制。

二、主要的国际市场进入方式

国际饭店集团为了获得更大的市场份额和更高的经营利润，形成了多种进入国际市场的方式，这些进入方式各有特点，没有优劣之分，饭店企业可以根据经营风险大小、管理者的经营风格及目标国的政治经济特点等选择适合自己的方式。按照资源承诺程度和控制水平强弱，由高到低，大致可以分为以下七种方式：特许经营、管理合同、战略联盟、合资经营、长期租赁、全资附属公司和兼并收购。

（一）特许经营

以特许经营权的转让为核心，通过饭店业主的资本与管理集团自己的专有技术与品牌相结合来扩大经营规模的经营方式称为特许经营。其管理方式是将管理集团拥有的注册商标、品牌名称、定型技术、预订系统、经营方式、操作程序及采购网络等无形资产的使用权转让给受许饭店，一次性收取特许经营权转让费或初始费和特许经营服务费（根据每月营业收入浮动），比如顾问咨询费，公关广告费，员工培训费，网络预订费等。洲际集团、万豪集团、喜达屋集团是应用这一模式的典型代表。

在世界旅游及旅行理事会（WTTC）提供的《中国，中国香港暨澳门特别行政区　旅游及旅行业对就业和国民经济的影响》的报告中，香港理工大学的瑞·佩恩（Ray Pine）、张邱汉琴等学者指出，特许经营对授予特许者和特许经营者两个方面都会带来好处，并建立起互惠互利的机制。授予特许者提供特许经营者一套经营指南，这包括有效的营运系统和必要的协助。经过这些途径，特许经营者可以比较容易进入市场，利用大量采购而降低成本及经济规模。除此之外，双方也可分摊庞大的广告、调查及发展的成本，并在相同的网络机制内解决问题。通过特许经营，授予特许者可以在有限资源的情况下快速扩大版图，提早打入市场，市场占有率也随之增高，并从特许经营者手中赚取更多收入。在和特许经营者共进退的基础上，授予特许者也能在拓展市场份额的同时，降低被侵蚀的风险。特许经营是授予特许者和特许经营者之间的桥梁，它对双方来说是比较合理及公平的机制，可作为有效和有利的拓展方式。

（二）管理合同

管理合同也称为委托管理，其管理方式是用管理合同来约定双方的权利、义务和责任，通过饭店业主与管理集团签署管理合同，保证以自己的管理风格、服务规范、质量标准和运营方式向被管理的饭店输出专

业技术、管理人才和管理模式，当然需要收取被管理饭店一定比例的
"基本管理费"和"奖励管理费"。通常营业额的 2%～5% 为基本管理
费，毛利润的 3%～6% 为奖励管理费。尤其是奖励性收费，一般是以固
定费用和管理费用支付前的总收入为基础，在实际操作中，基本收费越
高，奖励性收费就越低①。近年来，非股权投入管理合同已经越来越少
了。为了更好地提高经营者的积极性，所有者往往要求合作者加入一定
的股权，从而形成"非纯粹的经营者"。万豪集团（中档定位的华美达
品牌）、圣达特集团、精品国际集团、全球卡尔森、喜来登集团等都是
采用管理合同方式进行扩张的。

香港理工大学的瑞·佩恩（Ray Pine）、张邱汉琴提出，管理合同可
能是在中国最受欢迎的外资经营模式，这是因为特许经营需要强大的参
与和经验。特许经营短期内就能在中国风行，因为它在经济发展上有很
大的市场，地域广大、产业多样化、贸易中心林立、经济也逐步开放及
人口大量流动，这一切因素对特许经营的发展都有很大的帮助。相对的
缺点则是基础建设不够，还有知识水平低或对企业文化认识不足，有必
要从其他经营成熟饭店进行操作技术转移。

（三）战略联盟

近年来，全球分销系统的（GDS）越发普及，互联网的实时预订功
能也早已实现，这些都促使战略联盟成为一个普遍的方式。横向的、纵
向的、甚至是非关联性的旅游企业之间缔结战略联盟，在一定程度上已
经改变了国际旅游市场的竞争格局。战略联盟主要体现为基本技术和客
源共享，信任关系较为牢固；共建信息平台、项目策划、产品创新、战
略发展、营销组合和联合进入等各个方面都关系到战略联盟的合作。成
功的战略联盟使其联盟成员从更大的市场覆盖、规模经济和交叉营销中
获取利润，有助于成员的资本投资最小化，同时实现优势互补。具体来

---

① 郭鲁芳等编著. 旅游经济学［M］. 杭州：浙江大学出版社，2005：136-137.

看饭店企业的战略联盟通常建立在以下基础上①：饭店企业为了营销、预定系统和获得饭店公司之间的地域市场份额；为了产品分销和餐饮服务提供者与饭店之间的交叉营销；为了在旅行社、航空公司、饭店、娱乐集团和汽车租赁公司之间进行联网运行；为了通过银行和饭店之间的联合品牌信用卡进行分销和交叉营销；为了获得新的信息和通信技术等。

（四）合资管理

合资管理是通过直接或间接投资方式，如独资、控股或参股等，获取饭店经营管理权，这种管理方式对其下属的系列饭店都实行相同的服务程序、预订网络、财务制度、政策标准、采购系统，甚至是相同的组织结构、企业文化、经营理念。资本参与的总水平根据合同的不同而在资金投入、人事安排和技术供应等方面各有差别。香格里拉酒店集团是我国最早采用合资管理方式的国际酒店管理集团，它对大多数管理的酒店都持有绝对控股权。

（五）长期租赁

长期租赁具有一定时期的财务责任和资本控制权，通常被看作是完全拥有饭店企业的一种方式。跨国公司用这种方法在东道国的最好位置中获取个体资产。在多数情况下，这种租赁要求长期财务承诺，因此在决策之前应对东道国的稳定性及地理位置和市场的长期可行性等加以慎重考虑。

（六）全资公司

可以通过收购或者直接建立的方式拥有全资公司，这种市场进入模式的优点在于拥有企业全部的产权和控制权。跨国公司在选用这一模式时主要考虑东道国政治和经济局面的长期稳定。对此类因素的评价应基于丰富的跨国环境评估经验，评估者还要有能力在变幻莫测的环境中提

---

① Michael D. Olsen, Eliza Ching - Yick Tse and Joseph J. West 著．饭店与旅游服务业战略管理 [M]．徐虹，王妙主译．天津：南开大学出版社，2004：357 - 362.

前识别有可能带来产权风险的因素。我国旅游企业早期多采用此方式。

（七）兼并收购

20世纪90年代这种方式迅速发展起来，近年来有愈演愈烈之势。一方面，收取饭店管理费要比持有饭店利润更高且风险更小；另一方面，饭店是中长期投资回报率较高的地产项目，是变现不动产的优良实体。无论是收购还是变现，交易双方都有着相应的理由和目的。很多国际饭店集团是通过这种方式发展壮大起来的①。比如喜达屋就是从资金管理公司不断并购而发展壮大的。喜达屋下的艾美是从一家法国航空公司下属的饭店公司起家。圣腾是HFS通过在不同阶段，分别收购拉马达（Ramada）、霍华得约翰逊（Howard Johnson）、天天客栈（Days Inns）、速8（Super 8 motels）等逐渐成为大集团的。以这种模式进行饭店企业扩张速度最快，但要注意妥善处理被收购团队的核心人力资源。为了管理的稳定性，通常保留部分人员，同时加快内部人才培养和市场上新人才的引进。

三、市场进入方式与经营风险

无论使用何种国际成长战略，跨国饭店更愿意把它们在本国使用的商业方法扩展到所有新的扩张中。许多饭店公司更愿意在东道国使用非股权投入来开展业务，这样可以避免在一个不熟悉的国外环境中承受不必要的投资风险。应该说风险是饭店企业跨国经营决策中的重要变量，饭店企业的国际经营目标就是在获得利润的同时，降低国际扩张风险。因此，前文提到的市场进入方式，除了考虑各自的经营特点外，还需要考虑使用的风险。下面利用奥尔森（Oslen）教授的进入模式与风险关系图（见图7-2），从一种相互联系和系统整合的视角对两者进行分

---

① 赵焕焱. 全球饭店集团进入不动产并购活跃期［EB/OL］. 价值中国. http：//www. chi-navalue. net/showarticle. aspx？id =34671.

析，从而更好地指导我国饭店企业对市场进入方式的选择。

图 7 - 2　饭店与旅游服务企业的进入模式和风险之间的关系

资料来源：Michael D. Olsen, Eliza Ching - Yick Tse and Joseph J. West 著. 饭店与旅游服务业战略管理 [M]. 徐虹，王妙主译. 天津：南开大学出版社，2004：367.

图 7 - 2 中的矩阵列举了四类主要风险：政治风险、法律风险、需求风险和投资风险。政治风险是指政治活动无法预料的后果，也可以简单地称为政治变动带来的商业风险。尽管有些风险表面上是经济、金融、环境等方面的风险，但它们实质上是由政治原因造成的。行业不同，性质也不相同，它们对这些活动的敏感程度也不一样。因此，从某种程度上说，政治风险囊括了其他风险。在当今社会环境下，由于内乱造成的风险早已经不是时代主流（但也不排除），目前的政治风险主要从资产风险、经营风险、转移风险、市场风险、所有权风险和行政法规风险等角度进行分析。表 7 - 2 列举了一些政治风险活动的具体事例。

表 7 - 2	政治风险活动的具体事例
政治风险活动的具体事例	
资金流量限制	
外汇控制	
政府与政府之间的销售政策	

续表

政治风险活动的具体事例
国际贸易壁垒和限制
劳工关系
关税及非关税壁垒

资料来源：根据 Michael D. Olsen，Eliza Ching - Yick Tse and Joseph J. West 著．饭店与旅游服务业战略管理 ［M］. 徐虹，王妙主译．天津：南开大学出版社，2004：369.

法律风险反映了向企业提供解决纠纷能力的法律和法院系统，在易变的企业经营环境中，这种纠纷是不可避免的。需求风险是指目的地多拥有的，为满足投资者回报需求而形成经营规模的各种吸引物的综合体。投资风险是指其他因素可能会如何影响投资现金流的稳定性。评估风险比较复杂，单靠企业自身的力量往往不够，需要借助风险评估服务机构。但是由于各个机构采用的评估模型不同，因此得出的风险结论可能也会有差异，需要企业谨慎进行判断。

图 7 - 2 中第一象限几乎没有政治风险、法律风险和需求风险，因此将极大地吸引投资者进行大规模的产权投资；而在具有高度政治、法律风险和低需求潜力的第三象限，投资者倾向于采用低风险的非产权特许经营。即在这种情况下，投资者为了降低资金的风险，期望尽可能地把风险转移到经营者身上。目前饭店业发展的无风险区已经几乎不存在了，为了实现跨国经营目标，饭店企业经常把潜在的盈利能力、较低的开发成本和廉价的劳动力供应，作为进入较稳定区域的标准。谋求长远发展的饭店企业会采取一定的科学方法，降低风险程度，而不是盲目地回避或忽视它。

第三节　中国饭店企业的跨文化管理

当全球经济一体化和区域经济集团化不断发展之际，企业国际化经营逐渐成为一种热潮。其主要形式是：在世界范围内整合资源，将本企业的资产、管理理念、技术研究、市场联系、开发与创新等方面结合东道国当地的人力资源、自然资源乃至市场规模等优势，在全球范围内优势互补。由于跨国经营的企业在文化背景、地域环境各有差异，机遇和挑战并存。大量的经营案例表明，跨国并购在资金、技术、管理等有形方面容易掌控，文化产生的碰撞是无形的，更加难以预料和处理。有调查数据表明，80%的跨国企业在国际竞争中失败，管理者缺乏跨文化管理能力是其中的重要原因。海外并购的企业在不同文化理念和文化地域下能否成功经营，关键在于是否实施有效的跨文化管理，这一点对于我国饭店的国际化运营具有重要意义。

一、中国文化传统对跨国战略的影响作用

跨文化管理又称为"交叉文化管理"，指的是跨国企业在国际化经营过程中，对东道国文化采取包容的管理方式，同时为了防止全球文化融合下任何异质文化冲突，创造出跨国企业的特有文化并进行有效管理的过程。其核心目标在于，在世界不同文化体系中建立有效合理的组织结构和管理体系，在管理过程中寻找克服文化冲突的企业目标，从而在跨文化环境下能形成对企业员工的共同约束，以便最大程度地保障和发挥企业优势和价值。成功的跨文化管理，不仅能保证全球化经营企业得以顺利运转，还能增强其竞争力，扩大市场占有率。

在理解企业跨文化战略形成和执行之前，我国文化的自身特性是必须首先考虑的因素。饭店企业顺利开展业务的关键是一线服务人员与顾客之间的服务传递，这是一项长期而复杂的工作，因为服务体验本身和顾客的物质需求及服务传递过程都是难以预测的。中国的文化传统具有多元的文化特性，中国管理者在实行跨国经营过程中体现的稳重、整合，在与国外企业相处过程中的学习、包容等特点都与我国文化的长期浸润分不开。因此，立足我国文化内涵是进行饭店企业跨国管理的基

础。后文将集中对中国文化中的中庸文化、阴阳文化、整合文化以及包容文化对跨国战略的影响，进行深入的分析。

（一）中庸文化

民族文化显著影响公司战略行为和管理。儒家的学说简称儒学，是中国最为重要的传统文化。中庸思想是儒家思想的核心，中庸思想体系是对多种中国文化特性的有机综合。"君子而时中"启示我们超越阶段或者被时代抛弃都不可取；同样，急躁冒进和故步自封都不符合"中"的原则；"叩其两端"，"无过无不及"意即把握全局，寻求并兼顾同处于一个整体事物的两个方面；"两利相较取其重，两弊相较取其轻"，每个人在决策时都希望选择最优方案，然而并不可能策划出完美方案，即使可以策划，也会因为这一工作投资成本过高导致失败风险较大。理性的经营者用"满意"来取代"完美"，以保证最终完成经营目标；"动者斯和"重在顺应形势，关注事物发展的拐点和大势。"合于中道"认为世界的复杂性与多元性并存，事物的发展是由多种合力共同作用形成的。要懂得持平的中心点或均衡点，对于跨国饭店企业而言，如何在目标国立足，关键在于平衡运作，利用国内外的社会资源帮助企业增值，使竞争对手变为合作伙伴。

（二）阴阳文化

处理各种复杂冲突是企业获得可持续发展潜力的一个关键，要科学把握与驾驭对立与统一关系。企业实施战略管理的重要原则在于统筹规划，这项工作重在处理主要矛盾，文化体制的建立靠的是长期性原则，技术创新则依赖权变性原则。其中，全局与部分的关键、长远与临时的权变，都是既对立又统一的。不知全局无以知关键，不知关键无法牵一发而动全身；与此类似，缺失长期战略，企业发展没有方向；不能随机应变，企业则难以获得长远发展。这就是相辅相成的阴阳文化，和太极一样，阴阳循环和谐往复。

（三）整合文化

中国文化的另一个重要方面在于整合文化，整合可以增强协调能力。从整体角度来看，无论国家还是一个群体，都是由相关部分组成的复杂整体。整体离不开部分而单独存在，部分也必须依靠整体发挥作用。所以，除了在极端对立的情况下，采用折中方法来维持平衡以外，在大部分情况下，为保证有效的整体工作，都需要追求系统内各个部分的协调发展。在对立中看到统一，才能理解折中思维和全局观念在整合文化中的作用。

（四）包容文化

企业文化需要时间积累，更需要人类传承。因此，在了解我国文化传统对跨国经营的影响基础上，我们应该有一种理性的文化融合观念，不是相互指责，也不是企业文化炫耀。在走向国际化的过程中，在进行跨文化管理时，最重要的是领悟中国本土文化与企业文化一脉相承的关系，在科学尊重目标国文化的基础上，使两者建立起一种能够促进跨国饭店发展的良性循环机制，这才是我们研究饭店跨文化管理的本质目的所在。

关于中国传统文化的讨论，本部分主要集中于中庸文化、阴阳文化、整合文化及包容文化对跨国战略的影响，后面还将对应用这些传统文化思想衍生出具有中国特色的跨文化管理策略进行深入分析。当然还有很多传统文化对饭店跨国经营具有重要作用，因本书内容和篇幅的限制，这里就不做主要介绍了。

二、中国饭店企业跨文化管理的主要实施步骤

饭店产品主要通过输出服务实现经营目标，服务的不可分割使饭店在跨国经营时，必须将核心服务流程完整地转到海外市场，服务流程工作是在饭店员工和顾客当面交流的过程中完成的。服务流程的实施则是由饭店的员工与顾客在面对面的服务交互过程中加以完成的。饭店企业的这种特殊性质对其跨国经营构成了一定的挑战。第一，在本国文化背景下逐步产生的定型化管理理念，在全球文化背景下能否很好地适应国

外市场环境。很可能因环境问题，国内的管理模式受到抵制，导致饭店运行低效率。第二，在各国的文化背景下，人们形成了独特的行为模式和工作理念，从而表现出不同的处事态度和处事行为。饭店企业的国际化经营必然会面临企业员工国籍的多元化，怎样很好地凝聚起这些不同国籍、不同文化背景下的员工，并最大可能的减少文化摩擦所引起的管理效率低下，也是一个难题。第三，国际化饭店企业将面对来自全球的顾客，文化理念、种族观念、宗教信仰和风俗习惯各有差异，导致他们对同一标准的服务拥有不同感知。如果说在国内经营，饭店企业利用所有权优势可以尽量忽略这些问题，那么当饭店企业走出国门时就不得不直面这一事实。跨国饭店企业如何利用有效地管理方法提高顾客服务交互过程中的服务质量，这将是更为严峻的管理挑战。

针对以上问题，饭店企业在进行跨文化管理时需要以一定的文化指导思想为依据，在解决跨文化过程中的实际问题的同时，形成一套饭店企业跨文化管理步骤，为我国饭店企业更好地进行国际化经营奠定基础。

（一）识别文化差异，发展文化认同

不同文化背景下的文化摩擦会有不同的表现形式和程度，只有承认文化差异、识别文化差异，才能在未来开展有针对性的管理对策。通过识别文化差异，目的不是消除文化差异，更重要的是要发展文化认同，这对相关管理人员的跨文化理解和跨文化沟通技巧都提出了挑战。跨文化理解是成功进行跨文化沟通的前提。既要理解我国文化和东道国文化自身的优缺点和演变方式，还要理解两种文化之间存在的类同和差异。把我国文化作为参照系，在东道国文化内涵，这也是在本节开始首先对我国传统文化进行概要分析的主要原因。要善于应用"文化移情"理解东道国文化。人们需要在一定程度上忘记本国文化理念，克服"心理投射的认知类同"，克服自身固有的文化控制，同时保持对外来文化的超然态度，而非不假思索地陷入他国文化俗套当中。

（二）跨文化管理的关键是人，实行全员跨文化管理

跨文化管理的主体和客体都是人，文化需要通过有形实体来反映，因此企业中的全体员工自然承担起反映企业文化内涵的重要责任。在企业进行跨文化管理过程中，既要让员工深刻理解母公司的企业文化，又要对已经接触到的和可能接触到的异域文化加强学习，在充分认识各种文化特性的基础上，提高全体员工的跨文化管理能力，从而促进跨国饭店企业在国际市场上的竞争力。当前，与国际化经营需求相比，我国能够完全胜任跨文化环境下的饭店管理人才还相当有限。"人"是最稀缺的资源，是饭店企业跨国竞争力的核心。制约我国饭店企业跨国经营人才的瓶颈除了语言沟通外，更多的是对国外文化了解较少，而这种对文化的深刻理解不可能一蹴而就，可能需要多方面共同努力才能实现。比如持续加强与国外的文化交流与合作、多与国外高校开展培训交流计划等对此都有裨益。

（三）进行跨文化培训，造就高质量跨文化管理人员

跨文化培训的目的是为加强跨文化饭店从业者对不同文化环境的反应和适应能力，促进不同文化背景下人与人之间的沟通和理解，形成饭店企业内部强大的文化感召力和文化凝聚力。可以考虑将不同文化背景或不同文化地区的饭店员工结合在一起，进行多种文化培训，在打破文化障碍和角色束缚的同时，形成具有一定规律性跨国文化管理策略[①]。需要进行的饭店跨文化培训内容除了包括语言、跨文化沟通、冲突处理、地区环境模拟等，还包括对全球经济和世界文化的理解、对文化的认识、文化合作和适应技巧、团队文化技巧、国际宾客服务技巧等。通过这些科学的培训活动可以避免跨国企业内部经营中产生的文化矛盾，有助于企业快速融入当地文化并发挥作用，同时保证企业工作人员良好有效的沟通。凝聚企业向心力，是使当地员工认可饭店企业的经营管理理念的重要保障。

---

① 徐虹．饭店集团国际化经营与跨文化管理 [J]．国际经济技术合作，2001（3）：48－51.

三、中国饭店企业的跨文化管理策略

中国饭店企业的跨文化管理策略是在国内外饭店企业的经营实践和经验总结基础上提炼的，既体现了我国文化传统对跨文化管理的独特认识，也反映了目前饭店集团跨国经营中所采用的主流文化跨国策略。具体地说，中国饭店企业的跨文化管理策略有以下四种方式。

（一）中庸思想——文化渗透

霍夫斯泰德（G. Hofstede，1984）曾指出，文化是同一环境下人们"共同的心理程序"（collective mental programming）。这说明文化是许多具有相似教育背景和生活经验的人所共有的心理程序，它不是个体特征。而不同的群体，不同区域，不同国家的人，这种程序互有差别。跨国经营所形成的国际企业，是"一种多文化的机构"，处在不同文化交汇与撞击的区域内，也可以说它处于一个"文化边际域"中。文化边际域是企业进行跨国投资经营过程中不可避免的现实，必须引以重视。它是企业中文化差异的产物，是国际企业跨文化冲突与矛盾的真正诱因。我们必须意识到，文化演变是一项长期而漫长的过程，它对企业的影响会持续很长一段时间。这给国际饭店管理者进行文化渗透提供了最好时机。

文化渗透策略并不试图在短期内"占领"员工思想，它重视的是通过长期的文化浸染和培育，慢慢使当地员工熟悉、接受、认同、贯彻企业文化，以不强迫、不偏激、缓慢甚至不自觉的方式进行的跨文化管理策略。这与我国的中庸思想存在很大的类似之处，中庸思想是温和的处事态度，主张轻重适度，缓急得中，这种温良意味着没有过激与暴力，因此是大智大慧相结合的产物。在不知不觉中，文化渗透会使母国文化深入人心，而东道国员工也会渐渐适应这种母国文化，逐渐成长为母国文化的执行者和维护者。

为了更好地减少跨文化管理中的文化冲突，文化规避和借助第三方的手段也常常被应用。如果母国文化与东道国文化存在着巨大的不同，在发展和渗透母国文化的同时，根本无法忽视东道国文化的存在，那么饭店管理人员就要时刻注意，千万不要在双方出现最显著差异的问题上发生文化冲突。比如最典型的宗教问题，就要对当地员工的信仰问题给予特别关注。如果跨国饭店企业因与东道国的文化冲突过大，依靠自身力量很难调和，也可以借助第三方的力量进行文化管理。通常考虑将比较中性的、对我国文化有一定共识的第三方引入进来，用这种策略不但可以避免我国文化与东道国文化发生直接冲突，而且可以节约资源，加快双方的文化理解与认同。

（二）阴阳思想——思维全球，行动本土（Think Global Act Local）

阴阳思想重在平衡，虽然进行跨国经营是着眼于全球经济发展，但是在跨国企业的实际经营过程中，为了更好地适应当地环境，推进企业发展，必须以"本土化"为行动准则，有效地平衡全球化与本土化两者之间的关系。

"思维全球化"强调，用全球性思维来把握国际市场变化和动向，在全球范围内整合优化产品、资金和人员，同时注意克服经营上的"自我参照标准"，尊重各国文化差异，树立顾客导向理念。"行动本土化"强调推动企业将生产、营销、管理、人事等经营过程全方位地融入东道国经济中，并将企业文化融入和根植于当地文化之中。行动本土化有利于降低海外派遣人员和跨国经营的投资成本，加强与当地社会文化整合，避免当地社会对外来企业的抵触情绪；有利于东道国经济安全，提供更多的就业机会，并获得东道国政府的支持；有利于利用比较优势，减少所在国生产成本，同时带来较高的经济效益。

尽管本土化管理方式能够基本解决区域内发展的最优安排问题，但不可忽视的是，排他性特征将使各个区域间形成新的市场壁垒，造成企业缺少长久的凝聚力。为了解决这种情况，可以采取以下措施：尽量选用拥有当地国籍的中国公民，或者是选用具有中国国籍的外国人；选用曾经到中国留过学或者工作过的当地外国人，或者是选用曾在当地留过学或者工作过的中国公民等①。

（三）整合思想——文化创新

充分利用我国传统文化中的整合思维设计文化创新策略。通过各种渠道促进母公司的企业文化与国外分公司当地文化的有效整合，立足于以上两种文化之上构建一种新型的企业文化。这种新型文化兼顾母公司企业文化特点和当地的文化环境，来源于两种文化又不同于两种文化，是两种文化的有机结合。全球化经营的企业用这种新型文化做指导，不仅能快速适应不同国家的文化环境，而且还能显著增强竞争优势。习总书记在欧美同学会成立 100 周年庆祝大会上指出："创新是一个民族进步的灵魂，是一个国家兴旺发达的不竭动力，也是中华民族最深沉的民族禀赋。在激烈的国际竞争中，惟创新者进，惟创新者强，惟创新者胜。"这句话深刻指出了创新在国际竞争中的作用与意义。文化创新自带使命感，要从精神物质和制度等多层次展开设计，最终实现提升企业形象、加速无形资产积累、超越物质资本局限等有益目标。

（四）包容思想——文化相容

有学者将文化相容策略分为文化的平行相容与和平相容两种②。前者程度较高，又被称之为"文化互补"。它是指跨国分公司通常不以母国本土文化为文化主体。母国文化和东道国文化虽有不同，但并不互相排斥，反而互相补充。后者的程度较低，意图用刻意淡化文化差异的方式，保留两种文化中没有极端冲突的部分。相容文化形式经常运用于饭店建筑当中，例如日本的新大谷集团首次向海外进军时，在洛杉矶建立了新大谷花园饭店（New Otani Hotel and Garden），该饭店在四楼建有一个半英亩的日式"空中花园"。走道装饰物选自米太郎小谷（Yonetaro Otani）所收集的 100 种奇花异草及瀑布和红砂岩。洛杉矶的饭店设计将西方的便利与舒适和日本的传统与优雅有机地融合在一起。新大谷曾经

---

① 丁林．饭店管理原理与实务［M］．北京：经济科学出版社，2004：384.
② 丁林．饭店管理原理与实务［M］．北京：经济科学出版社，2004：385.

被形容为美国最好的日本式饭店公司，它的成功在于其实现了日本与美国饭店理念和管理风格上的融合和平衡。

跨国企业文化的形成和发展是一项长期的系统性工作，跨国企业文化是饭店企业员工的共同隐形财富。任何业务团队或者组织单元，都要在认同的基础上，不断反馈发展才可能形成稳定的文化体系，大脑在外界的刺激下先形成有效识别，然后产生意识和一定目标，最后才能开始有所行动。因此先在企业内部形成统一的价值观和文化理念是企业文化的精髓所在。那些不被企业人员认可的企业文化毫无价值。当然化解员工逆反心理、统一目标这是一项漫长而复杂的工作，一旦实现这一步，后续工作就会非常顺畅。因此，文化价值认同是形成企业文化的首要一步。随着企业的价值理念被肯定，信念更加坚定，这种观念的转变将潜移默化地影响人的行为意识，员工不知觉地在企业文化的理念下开展生产工作和管理工作。共同的企业文化不仅带来内化于心的无形影响，更多的是可见的有形影响。比如企业制定的各种制度政策、企业的组织架构等都是企业文化的外在表现形式。企业文化出现了成果，是否就达到了整个企业文化形成过程的终点呢？如果没有一个对全过程进行监督管理的系统，企业文化循环能不能持续进行下去？为推动企业文化不断完善发展，还需建立反馈机制，保证企业文化的发展始终围绕企业预期目标展开，以便及时调整文化发展的平衡状态。这项工作的用意在于总结反思，在动态视角下不断规范企业文化，一直朝同一目标发展。综上跨国企业文化的形成将依据从"价值观"（value）到"行为"（behavior）再到"结果"（result），最后到"反馈"（feedback）的循环过程，螺旋往复，每一次循环，都伴随着价值观的深化和跨文化管理水平的提高。

第八章

结 论 与 展 望

本章在前述研究基础上对主要结论及创新进行总结，并揭示出本研究的局限性及今后有待进一步深入探讨的问题。

第一节　研究结论与主要贡献

本书立足我国国情，从饭店业的发展现状入手，对我国饭店企业如何成长为具备跨国经营实力的国际饭店集团，以及如何进行跨越国界后的国际饭店集团发展进行了规划和设计。围绕以上研究目标，本书得到了以下富有启发性地研究结论和创新性成果。

一、研 究 结 论

（一）关于国内外著名饭店集团的跨国经验及启示

（1）国际饭店集团的跨国经验

国外饭店企业的跨国发展在 20 世纪早期就已经逐渐开始，经过了一个世纪的实践，积累了丰富的国际发展经验。本书根据现有资料及对我国现阶段饭店企业跨国经营现状的认识，总结出八点经验用以指导我国实践：管理权和经营权分离；品牌基础上的集团化发展；利用航空系统扩大跨国范围；采用网络技术构筑营销体系；寻求政策支持和专业人才支撑；依托出境旅游选择目标市场；国际市场进入方式灵活；重视与目的地国家的文化融合。

（2）国内饭店集团的跨国经验

X 国际集团是我国饭店业中较早拥有跨国经营意识的饭店企业，虽然与其他老牌国际跨国饭店集团相比，其跨国经营实践还不多，但是作为中国饭店业乃至亚洲饭店业的领军企业，X 国际集团在跨国经营战略方面的确显示了超前设计、吸收借鉴、自主创新、勇于探索的卓越精神。因此，国内饭店集团的跨国经验主要以 X 国际集团为例，通过其在跨国发展中的一系列战略举措，总结出了以下几方面跨国发展经验：资源积聚战略；国际人才战略；集成网络战略；品牌创新战略。

（3）国内外饭店集团跨国经验的重要启示

通过对国内外典型饭店集团跨国经验的总结，得出了很多对我国有待进行跨国经营实践的饭店企业具有指导作用的宝贵建议。利用这些经验，我国饭店企业将加速跨国进程，提高跨国经营水平。具体来说，国内外饭店企业跨国经营对我国饭店业的启示主要体现在以下几个方面：对亚洲国际饭店集团发展给予特别关注；充分认识饭店产业规律；积极进行资源积聚和能力培养；重视网络集成基础上的品牌创新；利用变革重组方式拓宽融资渠道等。

（二）关于中国饭店企业国际竞争力及其演变

相比其他国家饭店企业国际化，中国饭店企业的国际化有两个明显的特殊之处。首先，中国目前仍然是一种由计划经济向市场经济转变的过渡经济体制。政府和企业两方面都有转变职能、适应市场经济要求的紧迫任务。因此中国饭店企业在国际化的任务之外还需承担市场化的重要任务，一方面饭店企业要持续加强自身改革，国有资产减少、经营权扩大需要进一步加强；另一方面越来越多的国际饭店集团涌入我国，中国饭店企业在我国本土进行的似乎就是国际竞争。其次，我国是发展中国家，在进行跨国经营过程中，饭店企业内部优势构建、外部市场进入模式、企业运营发展战略方面不可能完全借鉴国际饭店集团的发展经营，需要根据我国国情因时制宜地制定发展策略。在与东道国旅游企业及其他国际旅游企业的竞争和动态博弈中谋求发展，从跨国经营的战略资源与核心能力，发展到国际旅游竞争优势，是我国旅游企业对国际竞争认识的又一次深化。

本书结合波特有关产业国际竞争力演进的思想，以及我国饭店企业制度演进和组织结构变化，将中国饭店企业参与国际市场竞争，即饭店企业国际竞争力演进分为四个阶段：资源驱动阶段、管理驱动阶段、集成驱动阶段、创新驱动阶段，并进而指出我国正处于从第三阶段向第四阶段过渡的转折期。

（三）关于中国饭店企业跨国竞争资源与能力分析

（1）我国饭店企业跨国经营的战略资源

与一般企业资源相比，饭店企业资源具有不同的自然属性和社会属性，从不同属性的特征出发，可以将饭店资源划分为不同的类型。根据我国饭店企业跨国经营的主要职能，结合在实际国际化发展中可能遇到的问题，将目前我国饭店企业资源划分为财务资源、人力资源、客户资源、环境资源、技术资源、关系资源、文化资源七大类。这里对饭店资源的划分绝不是一成不变的，各个资源之间的分界也不是绝对的、不可逾越的，每类资源之间也会有交叉，甚至是融合。而且之所以将饭店资源划分为以上几类，主要是为了通过认识饭店资源，识别在国际企业经营中可能遇到的障碍，进而为我国饭店企业依据自身优势进行跨国经营打下坚实的基础。

（2）我国饭店企业跨国经营的核心能力

组织能力视角是从战略管理的资源视角中衍生出来的一种理论形势，虽然两者不能绝对划分，并且常常结合起来共同解释企业战略问题，但是准确地说，两者是有一定差异的。资源视角重在对宏观环境、行业环境等环境资源的分析，而组织能力视角则重在对创造竞争优势的企业能力进行归纳。本书根据饭店企业跨国经营的特点和实施跨国经营的实践活动，提炼出五种能够形成饭店企业跨国竞争的核心能力，主要包括组织能力、品牌能力、进入能力、物质能力和服务能力。

以上五种能力对饭店企业的跨国经营具有重要的战略意义。需要指出的是，这五种能力的排列顺序不是随意的，与饭店企业实施跨国经营的战略步骤紧密相关。组织能力和品牌能力是形成现代企业制度和现代饭店集团的基础，两者作为跨国经营的重要战略准备位在前列；进入能力是饭店企业能否真正跨越国界进行经营的分水岭；随着饭店企业跨国实践的开展，企业马上面临饭店硬件条件和软件条件是否与东道国适应的问题，因此需要重视物质能力和服务能力的作用。

（四）中外饭店跨国经营特征比较

在财务资源方面，西方饭店集团经过长期的资本积累阶段，已经拥有了雄厚的资金实力。相比较而言，我国饭店企业缺乏足够的财务资源，融资能力也有待提高；人力资源方面，西方饭店集团很早即建立起专业教育机构和培训组织，人力资源市场规范，员工职业生涯规划与企业发展紧密结合。长期以来，我国的饭店业高管多来自政府部门的直接指派或者曾经有政府部门工作背景，具有专业化背景的高端人才相对较少，经过几十年的改革和发展，饭店业的专业化队伍逐渐壮大，从业人员素质日益提高，在个别发展态势良好的饭店集团已经开始引进西方饭店专业人才；技术资源方面，西方饭店集团普遍具有高度发达的网络技术系统，依靠网上预定的市场份额很高。我国饭店企业缺少领先的中央预订系统，进行技术资源的内部整合能力较差，与自主创新网络系统还有一段距离；西方饭店集团连锁化程度很高，饭店产品高度标准化，规模经济明显。我国单体饭店仍然在饭店业中占据绝对比重，饭店集团化进程缓慢；在管理体制方面，西方饭店集团所有权和经营权完全分离，经营机构和决策机构各司其职，在组织结构方面，倾向于扁平式，重视员工的组织学习和文化沟通。我国饭店企业的所有权与经营权分离依然不彻底，饭店业职业经理人群体尚未完全形成，组织结构方面科层式仍是主导，决策机制相对滞后；品牌能力方面，西方饭店集团意识强烈，注重顾客忠诚的长期开发和培育，形成完善的企业品牌家庭体系。我国饭店品牌观念有待引导，依然存在着重视品牌称谓和名称等外在形式多于品牌实质的不良倾向；在目标市场选择上，国际饭店集团已经进行世界布局，我国饭店企业主要依托出境旅游市场，在个别地区和国家布点。

（五）关于中国饭店企业跨国经营战略框架

从战略的角度研究中国饭店企业跨国经营，需要同时分析两个主体。其一是单体饭店，其二是饭店集团。尽管政府不断放权，但在现阶段，我国饭店企业仍然倾向通过政府的扶持获得补充资源，当前我国政府仍然处于跨国经营的辅助主体地位。

饭店企业国际市场竞争战略既有行业特殊性，又有参与国际竞争的共性，因此在制定战略时需要突出两点：一是我国饭店企业的自有优势，可以通过战略差异性来表现；二是我国饭店企业重视竞争，更重视合作，需要用竞争性协作来实现现有竞争优势的持久。

随着饭店企业国际化经营的开展，会产生一系列与饭店企业国际经营相关的经济行为和经济实体，饭店企业资源就在这种不断交汇和融合中，逐渐形成饭店企业的国际资源群落。资源群落本身是一种客观物质，如果不对其进行有意识地引导与整合，一方面会浪费有效资源，另一方面也可能会对饭店发展形成阻碍。因此本书以饭店企业国际资源有效整合为制定国际竞争战略的核心思想，通过配置各种资源，实现"资源群落"的整体和谐，获得整体最优的跨国战略形式。

我国饭店业在国际竞争力演进中处于集成驱动阶段向创新驱动阶段过渡的特殊时期，因此在国际资源群落的整合的指导思想下，需要兼顾两种国际竞争力阶段的不同战略要点。基于这一原则，我们将中国饭店企业的跨国战略解析为两个维度：一是跨越国界之前的战略资源准备；二是跨国经营实施之后的国际化运营。跨国成长战略内核重在对跨越国界之前的饭店核心优势进行分析，跨国发展战略则侧重对跨越国界之后的饭店经营重点进行阐释。在两种战略路径贯彻的过程中，大量内外资源进行交互作用：跨国成长战略引致内部资源重组，进而影响外部资源配置；跨国发展战略带来的外部资源又会通过内化的方式形成新的内部资源，进而为内部资源加入新鲜元素。从而使二维度战略路径处在不断修复和提高的战略资源群落循环模式之中。

（六）关于中国饭店企业跨国成长战略内核

饭店企业的跨国发展不能脱离于自身的竞争实力，只有具备了参与国际旅游市场的实力，才有可能真正参与跨国竞争实践，否则永远只能是国际竞争中的配角。通过对中外饭店跨国竞争特征的比较及国外饭店集团的跨国经验可知，国外饭店集团在饭店管理体制、品牌建设及集团化规模经济发展方面具有显著优势。与其他经验和优势相比，这些战略关键点更侧重于跨国竞争的准备内容。

命题一：现代企业制度的真正实施，是我国饭店企业有资格、有能力参与国际竞争的第一步。

命题二：品牌建设是我国饭店企业跨国管理的纽带，是推进饭店集团化进程，加速跨国经营步伐的核心步骤。

命题三：大型饭店集团的科学组建，是提高我国饭店企业知名度、抵御跨国经营风险、积极参与全球竞争的重要表现。

最后需要特殊强调的是，我国正处于经济转轨和市场经济完善阶段，因此必须依赖政府扶持和政策支持，政府部门和旅游行业组织的支持是饭店企业成功实施跨国经营过程中的重要保障系统。

（七）关于中国饭店企业跨国发展战略内核

虽然饭店企业的跨国经营同国内饭店经营拥有几乎一样的职能：财务、营销、人力资源、运营、行政和研发等，但是由于巨大的环境差异，这些在国内曾经驾轻就熟甚至拥有优势的职能活动很难轻易向目标国家过渡。为了保证饭店企业跨国经营活动有序开展，需要对跨国发展的关键战略要点进行分析。利用对中外饭店跨国竞争特征的比较及国外饭店集团的跨国经验，可以将我国饭店企业国际发展战略命题定位如下：目标市场选择、国际市场进入方式以及饭店企业与东道国文化融合。即按照饭店企业进入国际市场的逻辑顺序，首先对饭店企业目标市场选择战略进行分析；然后针对选择的国际市场，挑选适宜的市场进入方式；最后对影响饭店企业各项国际经营活动的跨文化融合问题进行阐释。

命题一：以我国公民出境游主要流向为依据，饭店企业可以选择主要出境游目的地作为跨国目标市场，将与我国地理距离、心理距离、文化距离较近的国家或地区作为跨国经营首选。

命题二：市场进入方式仍以特许经营、管理合同等非股权安排为主，同时根据跨国经营主体各异，核心竞争优势不同，再酌情选择其他进入方式。

命题三：跨文化管理是跨国企业的共性问题，饭店企业在跨文化管理中可以充分利用我国深厚的文化底蕴，创造出具有中国特征的跨文化饭店管理模式。

二、主要贡献

本书在系统总结国内外饭店集团跨国经营规律性经验的基础上，制定了适应现阶段中国国情的饭店业跨国成长战略和跨国发展战略二维度战略模式，从内部战略准备和外部战略实施两个方面，共同为跨国经营做出规划。本书的主要贡献体现在以下几个方面：

第一，对国内外著名饭店企业的跨国经验进行了系统总结。目前有关饭店企业跨国经营多针对实际管理过程中的具体问题展开，虽然讨论的内容比较广泛，但缺乏理论深度和研究系统性。本书以美国、法国、日本等国外著名饭店集团和中国×国际集团为例，对中外饭店企业跨国经营经验进行了系统提炼和归纳，不仅有效地弥补了相关方面的理论缺陷，而且为中国饭店企业跨国总体战略的设计提供了有价值的参考依据。

第二，构建了中国饭店业国际竞争力演进阶段模型。在我国饭店领域，很少有完整总结饭店业国际竞争阶段及其特点的专业文献，本书在波特一般产业国际竞争力思想的启发下，衍生出中国饭店业国际竞争力演进阶段模型，并明确识别出我国正处于集成驱动阶段向创新驱动阶段进阶的过程中。饭店业国际竞争力演进阶段的提出，一方面为明确目前我国饭店企业在国际竞争中所处的战略地位，并制定与之相适应的国际战略提供了依据；另一方面鉴于中国饭店业正处于国际竞争力的转型和过渡提升阶段，因此需要兼顾两个阶段的经营特点，为提出二维度战略路径奠定了基础。

第三，对中外饭店企业跨国资源与核心能力进行了详细比较。本书在分析我国饭店企业国际战略资源和核心能力的基础上，将我国饭店企业与国外饭店企业的国际经营特征进行了全方位比较。不仅挖掘出我国饭店企业需要改善和提高的战略关键点，而且为我国饭店企业逐步缩小与国际饭店集团的差距，顺利推进跨国经营进程奠定了基础。

第四，将国际资源群落的系统整合思想作为饭店企业跨国战略主旨。资源整合是利用系统论思想，通过优化配置各种资源获得整体最优。通过资源整合，饭店企业在维持其赖以生存的资源系统的同时，还不断促进各种资源动态发展，使其共生共长，相互依存，最终实现"资源群落"的整体和谐。

第五，提出了适应现阶段中国国情的饭店业跨国成长战略和跨国发展战略二维度战略路径。饭店企业在中国转轨经济下开展跨国经营，这种特殊的制度环境决定了其跨国经营行为也将有别于其他国家的饭店企业。本书从我国特殊的制度环境和组织环境入手，提出了适合现阶段饭店企业跨国经营的战略思路，即跨国成长战略和跨国发展战略二维度路径，并结合中国饭店业的跨国现状，提出了两种战略中需要各自关注的战略要点。从内部战略准备和外部战略实施两个方面共同为我国饭店企业跨国经营做出了规划，既体现出鲜明的时代特点，又有效地融合了我国国情。

第六，提出了中国饭店业跨国目标市场选择依赖模式。相比制造业在跨国目标市场选择中比较重视资源、成本和技术，饭店业在跨国目标市场选择中更重视制度、市场和文化等方面的影响。因此，本书从饭店业的行业特性出发，探索性地提出了中国饭店业跨国目标市场选择的路径依赖、制度依赖、文化依赖、战略依赖四种模式，指导饭店企业以出境游的线路选择、以东道国的经济制度环境、以文化认同度和文化融合性、以国家战略导向和企业战略合作范围及方式为依据，选择合适的跨国目标市场。

第二节 研究局限与研究展望

我国饭店企业跨国经营研究仍处于持续探索阶段，该领域的研究在实践上缺乏广泛的实证基础；基础理论体系仍有待完善，当前仍有很大一部分内容是基于制造业展开论述的。因此，本书只是在现有饭店企业跨国实践的基础上，借鉴一般企业跨国经营理论的内容做些探索性工作。另外囿于笔者能力和内容篇幅等限制，本书不可避免地存在一些需要进一步完善的内容，这里拟对研究局限及今后需要进一步研究的问题做出归纳，希望对未来本领域的深入探讨提供帮助。

一、研究局限

第一，国内跨国饭店企业缺少大样本支撑。中国饭店业处于跨国经营的深化探索阶段，只有部分大型饭店集团进行了跨国经营尝试，因此，能为本书提供经验支撑的样本数量相对较少，只能借助现有中国饭店业的实践，选择典型案例着重进行分析。相信随着中国饭店企业大规模开展跨国经营，这一缺陷将逐渐得到弥补。

211

第二，缺乏基于指标设计的定量分析。本书主要基于定性研究方法展开全文的论述，虽然也提炼出国际化经营的规律性经验和跨国竞争的演进阶段模型，但基本是理论演绎和归纳的结果，缺乏基于指标设计的定量分析。

第三，饭店跨国成长战略体系还有待进一步完善。除了目前论述的跨国饭店企业制度、品牌培育和集团化发展等战略关键点外，跨国饭店企业的组织架构、治理结构和战略管理模式等方面在国际化发展过程中的影响也日益重要。饭店企业的内部跨国优势培育始终是跨国经营的重要前提，因此需要不断丰富现有的中国饭店企业成长理论体系。

二、研究展望

"一带一路"倡议进一步为中国饭店企业跨国经营指明了方向，随着旅游业的纵深发展和国家战略的落实，饭店企业国际化将成为学界和业界深入讨论的重要问题。本书作为先期成果，今后将根据实践的变化持续丰富和完善。具体来说，中国饭店企业跨国经营战略未来可能需要在以下几个方面有所突破：

第一，随着我国饭店企业跨国经营活动的大量涌现和深入发展，可获得的国内跨国饭店企业样本数量将逐渐增加。因此，后续研究可以考虑对饭店企业进行大样本问卷调查，通过掌握翔实的第一手研究资料，使中国饭店企业跨国经营的实证研究具有延续性和持久性，为我国政府和饭店业从实证的角度判断饭店企业的战略角色和演进趋势，从而制定跨国战略决策，提供另一个角度的参考依据。

第二，在分析国内外饭店企业跨国经营经验的方面，可以考虑对现有研究方法进行改进。比如加入问卷设计，通过数据收集与统计分析等实证方法，使目前的规律性经验描述变得更为严谨、科学，同时也更具可操作性。

第三，中国饭店业国际竞争力演进阶段模型在指导饭店业国际经营活动中起着衡量标尺的作用。目前各个阶段的特点主要是从定性角度进行说明，没有设计成可测度的阶段指标。未来的研究可以考虑从一般的定性描述向定性与定量相结合的方向转变，开发出一系列相关指标和数据，对未来趋势进行量化预测。

第四，现有战略体系需要随着实践发展不断充实完善。目前提出的跨国成长战略内核和跨国发展战略内核是根据现阶段中国国情和饭店企业经营现状提炼形成的，随着市场经济的完善和饭店企业经营日益成熟，需要着重关注的战略要点也会随之改变，因此需要不断对现有战略体系进行修正和完善，从而更好地适应不断变化的国际环境。

参 考 文 献

中文著作及期刊

[1] [美] 朱卓仁（Chuck Y. Gee）著. 国际饭店管理 [M]. 谷慧敏主译. 中国旅游出版社, 2002.

[2] 杨森林, 郭鲁芳. 中国旅游业国际竞争策略 [M]. 上海: 立信会计出版社, 1999.

[3] 李天元. 旅游学概论（第五版）[M]. 天津: 南开大学出版社, 2003.

[4] 黄震方. 饭店管理概论 [M]. 北京: 高等教育出版社, 2001.

[5] 戴斌. 现代饭店集团研究 [M]. 北京: 中国致公出版社, 1998.

[6] 杜江. 旅游企业跨国经营战略研究 [M]. 北京: 旅游教育出版社, 2001.

[7] 中国旅游饭店业协会著. 中国饭店集团化发展蓝皮书 2003 [M]. 北京: 中国旅游出版社, 2003.

[8] 张辉, 厉新建. 旅游经济学原理 [M]. 北京: 旅游教育出版社, 2004.

[9] 高舜礼. 中国旅游业对外开放战略研究 [M]. 北京: 中国旅游出版社, 2004.

[10] 蒋丁新编著. 饭店管理概论 [M]. 北京: 中国旅游出版社, 1992.

[11] 谷慧敏, 秦宇. 世界著名饭店集团管理精要 [M]. 沈阳: 辽宁科学技术出版社, 2001.

[12] 齐善鸿等著.现代饭店管理新原理与操作系统 [M].广州：广东旅游出版社，1999.

[13] 张诚.服务业跨国公司与中国经济发展 [M].北京：中国财政经济出版社，2006.

[14] 顾乃康.转轨经济中中国企业的跨国经营行为 [M].广州：中山大学出版社，2003.

[15] 殷作恒.迅速崛起的中国旅游业.世界经济年鉴（2003/2004）.

[16] 徐虹.饭店企业核心竞争力研究 [M].北京：旅游教育出版社，2004.

[17] [美]克里斯托弗·巴特利特（Christopher A. Bartlett），休曼特拉·戈歇尔著（Sumantra Ghoshal）.跨国管理：教程、案例和阅读材料（第二版）[M].大连：东北财经大学出版社，2004.

[18] 李尔华编著.跨国公司经营与管理 [M].北京：清华大学出版社.北京交通大学出版社，2005.

[19] 段云程著.中国企业跨国经营与战略 [M].北京：中国发展出版社，1995.

[20] Michael D. Olsen, Eliza Ching-Yick Tse, and Joseph J. West 著.饭店与旅游服务业战略管理 [M].徐虹，王妙主译.天津：南开大学出版社，2004.

[21] 世界旅游及旅行理事会（WTTC）.中国，中国香港暨澳门特别行政区旅游及旅行业对就业和国民经济的影响，2006.

[22] 杜江等.中国旅游企业经营的国际化——理论、模式与现实选择 [M].北京：旅游教育出版社，2006.

[23] 郭鲁芳等编著.旅游经济学 [M].杭州：浙江大学出版社，2005.

[24] 丁林.饭店管理原理与实务 [M].北京：北京经济科学出版社，2004.

[25] 徐立青，严大中，唐方敏.中小企业国际化经营战略 [M].北京：科学出版社，2005.

[26] 朱晓青. 加入 WTO 后北京现代服务业发展研究 [M]. 北京：华文出版社，2005.

[27] [美] 迈克尔·波特 (Michael E. Porter) 著. 竞争优势 [M]. 陈小悦译. 北京：华夏出版社，1997.

[28] [英] 耐杰尔·埃文斯 (Evans, N.)，大卫·坎贝尔 (Campbell, D.)，乔治·斯通休萨 (Stonehouse, G.) 著. 旅游战略管理 [M]. 马桂顺译. 沈阳：辽宁科学技术出版社，2005.

[29] 张润钢. 透视中国饭店业 [M]. 北京：旅游教育出版社，2004.

[30] 余昌国. 现代饭店管理创新 [M]. 北京：北京燕山出版社，2005.

[31] 许晖. 加速国际化：拓展国际市场战略 [M]. 天津：天津大学出版社，2003.

[32] 郑向敏. 现代饭店无形资源管理 [M]. 北京：机械工业出版社，1998.

[33] 中国社会科学院工业经济研究所. 中国工业发展报告（1998）[R]. 北京：经济管理出版社，1998.

[34] 卢馨. 构建竞争优势——中国企业跨国经营方略 [M]. 北京：经济管理出版社，2003.

[35] 饶勇. 我国旅游饭店业向成熟转化时期的竞争特征和战略对策 [J]. 旅游学刊，2002 (4).

[36] 邹益民，戴维奇. 单体饭店连锁化经营模式的战略选择：资源基础理论的观点 [J]. 旅游科学，2006 (4).

[37] 徐菊凤. 连盟与求异：未来中国饭店业发展的两大选择——访中国旅游饭店业协会会长侣海岩先生 [J]. 旅游学刊，2003 (2).

[38] 杜江，戴斌. 中国饭店业市场壁垒研究 [J]. 北京第二外国语学院学报，2001 (1).

[39] 项保华，张建东. 案例研究方法和战略管理研究 [J]. 自然辩证法通讯，2005 (5).

[40] 阎建东．邓宁国际生产折衷理论述评［J］．南开经济研究，1994（1）．

[41] 邹统钎．入世后我国饭店企业参与国际竞争的步骤与方式［J］．世界经济与政治论坛，2000（4）．

[42] 金碚．产业国际竞争力研究［J］．经济研究，1996（11）．

[43] 武亚军，高旭东，李明芳．国际化背景下的中国本土企业战略：一个理论框架与应用分析［J］．管理世界，2005（11）．

[44] 克里斯丁·格朗鲁斯．服务企业的国际化战略［J］．南开管理评论，2001（6）．

[45] 秦宇．对饭店组织发展、演进的经济学分析［J］．旅游学刊，2003（3）．

[46] 张一弛，欧怡．企业国际化的市场进入模式研究述评［J］．经济科学，2001（4）．

[47] 申葆嘉．国外旅游研究进展（连载之一）［J］．旅游学刊，1996（1）．

[48] 戴斌．论国际旅游经济学的演进与发展［J］．桂林旅游高等专科学校学报，1998（9）：3．

[49] 佟家栋．国际贸易理论的发展及其阶段划分［J］．世界经济文汇，2000（6）．

[50] 鲁桐．发展中国家跨国公司理论及其思考［J］．世界经济与政治，1998（1）．

[51] 黎洁，赵西萍．论国际旅游竞争力及其阶段性演进［J］．社会科学家，1999（6）．

[52] 秦宇．论我国饭店集团发展过程中的几个误区——暨中国饭店集团演进的一个理论框架［J］．旅游学刊，2004（2）．

[53] 杜江．论中国旅游产业功能与产业政策的转变［J］．北京第二外国语学院学报，2005（5）．

[54] 戴斌．论中国饭店产业结构优化的宏观目标与路径选择［J］．

旅游学刊，2004（4）.

[55] 陈顺．旅游饭店品牌延伸战略研究［J］．边疆经济与文化，2004（7）.

[56] 魏小安．中国饭店业品牌化发展的战略及思路［J］．饭店现代化，2003（3）.

[57] 王新玲．我国家电品牌国际竞争力——形成过程及影响因素分析［J］．管理世界，2000（4）.

[58] 朱德武，陈培根．品牌延伸需要彻底的观念更新［J］．管理世界，2004（5）.

[59] 黎洁．我国饭店企业品牌营销刍议［J］．旅游学刊，1998（2）.

[60] 徐虹．饭店集团国际化经营与跨文化管理［J］．国际经济技术合作，2001（3）.

[61] 叶克林．经济全球化与"走出去"战略——金城集团"境外加工贸易模式"案例研究［J］．管理世界，2001（6）.

[62] 欧阳桃花．试论工商管理学科的案例研究方法［J］．南开管理评论，2004（7）.

[63] 吕波．旅游企业信用缺失的道德治理［J］．旅游学刊，2007（2）.

[64] 陈肖静．中国饭店业的发展战略［J］．扬州大学烹饪学报，2004（2）.

[65] 吕建中，张海虹．中国单体饭店发展策略探索［J］．技术经济与管理研究，2005（4）.

[66] 苏北春．浅析饭店管理中品牌经营战略［J］．集团经济研究，2006（6）上半月刊.

[67] 陈建勤．旅游企业跨国经营条件与策略研究［J］．特区经济，2006（4）.

[68] 翁钢民，王叶峰．加入WTO后我国旅游企业跨国经营战略研究［J］．技术经济，2002（5）.

[69] 郑向敏，谢朝武．基于优势营造的饭店资源系统的动态更新

模式 [J]．东北财经大学学报，2003（5）.

[70] 王兴琼．基于归核化经营的饭店动态联盟构建 [J]．华侨大学学报（哲学社会科学版），2004（3）.

[71] 卢宏亮．基于顾客锁定理论的饭店企业经营战略研究 [J]．桂林旅游高等专科学校学报，2006（6）.

[72] 黄蔚．观念、战略、策略与人才的整合——中国企业跨国经营的必由之路 [J]．企业管理，2005（2）.

[73] 马梅．E时代国际旅游企业区域型全球化市场分布及其启示 [J]．经济地理，2006（1）.

[74] 邓爱民．对中国饭店实行集团化的可行性战略分析 [J]．财贸经济，2005（9）.

[75] 秦宇．现代西方饭店组织的发展演进 [J]．桂林旅游高等专科学校学报，2003（10）.

[76] 谷慧敏．饭店集团的运作方式 [J]．北京第二外国语学院学报，2000（3）.

[77] 孙萍．饭店集团化战略探讨 [J]．扬州大学烹饪学报，2002（3）.

[78] 邹益民，戴维奇．饭店集团品牌组合管理——剖析国外饭店集团之品牌结构 [J]．商业研究，2003（10）.

[79] 董姝玉．饭店集团无形资产战略 [J]．北京第二外国语学院学报，2003（5）.

[80] 陈晓．饭店集团一体化研究 [J]．浙江社会科学，2003（6）.

[81] 于伟．饭店联合体动力机制及运行分析 [J]．桂林旅游高等专科学校学报，2005（12）.

[82] 戴维奇．关于我国发展饭店联合体的初步研究 [J]．旅游学刊，2002（3）.

[83] 杨云．国际饭店集团扩张与我国饭店集团化发展策略 [J]．湖北大学学报（哲学社会科学版），2002（1）.

[84] 张玉改，兰贵秋，刘宏．加入WTO对我国旅游饭店业的影响

与对策［J］．经济师，2002（8）．

[85] 陈建斌．经济全球化与中国旅游业的战略对策［J］．天津商学院学报，2002（3）．

[86] 吴鸿，宋子斌．连锁饭店经营中的战略协同效应探讨［J］．社会科学家，2006（3）．

[87] 李玉新，马波．旅游业集团化经营的优势分析和实现模式的探讨［J］．社会科学家，2003（1）．

[88] 李俊梅，余维祥．浅析基于资源的中国饭店发展战略［J］．商场现代化，2005（10）．

[89] 王大悟．确立中国饭店集团的品牌优势［J］．旅游科学，2003（2）．

[90] 张建波，戴国庆．上海旅游企业跨国经营研究［J］．上海大学学报（社会科学版），2003（11）．

[91] 叶全良．世界饭店业的形成与发展［J］．中南财经政法大学学报，2003（1）．

[92] 张晓明．我国饭店集团的发展条件分析［J］．西北大学学报（哲学社会科学版），1999（5）．

[93] 龚建，聂小荣．我国饭店集团化的发展及其动因［J］．江西社会科学，2004（3）．

[94] 佘素丽．我国饭店集团品牌战略与竞争优势［J］．湘潭大学社会科学学报，2003（5）．

[95] 鲁敏．我国饭店连锁的发展前景分析［J］．桂林旅游高等专科学校学报，2002（3）．

[96] 陈雪琼，何凡．我国饭店联合体高效运作的制约因素及其消除对策［J］．旅游科学，2005（10）．

[97] 陈晓．我国饭店企业集团化发展研究［J］．工业技术经济，2003（5）．

[98] 应瑛．我国饭店业集团化战略新探：基于核心能力的集团化

[J]. 中国地质大学学报（社会科学版），2001（6）.

[99] 叶全良. 现代饭店集团及管理模式研究 [J]. 财贸经济，2003（2）.

[100] 徐栖玲，刘俊伟. 从锦江新亚重组看我国旅游饭店集团的战略构想 [J]. 商业经济文荟，2004（5）.

[101] 李欣宇，覃珧. 中国饭店业集团化发展现状探究 [J]. 饭店现代化，2005（8）.

[102] 吕波. 饭店收益管理系统及策略 [J]. 饭店现代化，2006（10）.

[103] 齐善鸿，吕波. 旅游企业信用危机与道德治理 [J]. 理论探讨，2006（5）.

[104] 史清琪，张于. 国际产业竞争力评价理论与方法 [J]. 宏观经济研究，2001（2）.

[105] 陈卫平，朱述斌. 国内关于产业国际竞争力研究综述 [J]. 教学与研究，2002（4）.

[106] 赵西萍，王磊，刘洪涛. 中国旅游饭店业跨国经营道路的探讨 [J]. 旅游学刊，1996（5）.

[107] 戴斌. 中国酒店集团的世纪之路 [J]. 现代酒店，2000（4）.

[108] 戴斌. 旅游企业国际化及其运作研究 [J]. 旅游科学，2000（3）.

[109] 王大悟. 政企分开上海旅游行政管理体制改革先行创造实施现代企业制度良好条件 [J]. 旅游学刊，1995（3）.

[110] 邹统钎. 中国饭店企业集团化战略发展模式与政策导向 [J]. 旅游学刊，1999（3）.

[111] 胡曼. WTO 和我国企业的跨文化管理战略 [J]. 环渤海经济瞭望，2004（4）.

[112] 吴文武. 跨国公司与经济发展——兼论中国的跨国公司战略 [J]. 经济研究，2003（6）.

[113] 杜江. 中国饭店跨国经营的可行性及其战略选择 [J/OL].

http：//www. souchu. com/CookerJY/CYJD/200609/41789. html. 2006 - 1 - 2.

[114] 马洪. 专论：经济全球化与中国经济 [EB/OL]. http：//www. people. com. cn/GB/channel3/21/20001116/314554. html. 2006 - 12 - 12.

[115] 李树民. 未来世界旅游市场的发展趋势和特征 [EB/OL]. http：// travel. veryeast. cn/travel/97/2006 - 6/19/0661920130528686. htm. 2006 - 6 - 19.

[116] 世界服务贸易发展的趋势分析 [EB/OL]. http：//ccn. mof-com. gov. cn/spbg/show. php？ id = 5036&ids = 22007 - 1 - 18.

[117] 胡景岩. 服务贸易发展潜力巨大 [N]. 经济日报，2006 - 12 - 14.

[118] 徐京. 世界旅游业的发展趋势与中国的相关形势 [EB/OL]. http：//www. outbound-tourism. cn/Chinese/first/c3. htm. 2006 - 10 - 10.

[119] 张广瑞. 2004～2006 年中国出境旅游的现状分析与趋势预测 [N/OL]. 中国网友报，http：//www. 51766. com/bbs/www/1100202146. html 50K2006 - 10 - 19.

[120] 戴斌. 展望新21 世纪的中国酒店集团 [J/OL]. 旅游经理人. http：//www. ctceo. com/Article/Print. asp？ ArticleID = 13316. 2006 - 4 - 4.

[121] 赵焕焱. 中国饭店业 2006 年中报 [EB/OL]. http：//www. chinavalue. net/showarticle. aspx？ id = 34135. 2006 - 6 - 14.

[122] 中国旅游饭店能"走出去"吗？[EB/OL]. www. hotel520. com/Article/HTML/14698_2. html20K2007 - 1 - 17.

[123] 谢雨萍. 我国旅游行业股份制改造初探 [EB/OL]. http：//www. davost. cn/Item？ id = 114012006 - 3 - 23.

[124] 甘圣宏. 饭店管理中的八大资源 [EB/OL]. http：//www. 21tb. com/html/zlwz/hy_view. php？ id = 196. 2005 - 05 - 07.

[125] 王大悟. 对外国酒店集团在华态势的几点判断 [EB/OL]. http：//news. airtofly. com/Html/006/2007 - 1/11/10462807111110462877065 91_2. html. 2007 - 1 - 18.

[126] 秦宇. 投资饭店选择哪种方式？[EB/OL]. www. newsx-

tour. com/look. asp？id＝375K. 2004－11－25.

　　［127］赵焕焱. 赵焕焱饭店榜：上海 20 年［EB/OL］. http：//www. chinavalue. net/showarticle. aspx？id＝17794. 2006－1－6.

　　［128］奚晏平. 寻找国有酒店行业的现代企业制度之路［EB/OL］. http：//guanli. veryeast. cn/guanli/Expertrostrum/2007－2/12/0721218254092843. htm. 2007－2－12.

　　［129］张志刚. 1000 项审批阻碍企业"走出去"［N］. 中国经济时报，2000－7－27.

　　［130］关于上海旅游企业跨国发展问题的研究［R/OL］. 上海市旅委发展研究课题组报告. http：//218. 93. 16. 131/dzkw/c/13/1. htm.

　　［131］中国和美国饭店市场以及管理的详细比较［EB/OL］. http：//news. tom. com/1002/20041213－1642448. htm. 2004－12－13.

　　［132］张润钢. 对现阶段中国本土饭店集团发展之路的再思考［EB/OL］. http：//guanli. VeryEast. Cn　2005－9－23.

　　［133］饭店集团化人才培养方法浅探［EB/OL］. http：//www. nca. net. cn/article. asp？id＝1739. 2006－12－1.

　　［134］马勇，陈雪钧. 我国饭店集团发展的战略定位选择［EB/OL］. http：//www. 126hotel. com/XXLR1. ASP？ID＝338. 2006－2－24.

　　［135］林巧云. 跨文化管理——霍夫斯泰德的四个维度［EB/OL］. http：//www. free-lunwen. com/thesis/200672822184010706/. 2006－7－28.

　　［136］赵焕焱. 中国饭店业国际化和走向世界的路径［EB/OL］. http：//www. chinavalue. net/showarticle. aspx？id＝6400. 2005－6－10.

　　［137］国际酒店管理集团的经营运作及其在中国的发展［EB/OL］. http：//blog. sina. com. cn/u/3f1bd761010005et. 2007－2－13.

　　［138］赵焕焱. 全球饭店集团进入不动产并购活跃期［EB/OL］. 价值中国. http：//www. chinavalue. net/showarticle. aspx？id＝34671.

　　［139］安民. 在经济全球化中实现共同发展. 第二届中国企业"走出去"国际论坛上的演讲摘要［EB/OL］. http：//www. fmprc. gov. cn/

chn/ziliao/wzzt/jjywj/t196795. htm. 2005 – 5 – 23.

［140］锦江之星：打造国产经济型连锁酒店［EB/OL］. 中国调查研究网 http：//www. chinacct. com. cn/list. asp？id = 445. 2006 – 8 – 18.

［141］杨卫民. 自主创新走向世界. 全球酒店·看中国［EB/OL］. http：//www. global-hotel. com. cn/zsynews/news ＿ view. asp？ newsid = 24. 2006 – 11 – 13.

［142］陆琼琼. 锦江之星：个案的样本意义［N］. 经济观察报. 旅游人网站. http：//www. itsqq. com/a/mu/ho/qy/jj/2005 – 05 – 03/38731. html. 2005 – 5 – 3.

［143］"锦江模式"跻身境外酒店管理市场［EB/OL］. 旅游经理人. http：//www. ctceo. com/Article/Print. asp？ ArticleID = 1867. 2004 – 8 – 17.

［144］慎海雄，周解蓉. 北京酒店网［EB/OL］. http：//www. xmrda. com/bbs1/printpage. asp？ BoardID = 54&ID = 500.

［145］财务顾问网［EB/OL］. http：//www. cwgw. com/discourse/lunwen_show. php？ lunwen_id = 5835.

［146］吴晓春. 积极实施产业国际化发展战略努力做响酒店民族自主品牌［EB/OL］. http：//www. tvsky. tv/detail. php？ id = 2265.

［147］中华人民共和国文化和旅游部［EB/OL］. https：//www. mct. gov. cn/.

［148］《世界旅游经济趋势报告（2018）》［R］. 世界旅游城市联合会.

外文著作及期刊

［1］Ana Ramón Rodríguez. Determining factors in entry choice for international expansion. The case of the Spanish hotel industry［J］. Tourism Management，Volume. 23，Issue. 6，December，2002.

［2］Alan Jones，Grahame Fallon and Roman Golov. Obstacles to foreign direct investment in Russia［J］. European Business Review Volume. 12，Number. 4，2000.

［3］ Axinn，C. N. Export Performance：Do Managerial Perceptions Make a Difference? ［J］. International Marketing Review 5，No. 2，1988.

［4］ Almer. A. ，Cole，C. . Services Marketing：Principles and Practice ［M］. Prentice-hall，Englewood Cliffs，NJ，1995.

［5］ Anderson E. ，Gatignon H. ，Modes of Foreign Entry：A Transactions Cost Analysis and Propositions ［J］. Journal of International Business Studies，Fall，1986.

［6］ Baldwin C Y. Competition in Global Industries：A Conceptual Framework，Competition in Global Industries ［M］. Boston：Harvard Business Press，1986.

［7］ Bouqueta，Cyril and Louis Hebert. etc Foreign expansion in service industries：separability and human capital intensity ［J］. Journal of Business Research. 57. 2004.

［8］ Banwari Mittal and Julie Baker. Advertising Strategies for hospitality services ［J］. Cornell Hotel and Restaurant Administration Quarterly. April，2002.

［9］ Buddewyn J. J. ，Halbrich M B，Perry A C. Service Multinationals：Conceptualization，Measurement and Theory ［J］. Journal of International Business Studies，Fall，1986.

［10］ Britton S. The Political Economy of Tourism in the Third World ［J］. Annals of Tourism Research，1982.

［11］ Butler R. W. The Concept of a Tourist Area Cycle of Evolution：Implications for Management of Resources ［J］. Canadian Geographer，1980. 1.

［12］ Britton S. The Political Economy of Tourism in the Third World ［J］. Annals of Tourism Research，1982. 9.

［13］ Burritt M. C. Japanese investment in U. S. lodging and resorts ［J］. The Cornell Lodging and Restaurant Administrative Quarterly，October，1991.

［14］ Chekitan S. DEV，M. Krishna Erramilli，and Sanjeev Agarwal.

Brands Aross Borders – Determining Factors in Choosing Franchising or Management Contracts for Entering Internatioanl Markets ［J］. Cornell Hotel and Restaurant Administration Quarterly. Dec （6）, 2002.

［15］ Christaller W. Some Consideration of Tourism Location in Europe: The Periphery Regions – Underdeveloped Countries – Recreation Areas ［J］. Regional Science Association Papers, 1964, 12.

［16］ Chol Yong Kim. Development of a framework for the issue identification of political environment issues faced by multinational lodging chains in NIC countries in Asia ［D］. A doctoral dissertation, HRIM, Va Tach, 1992.

［17］ C. S. Dev and S. Klein. Strategic alliances in the lodging industry ［J］. The Cornell Hotel and Restaurant Administration Quarterly, 1993, 34 （1）.

［18］ Cathy Burgess, Anne Hampton, Liz Price and Angela Roper. International hotel groups: what makes them successful? ［J］ International Journal of Contemporary Hospitality Management, Vol. 7, No. 2/3, 1995.

［19］ Christopher H. Lovelock. Developing marketing strategies for transnational service ［J］. Journal of Services Marketing, Vol. 13, 1999.

［20］ Chandler, A. D. Strategy and Structure ［M］. MIT Press: Cambridge, 1962.

［21］ Carman, J. M. , Langeard, E – growth Strategies of Service Firms ［J］. Strategic Management Journal, 1980, 1. 1 （2 – 3）.

［22］ Christopher H. Lovelock. Services Marketing. 2nd ed ［M］. Prentice Hall, 1991.

［23］ Christos N. Pitlisand Roger Sugden. The Nature of the Transnational Firm （Second Edition） ［M］. Routledge, 1991.

［24］ Clark T. , Rajaratnam, D. , Smith, T. Toward A Theory of International Services: Marketing Intangibles in A World of Nations ［J］. Journal of International Marketing, 1996, 4 （2）.

［25］Campbell, A. G and Verbeke, A. The globalization of service multinationals ［J］. Long Range Planning, Vol. 27, No. 2, 1994.

［26］Caves. R. E. , International corporations: The industrial economics, of foreign investment ［J］. Economica 38. 1971.

［27］Casson M. , The Firm and the Market ［M］. Oxford, Basil Blackwell, 1987.

［28］D. G. Pearce. Tourism Research ［M］. Longman, 1992.

［29］Dimitrioannides , K. G. Debbage etc. The Economic Geography of the Tourist Industry Supplyside Analysis ［M］. Psychology Press, 1998.

［30］De Ruyter, K. , Van Birgelen, M. , Wetzels, M. Consumer Ethnocentrism in International Services Marketing ［J］. International Business Review, 7. 1998.

［31］Din K. H. The involvement stage in the evolution of a tourist destination ［J］. Tourism Recreation Research, 1992, 17 (1).

［32］D. E. Lundberg, M. Krishnamoorthy, Mink H. Stavenga. Tourism Economics ［M］. John Wiley & Sons, Inc. , 1995.

［33］David Litteljohn. Internationalization in hotels: current aspects and Developments ［J］. International Journal of Contemporary Hospitality Management 9/5/6. 1997.

［34］Ekeledo, L. Sivkumar, K. Foreign Market Entry Mode Choice of Service Firms: A Contingency Perspective ［J］. Journal of the Academy of Marketing Science, 1998, 26 (4).

［35］Erramilli M. , Entry Mode Choice in Service Industries ［J］. International Marketing Review, 1990, 7 (5).

［36］Erramilli M. , Rao C. , Service firms' international entry mode choice: A modified transaction cost approach ［J］. Journal of Marketing, 1993, 57 (3).

［37］Frechtling, D. C. The tourism satellite account: foundation, progress and issues [J]. Tourism Management, 1999. 20.

[38] Farok J. Contractor, Sumit K. Kundu. Modal choice in a world of alliances: analyzing organizational forms in the international hotel sector [J]. Journal of International Business Studies, Vol. 29, No. 2, 1998.

[39] George S. Yip, Pierre M. Loewe and Michael Y. Yoshino, How to Take Your Company to the Global Market [J]. Columbia Journal of World Business, Winter, 1988.

[40] Gronroos, C.. Service Management and Marketing: Managing the Moments of Truth in Service Competition [M]. Lexington Books, Lexington, 1990. 6.

[41] Gummesson. E.. Relationsmarknadsforing: Fran 4 Ptill 30 R (Relationship Marketing: From 4 Ps To 30 Rs) [M]. Swedish: Liber-hermods, Stockholm, 1998.

[42] Gormsen E. The Spatial – Temporal Development of International Tourism [J]. Erdkunde. 1981.

[43] Gary Knight. International services marketing: review of research, 1980 – 1998 [J]. Journal of Services Marketing, Vol. 13, 1999.

[44] Hotels [J]. 2000 – 2006.

[45] Hennart Jean – Francois, Can the New Forms of Investment Substitute for the Old Forms? A Transaction Cost Perspective [J]. Journal of International Business Studies, Summer (20), 1989.

[46] Hill C. , Hwang P. and Kim, W. An elcetic theory of the choice of international entry mode [J]. Strategic Management Journal, 11. 1990.

[47] Heckscher E. The Effect of Foreign Trade on the Distribution of Income, Economisk Tidskrift [J]. Heckscher – Ohlin Trade Theory. The MIT Press, Cambridge, 1991.

[48] Hout, Thomas, Michael E. Porter, Eileen Rudden How global companies win out [J]. Harvaed Business Review, September – October

60. 1982.

[49] Harmel, Gary, C. K Prahalad. Do you really have a global strategy [J]. Harvard Business Review, July – August 63. 1985.

[50] Husbands B. Social Status and Perception of Tourism in Zambia [J]. Annals of Tourism Research, 1989 (16).

[51] Haishun Sun. Entry modes of multinational corporations into China's market: a socioeconomic analysis [J]. International Journal of Social Economics, Vol. 26, No. 5, 1999.

[52] Hadyn Ingram. Hospitality: a framework for a millennial review [J]. International Journal of Contemporary Hospitality Management 11/4. 1999.

[53] Hadyn Ingram. Hospitality and tourism: international industries experiencing common problems [J]. International Journal of Contemporary Hospitality Management, Vol. 7, No. 7, 1995.

[54] Hofstede, G. , Culture's consequences: international differences in working-related values [M]. Beverly Bills CA: Sage Publication, 1980.

[55] Ikechi Ekeledo, K. Sivakumar. International market entry mode strategies of manufacturing firms and service firms A resource-based perspective [J]. International Marketing Review Vol. 21, No. 1, 2004.

[56] J. H. Dunning. trade, Location of Economic Activity, and the MNE: A Search for an Eclectic Approach, in B: Ohlin, P – 0, Hesselborn and P: M. Wijkman, (eds) [M]. The International Allocation of Economic Activity, London: Macmillan, 1977.

[57] Jeffrey S. Harrison. Strategic Analysis for the Hospitality Industry [J]. Cornell Hotel and Restaurant Administration Quarterly. April, 2003.

[58] Jeannet, J. P, Hennessey, H. D. Global Marketing Strategies [M]. Dreamtech Press, 2005.

[59] Johnson. Harry G. The Efficiency and Welfare Implications of International Corporation, in C. P. Kindleberber (ed) [M]. The International cor-

poration: A Symposium. Cambridge, Massachusetts: MIT press.

[60] J. Hoffman and M. J. Schniederjans. An international strategic management goal programming model for structuring global expansion decision in the hospitality industry: the case of Eastern Europe [J]. International Journal of Hospitality Management, 9 (3), 1990.

[61] Jin Lin Zhao and Michael D Olsen, The antecedent factors influencing entry mode choices of multinational lodging forms [J]. International Journal of Hospitality Management Vol. 16, No. 1, 1997.

[62] John H. Dunning, Matthew Mcqueen. The Eclectic Theory of International Production A Case Study of the International Hotel Industry [J]. Managerial and Decision Economics, Vol 2, No. 4, 1981.

[63] John. H. Dunning. Multinational Enterprise and the Global Economy [M]. Addison Wesley, 1993.

[64] Jeremy Clegg. Explaining international production: multinationals, technology and competitiveness [J]. The Economic Journal, Vol. 101, No. 409, Nov. , 1991.

[65] Joel A. C. Baum. The changing basis of competition in organizational populations: the manhattan hotel industry, 1898 - 1990 [J]. Social Forces, Vol. 74, No. 1, Sep. , 1995.

[66] Judie Gannon, Keith Johnson. Socialization control and market entry modes in the international hotel industry [J]. International Journal of Contemporary Hospitality Management, 9 (5/6). 1997.

[67] Kogut, Bruce. Designing global strategies: Profiting from operational flexibility [J]. Sloan Management Review, Fall. 1985.

[68] Kim W. Chan, Renee A Mauborgne. Blue ocean strategy. Boston, Mass [J]. Harvard Business School Press, 2005.

[69] Kiyoshi Kojima. Direct Foreign Investment [M]. London. Croom Helm, 1978.

[70] Levent Altinary. Selecting partners in an International Franchise Organisation [J]. Hospitality Management 25. 2006.

[71] L Choon Chiang. Managing Change of Hotel Brand Name: Managerial Roles and Employees' Concerns [J]. Asia Pacific Journal of Tourism Research, 2007.

[72] MacDougall, G. D. A. The Benefits and Costs of Private Investment from Abroad: A Theoretical Approach [J]. Economic Record. Vol. 36, 1960.

[73] M. D. Olsen and C. J. Roper. Research in strategic management in the hospitality industry [J]. International Journal of Hospitality management, 1998. 17.

[74] M. Krishna Erramilli, Sanjeev Agarwal, Chekitan S Dec. Choice between Non – Equity Entry Model: An organizational capability perspective [J]. Journal of international business studies, Vol 33, No. 2, 2002.

[75] M. Krishna Erramilli, C. P. Rao. Service firms' international entry-mode choice: a modified transaction-cost analysis approach [J]. Journal of Marketing, Vol. 57, No. 3, Jul. , 1993.

[76] Melin. LInternationalization as a Strategy Process [J]. Harvard Business Review, 72, No. 1, 1992.

[77] Mintzberg, H. The Fall and Rise of Strategic Planning [J]. Harvard Business Review, 13, No. 1, 1994.

[78] Nerilee Hing. A review of hospitality research in the Asia Pacific region 1989 – 1996: a thematic perspective [J]. International Journal of Contemporary Hospitality Management 9/7. 1997.

[79] Norma D'Annunzio – Green. Developing international managers in the hospitality industry [J]. International Journal of Contemporary Hospitality Management 9 (5/6). 1997.

[80] Nerilee Hing, Vivienne McCabe, Peter Lewis etc. Hospitality

trends in the Asia – Pacific: a discussion of five key sectors [J]. International Journal of Contemporary Hospitality Management 10/7. 1998.

[81] Ohlin Bertil, Interregional and International Trade [M]. Cambrige, MA: Harvard University Press, chs I – vii, 1933.

[82] Prahalad, C. K. and Doz, Y. L. The Multinational Mission – Balancing Local Demands and Global Mission [M]. Free Press, New York, NY, 1987.

[83] Porter, M. E. Changing Patterns of International Competition [J]. California Management Review, 1986, 28 (2).

[84] Plog S. Why Destination Areas Rise and Fall In Popularity [J]. The Cornell Hotel and Restaurant Administration Quartely, 1973. 3.

[85] P. F. Drucker. Multinationals and Developing Countries: Myths and Realities [J]. Foreign Affairs, No. 53, Oct. , 1974.

[86] Perlmutter, H. V. The tortuous evolution of the multinational corporation [J]. Columbia Journal of world Business, January – February, 1969.

[87] Peter J. Buckley, Mark Casson. the Future of Multinational Entersprise [M]. London: The Macmillan Press Ltd. , 1976.

[88] Peter J. Buckley, The Limits of Explanation: Testing the Internalization Theory of the Multinational Enterprise [J]. Journal or International Business Studies, Summer (19), 1988.

[89] Raymond Vernon: International Investment and International Trade in the Product Life Cycle Quarterly [J]. Journal of Economics. Volume 80, No. 2, May, 1966.

[90] Rugman Alan, M. , Internalization as a General Theory of Foreign Direct Investment: A Reappraisal of the Literature [J]. Review of World Economics, 1980, 116 (2).

[91] R. H. Coase. The Nature of the Firm [J]. Economica, 1937.

[92] Root F. Entry strategies for international markets [M]. Lexington

books, 1994.

[93] Ray Pine and Pingshu Qi. Barriers to hotel chain development in China [J]. International Journal of Contemporary Hospitality Management, Vol. 16, 2004. 1.

[94] Ranjan Das. Defending against MNC offensives: strategy of the large domestic firm in a newly liberalizing economy [J]. Management Decision, 35/8 1997.

[95] Ray Pine, Hanqin Qiu Zhang and Pingshu Qi. The challenges and opportunities of franchising in China's hotel industry [J]. International Journal of Contemporary Hospitality Management 12/5. 2000.

[96] Richard Teare. The international hospitality business: a thematic perspective [J]. International Journal of Contemporary Hospitality Management, Vol. 7, No. 7, 1995.

[97] Scott Shane's. The effect of national culture on the choice between licensing and direct foreign investment [J]. Strategic management Journal, 15 (8). 1994.

[98] Sarathy, R. Global strategy in service industries [J]. Long Range Planning, Vol. 27, No. 6, 1994.

[99] Stephen H. Hymer, International Operations of National Firms: A Study of Direct Foreign Investment [D]. Doctoral Dissertation, Massachusetts Institute of Technology, 1960.

[100] Strandskov, Jesper. Towards a New Approach for Studying the Internationalization Process of Firms [R]. Presented at the Annual Conference of European International Business Association, Glasgow, Scotland, December, 1985.

[101] Sharma. S., Shimp, T. A., Shin, J. Consumer Ethnocentrism: A Test of Antecedents and Moderators [J]. Journal of the Academy of Marketing Science, 1995, 23 (1).

[102] Sanjeev Agarwal, Sridhar N. Ramaswami. Choice of foreign market entry mode: impact of ownership, location and internalization factors [J]. Journal of International Business Studies, Vol. 23, No. 1, 1992.

[103] Sandra Watson and Bob Brotherton. Case study Hospitality management development: minimizing conflict-maximizing potential [J]. Management Development Review, Volume 9, Number, 4, 1996.

[104] Shane C. Blum. Current concerns: a thematic analysis of recent hospitality industry issues [J]. International Journal of Contemporary Hospitality Management 9/7. 1997.

[105] Soo Cheong Jang, Alastair M. Morrison and Joseph T. O'Leary. Benefit segmentation of Japanese pleasure travelers to the USA and Canada: selecting target markets based on the profitability and risk of individual market segments [J]. Tourism Management, Volume 23, Issue 4, August, 2002.

[106] Stephen Page. The Growth Strategies of Hotel Chains: Best Business Practices by Leading Companies. O. Cunhill [M]. The Haworth Hospitality Press, Binghampton, NY. 2006.

[107] Theodore Levitt, The Globalization of Market [J]. Harvard Business Review, May – June, 1983.

[108] Teece David J. , Towards an Economic Theory of the Multiproduct Firm [J]. Journal of Economic Behavior and Organization, 3 (1), 1982.

[109] UNCTAD. World Investment Report 2004 [R]. The Shift Towards Service, 2005.

[110] Vincent P. Magnini and Earl D. Honeycutt. Learning orientation and the hotel expatriate manager experience [J]. International Journal of Hospitality Management, Volume 22, Issue 3, September, 2003.

[111] William A. Dymsza. Trends in multinational business and global environment: a perspective [J]. Journal of International Business Studies,

Vol. 15, No. 3, Winter, 1984.

[112] Welch, Denice E. and Lawrence S. Welch. The Internationalization Process and Networks: A Strategic Management Perspective [J]. Journal of International Marketing, Vol. 4, No. 3, 1996.

[113] Wolfwang O. The International Competitiveness of Business Service Firms: the Case of Germany [J]. The Service Industries Journal, 2002, 22 (2).

[114] William Purcell, Stephen Nicholas. Japanese tourism investment in Australia: entry choice, parent control and management practice [J]. Tourism Management, Volume 22, Issue 3, June, 2001.

[115] Williamson, Oliver E., The Economic Institutions of Capitalism: Firms, Markets, Relational Contracting [M]. Das Summa Summarum Des Management. Gabler, 2007.

[116] Yip, George S. Global strategy in a world of nations? [J]. Sloan Management Review, Fall. Routledge, 1998.

[117] Pacific Asia Travel Association.

[118] World Travel & Tourism Council.

[119] World Tourism Organization.